Dissídio Coletivo

Márcia Regina Lobato

Mestre em Direito do Trabalho pela PUC-Minas. Professora nos cursos de graduação e pós-graduação em Direito e Processo do Trabalho. Diretora da Secretaria das seções especializadas do TRT da 3ª Região — Minas Gerais.

Dissídio Coletivo

EDITORA LTDA.

© Todos os direitos reservados

Rua Jaguaribe, 571
CEP 01224-001
São Paulo, SP — Brasil
Fone (11) 2167-1101
www.ltr.com.br

LTr 5121.3
Setembro, 2014

Dados Internacionais de Catalogação na Publicação (CIP)
(Câmara Brasileira do Livro, SP, Brasil)

Lobato, Márcia Regina
  Dissídio coletivo / Márcia Regina Lobato. — São Paulo : LTr, 2014.

  Bibliografia.
  ISBN 978-85-361-3067-5

  1. Direito do trabalho — Brasil 2. Dissídios trabalhistas — Brasil 3. Negociações coletivas — Brasil I. Título.

14-08104 CDU-34:331.88(81)

Índice para catálogo sistemático:

  1. Brasil : Direito coletivo do trabalho
     34:331.88(81)

Dedico esta obra ao eminente Professor Doutor Vitor Salino de Moura Eça, exemplo de competência, profissionalismo, dedicação extrema e fé.

Como todo ser especial, ele torna-se fonte de inspiração e me faz acreditar que o horizonte não é o limite para a realização de um sonho.

Agradeço-lhe o apoio contínuo, seus ensinamentos e valiosas sugestões para a concretização deste livro.

LISTA DE ABREVIATURAS E DE SIGLAS

ACT	— Acordo Coletivo de Trabalho
ADC	— Ação Declaratória de Constitucionalidade
ADI	— Ação Declaratória de Inconstitucionalidade
ADIn	— Ação Direta de Inconstitucionalidade
AIRR	— Agravo de Instrumento em Recurso de Revista
CCJC	— Comissão de Constituição e Justiça e de Cidadania
CCT	— Convenção Coletiva do Trabalho
CDC	— Código de Defesa do Consumidor
CF	— Constituição Federal
CLT	— Consolidação das Leis do Trabalho
CPC	— Código de Processo Civil
CR	— Constituição da República
CUT	— Central Única dos Trabalhadores
DC	— Dissídio Coletivo
EC	— Emenda Constitucional
EJT	— Diário Eletrônico da Justiça do Trabalho
FMCS	— Serviço Federal de Mediação e Conciliação
IBGE	— Instituto Brasileiro de Geografia e Estatística
INPC	— Índice Nacional de Preços ao Consumidor
IN	— Instrução Normativa
OIT	— Organização Internacional do Trabalho
OJ	— Orientação Jurisprudencial
PEC	— Proposta de Emenda à Constituição
PJE	— Processo Judicial Eletrônico
PN	— Precedente Normativo
RI	— Regimento Interno
RITST	— Regimento Interno do Tribunal Superior do Trabalho
SDC	— Seção de Dissídios Coletivos
SINTRAM	— Sindicato das Empresas de Transportes de Passageiros Metropolitanos
STF	— Supremo Tribunal Federal
TRT	— Tribunal Regional do Trabalho
TST	— Tribunal Superior do Trabalho
VT	— Vara do Trabalho

SUMÁRIO

PREFÁCIO 13

INTRODUÇÃO 15

CAPÍTULO 1
ANTECEDENTES CONJUNTURAIS DO DISSÍDIO COLETIVO

1.1. Legitimidade *ad causam* dos entes sindicais 17
1.2. Categorias: econômica, profissional e diferenciada 20
1.3. Negociações coletivas 23
    1.3.1. Convenção coletiva de trabalho (CCT) 26
    1.3.2. Acordo coletivo de trabalho (ACT) 30
    1.3.3. Arbitragem 32

CAPÍTULO 2
O DISSÍDIO COLETIVO

2.1. Origem do instituto — Conceituação 33
2.2. Padrão normativo 36
2.3. Normatividade judicial 39
    2.3.1. Procedência do poder normativo 39
    2.3.2. Possibilidade de aplicação — Limites 41

CAPÍTULO 3
CLASSIFICAÇÃO DOS DISSÍDIOS COLETIVOS

3.1. Dissídios coletivos de natureza econômica e de natureza jurídica 47
    3.1.1. Conceitos e objeto 47
3.2. Dissídio coletivo originário, de revisão e de extensão 49
    3.2.1. Dissídio coletivo originário 49
    3.2.2. Dissídio coletivo revisional 50
    3.2.3. Dissídio coletivo de extensão 51
3.3. Dissídio coletivo de greve 52
    3.3.1. Greve: Origens — Conceituação — Evolução Normativa 52
    3.3.2. Instauração do dissídio de greve — Legitimidade peculiar 59
    3.3.3. Objeto — Efeitos 60

CAPÍTULO 4
O DISSÍDIO COLETIVO COMO AÇÃO TÍPICA

4.1. Competência 63
4.2. Protesto judicial 65

4.3. Legitimidade ativa e passiva *ad causam* 67
4.4. Requisitos de admissibilidade: condições da ação 70
4.5. Petição inicial (representação) 72
4.6. Resposta do réu (suscitado) 75
    4.6.1. Contestação 75
    4.6.2. Reconvenção 76
    4.6.3. Oposição 77
4.6.4. Revelia 78
4.7. Audiência de Conciliação 79
4.7.1. Modalidades Conciliatórias 82
4.7.1.1. Acordo Celebrado Extrajudicialmente 83
4.7.1.2. Acordo Celebrado Judicialmente 83
4.7.2. Fase de Instrução e julgamento 84
4.8. Instrução e julgamento: dissídios coletivos de greve, jurídico, originário e de revisão 85
4.8.1. Dissídio de greve 85
4.8.2. Dissídios coletivos jurídico, originário e de revisão 87

CAPÍTULO 5
SENTENÇA NORMATIVA

5.1. Atos preparatórios para julgamento 89
5.2. Julgamento: Sentença Normativa 90
5.3. Efeitos e vigência 94
5.4. Contemporaneidade: as repercussões da EC n. 45/2004 e a exigência do comum acordo 96
5.5. Súmula n. 277/TST com sua atual redação 100

CAPITULO 6
AÇÃO DE CUMPRIMENTO — PRESSUPOSTOS E SUA PECULIAR PROCEDIMENTALIDADE

6.1. Objeto 107
6.2. Natureza Jurídica 109
6.3. Competência 111
6.4. Legitimação 112
    6.4.1. Ativa 112
    6.4.2. Passiva 113
6.5. Petição Inicial 114
    6.5.1. Requisitos 114
    6.5.2. Rol dos Substituídos: Prescindibilidade 114
    6.5.3. Do prazo — Problema da Prescrição 115
    6.5.4. Trânsito em Julgado da Sentença Normativa 116
    6.5.5. Rito Processual 117
6.6. Da Resposta do Réu 117
    6.6.1. Litispendência: Ação de Cumprimento e Ação Individual 119
6.7. Instrução 120

6.8. Da Sentença na Ação de Cumprimento 121

    6.8.1. Modificação da Sentença Normativa: Repercussões... 122

CAPÍTULO 7
DIREITO COLETIVO NO DIREITO ESTRANGEIRO

7.1. Alemanha... 125

7.2. Argentina 126

7.3. Austrália... 127

7.4. Áustria 127

7.5. Bélgica... 128

7.6. Burundi 128

7.7. Colômbia 128

7.8. Espanha 129

7.9. Estados Unidos 129

7.10. França 130

7.11. Grã-Bretanha 131

7.12. Itália... 131

7.13. México 132

7.14. Japão 132

7.15. Peru 133

7.16. Suíça 133

7.17. Uruguai 133

Conclusão 135

Referências bibliográficas... 137

Anexos... 143

PREFÁCIO

Honra-me prefaciar o novo livro da Professora Ms. Márcia Regina Lobato, intitulado *Dissídio Coletivo*. Ele retrata sua Dissertação de Mestrado, acolhida com respeito e entusiasmo no prestigiado Programa de Pós-graduação em Direito da PUC-Minas, na área de concentração em Direito do Trabalho.

Além da pesquisa científica levada a efeito com profundidade, Mestra Márcia Regina Lobato agrega sua vasta experiência como Diretora de Secretaria da Seção Especializada em Dissídio Coletivo no Tribunal Regional do Trabalho da 3ª Região, com sede em Belo Horizonte, tornando a obra não só atual, mas uma precisa ferramenta para todos aqueles que têm a missão de bem atuar no campo desta ação típica do Direito Processual do Trabalho.

A obra chega em boa hora, pois há muito as letras jurídicas nacionais se ressentem de publicações de peso nessa área de conhecimento. Como se sabe, o direito processual no Brasil cultua desmedidamente o direito individual. Nosso acervo legislativo é concebido e aplicado com vistas apenas nos casos unipessoais.

Pensar o coletivo é dotar o Direito Processual do Trabalho de elementos eficazes de prospecção, resolvendo coletivamente problemas que são comuns a várias pessoas e ainda tornando o Poder Judiciário mais dinâmico, atendendo a um antigo clamor da sociedade.

A união criteriosa de doutrina e prática construída criteriosamente neste livro permite ao leitor uma visão global do Dissídio Coletivo desde sua origem. Aspectos conceituais bem delineados e instrutivos são visitados com erudição, mas de forma suave e prazerosa, fruto de quem tem ampla vivência no tema.

A classificação total dos dissídios coletivos e o seu manejo técnico-processual como ação genuína do espaço processual juslaboral são exibidos de modo atraente e preciso, ao lado da Ação de Cumprimento, com a qual se dá vida a esses direitos.

A visita ao instituto nos sistemas estrangeiros não foi esquecida. Mestra Márcia Regina Lobato faz incursão em todos os continentes buscando o que há de mais moderno e inspirador, no afã de permitir aos magistrados trabalhistas, advogados e estudiosos um olhar contemporâneo.

Oxalá sirva de motivação para pleitos mais justos e equilibrados, decisões judiciais sensíveis e adequadas, e assim por diante.

Este livro é, pois, um meio bem próprio de promover a dignidade de pessoas inseridas no mundo do trabalho. Em boa hora a Editora LTr teve a feliz ideia de torná-lo realidade. Acreditando muito no sucesso editorial da obra, desejo a todos uma boa leitura e prodígios a partir do conhecimento aqui angariado.

Belo Horizonte, setembro de 2014.

Prof. Dr. Vitor Salino de Moura Eça

Pós-doutor em Direito Processual Comparado. Doutor em Direito Processual.
Mestre em Direito do Trabalho. Especialista em Direito Empresarial.
Professor Permanente do Programa de Pós-graduação em Direito da
PUC-Minas e Professor Visitante em outras importantes Universidades
nacionais e estrangeiras. Juiz do Trabalho em Belo Horizonte.

INTRODUÇÃO

A Consolidação das Leis Trabalhistas (CLT), aprovada por meio do Decreto-Lei n. 5.452, de 1º de maio de 1943, incorpora ao ordenamento jurídico pátrio o dissídio coletivo. Foram encetadas algumas alterações em torno do tema, tanto no plano constitucional, quanto no infraconstitucional, mas ele continua exercendo seus vigorosos efeitos. Esse expediente pode ser vislumbrado como uma forma de instrumentalização dos direitos fundamentais, possibilitando ainda a diminuição das desigualdades entre as categorias profissional e econômica, além de conferir a estas o desejado equilíbrio no espaço sociojurídico. O ambiente propositivo do dissídio coletivo ainda permite a harmonização de interesses tão distintos, contemplando as peculiaridades das postulações, às vezes totalmente antagônicas.

A escassez de normas procedimentais clama por doutrina mais exauriente, pois o dissídio coletivo consiste em um importantíssimo meio processual mediante o qual os entes sindicais profissionais e econômicos ou a(s) empresa(s), individualmente considerada(s), buscam a solução dos conflitos oriundos da relação de trabalho.

Partimos, então, do princípio de que a ausência de estruturação de procedimentos jurídicos conduz à sua inexata aplicação. Assim, esta obra destina-se a aperfeiçoar o que há na doutrina, a buscar o que há na legislação e na jurisprudência. E ainda, a partir da análise de seu manejo contemporâneo, contribuir para viabilizar seu emprego mais efetivo, com o objetivo de cooperar para que se garantam os direitos laborais de determinada categoria profissional e a correspondente valorização da empresa socialmente responsável.

Destarte, torna-se necessário detalhar, classificar, diferenciar suas espécies de modo que esta organização potencialize suas possibilidades pelos interessados e demais operadores do direito sempre que estes necessitarem do amparo jurisdicional para solucionar as lides coletivas.

Assim, propomo-nos a analisar essa ferramenta judicial, com o escopo de se estudar a forma de deslindar os conflitos coletivos trabalhistas por meio da intervenção estatal, para que a sua tutela possa verdadeiramente agregar vantagens e benefícios laborais aos trabalhadores representados no dissídio.

Inicialmente discorremos sobre os antecedentes conjunturais, oportunidade em que se delineia a legitimação daqueles que têm a missão de representar os trabalhadores e empregadores frente à Justiça trabalhista. Nesse capítulo, abordamos os conceitos de categorias econômica, profissional e diferenciada, marcantes no direito coletivo do trabalho no país. Na sequência, tecemos considerações sobre as negociações e as possíveis soluções delas resultantes, como os acordos e as convenções coletivas de trabalho. Destacamos a atuação dos entes sindicais nesse processo, como elemento de equilíbrio das desigualdades inerentes às relações de produção. De igual forma, elaboramos uma abordagem da arbitragem como modo de deslindar os impasses emergentes de conflitos coletivos trabalhistas.

No capítulo seguinte, traçamos um panorama acerca da origem histórica do instituto do dissídio coletivo e da evolução de suas pertinentes regulamentações. Descrevemos sobre o surgimento dessa ação, passando pela sua consagração constitucional, a partir de 1937, até a atual Carta Magna. Fazemos uma referência especial ao poder normativo conferido à Justiça do Trabalho, considerado um elemento fundamental para a solução de divergências porventura estabelecidas entre empregados e empregadores. Isso, se as partes assim o desejarem ou necessitarem. Realçamos os limites do exercício desse poder, como posto pela norma constitucional. É imprescindível situá-lo e contextualizá-lo no tempo, de modo a constatar o seu valor, já que a sentença alcança um número imenso de trabalhadores por intermédio de representação sindical.

No capítulo posterior, analisamos as classificações dos dissídios coletivos com observância da ordem estipulada pelo Regimento Interno do Tribunal Superior do Trabalho. Examinamos suas modalidades e seus respectivos procedimentos e fundamentos jurídicos. Mostramos como são relevantes as particularidades atinentes às suas várias espécies, levando-se em conta a razão de ser de cada uma e o momento adequado para o seu ajuizamento. Buscamos avaliar de forma pormenorizada o dissídio coletivo de greve com sua correspondente legislação especial.

Adiante, circunstanciamos o dissídio coletivo de natureza econômica, como ação típica que é. O foco é o procedimento de ajuizamento da demanda, como mecanismo judicial por meio do qual os Tribunais do Trabalho pacificam as divergências entre os dissidentes. Averiguamos todas as fases de tramitação e adentramos na respectiva instrução processual.

Nesse capítulo está o cerne da presente obra. Pretendemos demonstrar que a missão tutelar do Estado se dará a contento a partir da necessária participação paritária dos representantes das categorias econômica e profissional, em todos os momentos processuais pertinentes, de cuja indispensável cooperação advém uma correta aplicação procedimental, o que evidencia urgente necessidade de sistematização.

Ele trata, ainda, das modalidades conciliatórias celebradas judicial e extrajudicialmente e das possibilidades desta ocorrência, ressaltando o estímulo para sua realização bem como a sua pertinência, em prol da pacificação das relações laborais.

O capítulo subsequente destina-se ao estudo do julgamento da demanda pelo Tribunal do Trabalho que resultará na sentença normativa. A seguir fazemos uma sinopse atinente aos seus efeitos e à sua vigência. Um exame sobre as exigências do mútuo consentimento para o ajuizamento do dissídio coletivo, bem como sobre a atual redação da Súmula n. 277 do Tribunal Superior do Trabalho, conclui essa parte da obra.

Uma análise da ação de cumprimento, mecanismo judicial destinado a fazer cumprir o que restou estabelecido nas normatizações coletivas, quando isso não for voluntariamente feito pelos obrigados, é o objeto de pesquisa do sexto capítulo.

Após, tecemos considerações concernentes ao Direito Comparado, oportunidade em que são colacionadas as soluções jurídicas estrangeiras adotadas para se dirimirem as lides coletivas trabalhistas, com o intuito de verificar as semelhanças e as diferenças mais marcantes em relação ao ordenamento jurídico pátrio.

O estudo ora apresentado justifica-se por sua relevância e pela sua alta especificidade, visto que o dissídio coletivo, em particular o de natureza econômica, é uma ação genuína na ordem jurídica brasileira.

Por outro lado, os impasses provenientes da relação de trabalho se renovam e, consequentemente, as formas de solucioná-los devem-se adequar às postulações de cada categoria profissional e à realidade do setor econômico correspondente.

Vale lembrar que a missão de contribuir para superar os desafios decorrentes das divergências oriundas das relações laborativas incumbe não apenas ao Estado-Juiz, mas também a todos os atores sociais nela envolvidos. Estes, quanto mais utilizarem com perfeição as ferramentas processuais disponíveis, claramente sistematizadas, melhor encontrarão respostas satisfatórias às suas demandas.

Certamente, as soluções de tais conflitos — por meio do Judiciário trabalhista, com o julgamento da ação de dissídio coletivo — tornam-se mais um instrumento que, adequadamente utilizado, facilita o percurso do caminho que leva à diminuição das injustiças sociais. Esse procedimento proporciona o efetivo respeito aos princípios da dignidade da pessoa humana e o valor social do trabalho.

CAPÍTULO 1

ANTECEDENTES CONJUNTURAIS DO DISSÍDIO COLETIVO

O poder e as atribuições conferidos às entidades sindicais, como mediadoras, representantes e defensoras dos direitos e interesses, profissionais ou econômicos, individuais ou coletivos, da classe que representam, traduzem-se em missão significativa para o progresso e a paz social.

O desempenho sindical não se limita ao campo trabalhista, embora este seja seu objeto prevalente. Para o presente estudo, no entanto, a análise do papel dos sindicatos, bem como de outras entidades com fins equivalentes, será tratada exclusivamente no âmbito juslaboral.

Ao lado do Estado, é fundamental a sua atuação como equilíbrio às desigualdades inerentes à relação entre o capital e o trabalho. Ao adotar posturas com propósitos de entendimento e interação, exerce sua função na busca da necessária harmonia entre essas duas forças, a princípio antagônicas, a fim de proporcionar o efetivo respeito à dignidade do trabalhador.

1.1. LEGITIMIDADE AD CAUSAM DOS ENTES SINDICAIS

O dissídio coletivo é um dos meios processuais usados para consagrar benefícios a um agrupamento de empregados, quando estes estão diante de um conflito de interesses entre trabalhadores de uma mesma categoria[1] e empregadores afins.

A legitimidade para promover essa modalidade de ação, seja na condição de suscitante, seja na de suscitado, é dos entes sindicais, regularmente constituídos, e que sejam representantes das categorias para as quais pretendem postular ou defender direitos em juízo.

Cumpre salientar que as entidades sindicais no Brasil passaram por transformações marcantes com o advento da Constituição Federal de 1988, notadamente, no que se refere à legitimidade para atuar na defesa dos interesses da classe que representam.

Tais organismos podem ser compreendidos como entidade profissional reconhecida legalmente como representante da categoria, preleciona Alice Monteiro de Barros (2009, p. 1237).

Trata-se de instituições privadas, organizadas juridicamente e legalizadas perante o Ministério do Trabalho, as quais, respondendo pela classe, têm como objetivo desempenhar a defesa dos representados ou substituídos, almejando continuamente a salvaguarda de seus interesses. Também são consideradas como órgãos que cooperam com o Estado, pois mantêm suas características tradicionais de reivindicar e negociar com o empregador; ademais, cumprem o papel moral, social, jurídico, além de político — ensina Mozart Victor Russomano (2002, p. 62).

Sendo assim, os sindicatos podem ser caracterizados como associações que, de um lado, têm empregados da mesma categoria e, de outro, empregadores de um mesmo ramo de produção, que se organizam com o propósito de defender seus interesses, em vários aspectos, tanto profissionais quanto sociais.

Joselita Nepomuceno Borba (2013, p. 143) corrobora essa ideia ao afirmar que o "sindicato é instituição associativa de caráter trabalhista constituído para a defesa de interesses de seus associados e para a regulação de condições de trabalho".

---

(1) Categoria é um vocábulo comumente adotado no direito coletivo do trabalho, para designar empregados e empregadores que exercem ocupações iguais, análogas ou afins e surgem, geralmente, a partir da atividade exercida pelo empregador. Ambos se vinculam a certo setor de produção, a que se confere a ideia de categoria. (HINZ, 2009, p. 10).

Incontestavelmente, a representação dos interesses gerais da classe, no campo trabalhista, é a razão primordial de ser do ente sindical, que, no exercício dessa função, atua com autonomia de modo a vincular suas decisões aos seus representados. Esse é o entendimento de Henrique Macedo Hinz (2009, p. 8).

Destarte, as vantagens obtidas pelo sindicato em juízo alcançam todos os empregados membros da categoria, independentemente de serem ou não associados ao ente sindical.

Nesse sentido, afirma Hinz (2009, p. 8) que "a representação legal da categoria pelo sindicato é automática e incondicional, a filiação é opcional e espontânea". Essa prerrogativa é assegurada pela CF/88, conforme preceituam os incisos XVII e XX do art. 5º e *caput* e inciso V do art. 8º[(2)], uma vez que a associação é uma faculdade.

Acrescente-se que, além dos sindicatos, os possíveis representantes são as federações, constituídas por, no mínimo, cinco entes representantes de categorias iguais ou equivalentes; e as confederações, que são integradas por, pelo menos, três federações.

Os sindicatos são considerados, de acordo com a classificação atribuída pelo Ministério do Trabalho e Emprego, entidades de primeiro grau, ao passo que as federações e confederações são de segundo grau. Por esse prisma, é possível compreender que uma federação é constituída por um grupo de sindicatos de base, ao passo que a confederação se organiza a partir do agrupamento de federações (SANTOS, 2012, p. 30).

Os interesses das categorias profissionais ou econômicas podem ser defendidos em juízo por todos os atores sociais mencionados anteriormente, mas a filiação dos empregados ou dos empregadores ocorre apenas no sindicato, pois não existe filiação de tais atores da relação laboral às entidades sindicais de grau superior (HINZ, 2009, p. 8).

Na qualidade de representantes, os sindicatos de classe atuam em nome e no lugar do representado, em cuja esfera jurídica produzem os efeitos jurídicos, para defender os interesses do grupo pelo qual respondem.

A representação se faz, pois, no campo do Direito Coletivo do Trabalho, uma espécie de legitimação conferida ao ente sindical para atuar no processo, no lugar do empregado ou empregador que, por sua vez, embora seja parte, não tem legitimidade para intervir no processo porque, mesmo sendo titular dos direitos e deveres processuais, estes são exercidos por meio do seu representante legal. Todavia, como anteriormente ressaltado, os efeitos desse desempenho incidirão sobre toda categoria.

Do mesmo modo, Cláudia de Abreu Lima Pisco (2010, p. 17), ao discorrer sobre a legitimidade dos sindicatos, cita Pontes de Miranda, para quem

> os sindicatos são entes de representação da categoria e dos trabalhadores que a integram, ou seja, o instrumento por intermédio do qual o grupo se faz presente em uma negociação coletiva, condicionando a legitimidade sindical à aprovação da atuação em assembleia dos trabalhadores.

Prossegue a supracitada autora, realçando que a existência do dissídio pressupõe o interesse de uma ou algumas categorias laborais ou patronais. Os elementos característicos, no caso, são a coletividade do interesse e a legitimidade ativa ou passiva de um dos entes que figuram na ação. Esclarece, ainda, que, para que o sindicato detenha a legitimidade para ajuizar o dissídio coletivo, é necessário autorização dos associados em assembleia convocada com esse propósito. Só assim ele terá o poder de representação, que lhe é conferido com exclusividade, para celebrar eventual acordo.

---

(2) CF/88 — Art. 5º: Incisos XVII: "É plena a liberdade de associação para fins lícitos, vedada a de caráter paramilitar". (...) XX: "Ninguém poderá ser compelido a associar-se ou permanecer associado". Art. 8º — *caput*: "É livre a associação profissional ou sindical, observado o seguinte: (...) — Inciso V: "Ninguém será obrigado a filiar-se ou manter-se filiado a sindicato".

Ela conclui sua análise afirmando que, em razão dessa especificidade, a legitimação extraordinária conferida a tais entes para a propositura do dissídio coletivo importa na vinculação dos empregados representados na ação ao resultado da decisão judicial proferida, independentemente do teor desse resultado, da qualidade de associado ou, ainda, de figurar no polo ativo ou passivo da relação processual (PISCO, 2010).

No que se refere à substituição processual, a entidade sindical atua em juízo em nome próprio, exercendo um direito de terceiro. Nessa condição, prescinde de autorização expressa do substituído, uma vez que seu papel está amplamente consagrado constitucionalmente (inciso III do art. 8º).

Assim, referindo-se sobre substituição processual, na esfera do Direito Coletivo do Trabalho, a categoria profissional ou econômica é a titular do direito material, mas a legitimidade para pleiteá-lo em juízo é do sindicato correspondente.

Esse é, também, o entendimento de Lima Santos (2012, p. 287) ao assinalar que, no

> Direito do Trabalho, a doutrina, de um modo geral, utiliza a expressão "substituição processual" para designar as hipóteses em que as entidades sindicais atuam em juízo em nome próprio na tutela de interesse dos trabalhadores, como a propositura de ação de cumprimento (art. 872 da CLT), em contraponto às situações nas quais o sindicato atua como representante, isto é, em nome alheio na defesa de direito alheio, como a instauração de dissídio coletivo.

Em se tratando de dissídio coletivo do trabalho, podem figurar no polo ativo ou no passivo grupos de empregados, obrigatoriamente representados pela categoria profissional, bem como de empregadores, representados pelos respectivos sindicatos.

É possível, ainda, que essas lides coletivas sejam estabelecidas entre sindicatos profissionais e uma ou mais empresas do seu setor. Isso ocorre quando os conflitos são "localizados", ou seja, ocorrem exclusivamente no âmbito das empresas individualmente consideradas (empregadoras), sem que haja sindicato correspondente a tal extrato econômico. Nesse caso, a norma celetista autoriza que a empresa ou empresas realizem negociações coletivas em busca de acordo, ajuízem a ação de dissídio coletivo ou nele apresentem a sua defesa, conforme estabelece o § 1º do art. 611 da Consolidação das Leis Trabalhistas — CLT (MELO, 2011, p. 75).

Nota-se que a legitimidade ativa *ad causam* será atribuída àquele cuja pretensão é manifestada no ato da propositura da ação e a legitimidade passiva *ad causam* será conferida ao que se opõe a essa pretensão. Em ambas as situações, poderão figurar a representação profissional e a econômica, tanto na condição de demandante quanto na de demandado.

Todavia, é fundamental a correspondência das atividades exercidas pelos sindicatos profissional e patronal, a fim de legitimar os envolvidos no conflito a ser deslindado pela devida ação judicial. É o que a Orientação Jurisprudencial (OJ) da Seção de Dissídios Coletivos (SDC) n. 22 do Tribunal Superior do Trabalho (TST) dispõe:

> LEGITIMIDADE *"AD CAUSAM"* DO SINDICATO. CORRESPONDÊNCIA ENTRE AS ATIVIDADES EXERCIDAS PELOS SETORES PROFISSIONAL E ECONÔMICO ENVOLVIDOS NO CONFLITO. NECESSIDADE. É necessária a correspondência entre as atividades exercidas pelos setores profissional e econômico, a fim de legitimar os envolvidos no conflito a ser solucionado pela via do dissídio coletivo. (DEJT: divulgado em 16, 17 e 18.11.2010).

Tais sindicatos se organizam com inúmeros objetivos. Entre eles, a atuação como representantes na ação de dissídio coletivo, ensina Lima Santos (2012, p. 294). Prossegue o autor afirmando que esse foi o primeiro instituto jurídico processual colocado à disposição das entidades sindicais representativas para a defesa dos interesses de seus representados, especialmente os coletivos.

A prerrogativa das associações sindicais, para o ajuizamento da ação de dissídio coletivo, encontra-se amparada no art. 857 da CLT. Ademais, para a instauração do dissídio coletivo de natureza econômica, estabelece o § 2º do art. 114 da CF/88 que:

Recusando-se qualquer das partes à negociação coletiva ou arbitragem, é facultado às mesmas, de comum acordo, ajuizar dissídio coletivo de natureza econômica, podendo a Justiça do Trabalho decidir o conflito, respeitadas as disposições mínimas legais de proteção ao trabalho, bem como as convencionadas anteriormente.

Nas hipóteses de paralisação da categoria profissional, ou de empregados no âmbito de uma empresa (empregadora), a legitimidade ativa para propor o dissídio coletivo é atribuída ao Ministério Público do Trabalho, conforme preconizam o § 3º do art. 114 da CR/88 e o inciso VIII do art. 83 da Lei Complementar n. 75/93 e, de igual maneira, ao sindicato representante do ente econômico correlato àquela participante do movimento paredista[3].

Apesar de a norma celetista, em seu art. 856, estabelecer o exercício desse direito ao Presidente do Tribunal do Trabalho, a partir das alterações introduzidas na CF/88, por meio da Emenda Constitucional n. 45/2004, a iniciativa de propositura do dissídio coletivo de natureza econômica e o de greve restou limitada ao ente sindical e ao Ministério Público do Trabalho, conforme a seguir estabelecido:

Art. 114 — Compete à Justiça do Trabalho processar e julgar os dissídios:

(...)

§ 3º Em caso de greve em atividade essencial, com possibilidade de lesão do interesse público, o Ministério Público do Trabalho poderá ajuizar dissídio coletivo, competindo à Justiça do Trabalho decidir o conflito.

Para o sindicato profissional atuar em nome da classe que ele representa, ou seja, suscitar um dissídio coletivo, como já registrado, é necessário prévia autorização por assembleia geral, convocada para essa finalidade, como ensina Carlos Henrique Bezerra Leite (2008, p. 1086). A legitimidade para instaurar a instância é conferida, ainda, às federações e, na falta destas, às confederações, no âmbito de suas representações. A regra aplicável na hipótese de ausência de sindicato representativo do setor econômico ou dos trabalhadores é essa, de acordo com o parágrafo único do art. 857 da CLT.

A norma celetista autoriza que os funcionários de uma ou mais empresas busquem entendimento diretamente com seus empregadores, na eventualidade de as entidades sindicais (sindicato, federação ou confederação) permanecerem inertes, ainda que comunicadas, por escrito, sobre o fato de que os empregados decidiram celebrar acordo coletivo de trabalho com as empresas participantes das negociações (§ 1º do art. 617 da CLT). Porém, com o advento da CF/88, a participação dos sindicatos nas negociações coletivas de trabalho tornou-se obrigatória (art. 8º, inciso VI)[4].

Em síntese, a legitimação *ad causam*, na esfera do Direito Coletivo do Trabalho, ativa ou passiva, consiste na atribuição conferida a esses organismos para tutelar os interesses dos titulares que se debatem. Por essa razão, é fundamental que se estabeleçam jurídica e previamente os sujeitos legitimados a participarem das negociações coletivas para intentar dissídio coletivo e ação de cumprimento no Judiciário trabalhista.

Seu compromisso, como detentores de legitimidade ativa e passiva *ad causam* para substituir ou representar na seara trabalhista, deve ser pautado para além das reivindicações pleiteadas judicial ou extrajudicialmente. Eles têm também o compromisso de estimular a solidariedade e o companheirismo, elementos substanciais à dignidade da pessoa.

1.2. CATEGORIAS: ECONÔMICA, PROFISSIONAL E DIFERENCIADA

Os sindicatos podem ser definidos sintética ou analiticamente. Os primeiros são conceituados como agrupamento de empregados ou empregadores para defender seus respectivos interesses. Os últimos podem ser entendidos como associação estável de pessoas com a mesma profissão que convencionam, por meio de normas internas, suas atividades e recursos comuns, com a finalidade de salvaguardar a representação da referente profissão, visando a melhorias nas condições de vida de trabalho, segundo Orlando Gomes e Elson Gottschalk (1995, p. 553).

---

(3) A respeito do dissídio coletivo de greve, conferir o item 3.3 do terceiro capítulo desta obra.
(4) A respeito da participação dos sindicatos nas negociações coletivas, conferir o item 1.3 deste capítulo.

Partindo desse entendimento, é possível afirmar que os sindicatos são instituídos para exercer a representação de classe e se organizam de acordo com a concepção das categorias.

De igual modo posiciona-se Octavio Bueno Magano (1990, p. 89) ao afirmar que "categoria é base sobre a qual se assenta um determinado tipo de sindicato, a saber, o sindicato de profissão". Aduz, ainda, o citado autor que o parâmetro utilizado pelo sistema brasileiro é a associação por profissão.

Essa é a mais remota forma de organização sindical e esse foi o critério utilizado pelo sindicalismo inglês e pelo americano, quando do seu surgimento, ensinam Gomes e Gottschalk (1995, p. 553). Estes exemplificam que os *trade unions*[5], na Inglaterra, eram constituídos unicamente por pessoas com a mesma ocupação profissional, como os alfaiates e os carpinteiros.

No Brasil, o enquadramento sindical surgiu com a Carta de 1937 e, posteriormente, foi incorporado à CLT em seu art. 570:

> Os sindicatos constituir-se-ão, normalmente, por categorias econômicas ou profissionais, específicas, na conformidade da discriminação *do quadro das atividades e profissões* a que se refere o art. 577 ou segundo as subdivisões que, sob proposta da Comissão do Enquadramento Sindical, de que trata o art. 576, forem criadas pelo ministro do Trabalho, Indústria e Comércio. (Grifo nosso).

Todavia, a CF/88 revogou tacitamente o mencionado quadro de profissões inerentes às categorias que, assim, atualmente só servem de modelo, sendo facultativa a sua adoção, de acordo com os apontamentos de Valentin Carrion (2012, p. 532). Igualmente, Arnaldo Sussekind, apontado por Cássio Mesquita Barros (1998, p. 93), sustenta que o referido instrumento só se aproveita como padrão, pois novas profissões surgiram e nele não foram acrescentadas.

Sobre essa questão, Mônica Sette Lopes (1998, p. 75) realça que

> o estabelecimento de quadros e a prévia definição de atividades e/ou categorias constituem, por certo, intervenção do Estado na atuação do sindicato, que não se compagina com a dicção do art. 8º, I, da CF/88 ("a lei não poderá exigir autorização do Estado para a fundação de sindicato, ressalvado o registro no órgão competente, vedadas ao Poder Público a interferência e a intervenção na organização estatal").

As categorias continuam a ser definidas com base na qualificação profissional de seus integrantes, podendo ser agrupadas utilizando-se o critério da similaridade ou da conexão, ou, ainda, em conformidade com o ramo da atividade econômica desenvolvida.

Mesquita Barros (1998, p. 93) afirma que

> o enquadramento da atividade econômica se dá segundo a atividade preponderante da empresa, exceção feita aos profissionais liberais, trabalhadores autônomos, se empregados integrantes de categoria diferenciada, exceção nas quais o enquadramento sindical guarda correlação com a profissão exercida.

O ordenamento jurídico pátrio concebe a filiação de empregados de uma mesma profissão, gerando a clássica categoria profissional; e a associação de empregadores, que se dá com base na classe patronal do mesmo segmento ou de setor econômico similar.

Em relação à primeira, poderá ser compreendida como a reunião de trabalhadores que têm, permanentemente, os mesmos interesses em decorrência de sua atividade laboral (§ 2º do art. 511 da CLT). Eles são representados por entes sindicais, como a dos rodoviários e a da construção civil. Os sindicatos derivados dessas associações buscam promover a defesa dos interesses da classe obreira, guiando-se permanentemente na busca de melhores condições de trabalho e de remuneração.

Para que esses grupos possam se organizar, é essencial que entre os seus componentes exista uma relação de solidariedade social. Poder-se-ia dizer que essa cooperação decorre de vários fatores, tais como: exercerem a mesma profissão, prestar serviços para o mesmo empregador

---

(5) *Trade unions*: sindicatos. (OXFORD, 2007).

ou outros que tenham atividade de produção equivalente. As experiências profissionais de cada integrante, desde que partilhadas entre os indivíduos que compõem esses agrupamentos, também podem ser consideradas como elemento fortalecedor da camaradagem social e essencial para a coexistência dessa espécie de agrupamento.

Dessa forma, tais agregações constituem as categorias profissionais vinculadas a um determinado sindicato, que poderá representá-las ou substituí-las.

Na esfera trabalhista, tratando-se dos direitos coletivos, os sindicatos profissionais participam das negociações e postulam ou defendem em juízo vantagens da classe que representam. Já os sindicatos patronais, que se formam baseados no vínculo social gerado pelo apoio de interesse econômico dos que empreendem atividades idênticas, similares ou conexas, igualmente atuam na seara laboral, em prol dos ganhos dos empregadores.

Para cada categoria profissional há uma econômica correlata, por exemplo: Sindicato dos Trabalhadores em Hospitais, Casas de Saúde e Estabelecimento de Serviços de Saúde no Estado de Minas Gerais (representante dos empregados) e Sindicato dos Hospitais de Clínicas e Casas de Saúde do Estado de Minas Gerais (representante dos empregadores).

Vale ressaltar que profissão e categoria são vocábulos que denominam temas distintos. Exemplificando: motorista é uma profissão regulamentada[6] pela Lei n. 12.619/2013. Todavia, se o profissional for contratado como motorista de ambulância de um hospital, ele pertencerá à mesma categoria dos trabalhadores da área de saúde. Isso ocorre em razão da atividade preponderante do hospital. Nesse caso, ele será representado pelo Sindicato dos Trabalhadores da Saúde, e não pelo Sindicato dos Trabalhadores Rodoviários, como seria se seu empregador fosse uma empresa de transportes rodoviários municipais.

Assim, o enquadramento sindical do empregado se dá, em regra, pela atividade principal do empregador. Além dessas formas tradicionais, os agrupamentos dos trabalhadores podem ser concebidos pela denominada categoria profissional diferenciada. Existem algumas profissões que são assim consideradas, pela legislação, e, nesse caso, terão sindicatos próprios. Elas são formadas por empregados que exercem profissões ou funções distintas por força do estatuto profissional especial ou em consequência de condições de vida singulares. Esse modelo foi abraçado pelo § 3º do art. 511 da CLT. Dessa forma, Carrion (2012, p. 494) descreve que

> a categoria profissional diferenciada é a que tem regulamentação específica do trabalho diferente da dos demais empregados da mesma empresa, o que lhe faculta convenções ou acordos coletivos próprios, diferentes dos que possam corresponder à atividade preponderante do empregador, que é a regra geral.

Dessa maneira, essa classe operária possui regulamentação trabalhista específica, distinguindo-a dos demais empregados que laboram para o mesmo empregador. Essa particularidade permite aos funcionários que nela se emolduram exercer suas funções e atividades laborativas conforme pactos celebrados em convenções ou acordos coletivos distintos, de modo que atendam aos interesses e às especificidades a elas inerentes, bem como aos detalhes específicos do exercício da profissão ou à execução do contrato de trabalho.

Os aeroviários, modelos, músicos, vendedores e viajantes do comércio são alguns dos profissionais incluídos nas categorias diferenciadas, contempladas pela norma celetista.

---

(6) Art. 1º: "É livre o exercício da profissão de motorista profissional, atendidas as condições e qualificações profissionais estabelecidas nesta lei. Parágrafo único: Integram a categoria profissional de que trata esta lei os motoristas profissionais de veículos automotores cuja condução exija formação profissional e que exerçam a atividade mediante vínculo empregatício, nas seguintes atividades ou categorias econômicas: I — transporte rodoviário de passageiros; II — transporte rodoviário de cargas."

Assevera Carrion (2012, p. 495) que se torna difícil a tarefa de

> harmonizar a liberdade de associação sindical (parcial na Constituição) com o enquadramento sindical oficial e ainda com o princípio de que, salvo exceções, é a atividade preponderante da empresa que qualifica os seus empregados. A casuística e a força da realidade fática é que vêm prevalecendo. As empresas só se obrigam às convenções de que participaram, sendo irrelevante que o empregado pertença a categoria diferenciada.

Essa prática é adotada pelos empregadores por força do que dispõe a Súmula n. 374 do Colendo TST:

> NORMA COLETIVA. CATEGORIA DIFERENCIADA. ABRANGÊNCIA (conversão da Orientação Jurisprudencial n. 55 da SBDI-1) — Res. 129/2005, DJ 20, 22 e 25.4.2005: Empregado integrante de categoria profissional diferenciada não tem o direito de haver de seu empregador vantagens previstas em instrumento coletivo no qual a empresa não foi representada por órgão de classe de sua categoria. (ex-OJ n. 55 da SBDI 1 — inserida em 25.11.1996).

Nota-se que a orientação sumular da Corte Superior Trabalhista reforça a permissão para o empregador desconsiderar o enquadramento sindical de eventual funcionário integrante de categoria diferenciada quando o sindicato que representa o contratador não participar da ação ou negociação coletiva de trabalho que enseja o instrumento coletivo daquela, à qual o trabalhador se adapta.

Mas o contratante não deve negar a existência, em seu quadro, de trabalhadores encaixados nessa classe distinguida. Sua conduta como empregador e gestor, nesse aspecto, deverá ser alicerçada com observância à regulamentação própria para as situações de qualificação profissional especial de seus funcionários, além dos princípios constitucionais que lhes asseguram a liberdade de associação sindical, de modo que seus direitos sejam respeitados.

1.3. NEGOCIAÇÕES COLETIVAS

Os conflitos que permeiam as relações laborais geram descompassos entre capital e trabalho, resultando em desequilíbrios que afetam sobremaneira o empregado. No que tange às desavenças coletivas laborais, para assim caracterizá-las, o seu âmbito de abrangência vai além do empregado singularmente considerado. Nesse contexto, as manifestações de insatisfações pertinentes à relação de emprego, ante o empregador, apresentam-se com uma dimensão significativamente ampla.

Ao analisar essa temática, Amauri Mascaro do Nascimento, citado por João Grandino Rodas (1985, p. 512), ressalta que as relações trabalhistas são dinâmicas e, em razão da morosidade das leis, as normas jurídicas não podem ser o único modo de resolução dos conflitos.

A despeito de existirem várias formas de solucioná-los, a negociação coletiva é um dos meios que ensejam autocomposição, modalidade de resolução proveniente do entendimento entre os próprios atores sociais, que conduzem a resultados com mais probabilidade de serem exitosos e pacíficos.

Para o alcance da solução desejada por meio delas, a Organização Internacional do Trabalho (OIT), da qual o Brasil é membro efetivo, sugere pressupostos essenciais visando a efetivar o deslinde de conflitos coletivos laborais, como a liberdade sindical, o reconhecimento dos sindicatos, o espírito de compromisso e a vedação de práticas desleais, de acordo com a enumeração apresentada por Luiz Roberto de Resende Puech (1985, p. 533).

Ademais, a mencionada Organização adota como princípio básico, relativo aos Direitos Fundamentais do Trabalho, o de que todos os Estados-Membros estão sujeitos à "liberdade sindical e ao reconhecimento efetivo do direito de negociação coletiva" (OIT, 2014). Declara em sua Recomendação n. 154 que, com o "fomento à negociação coletiva", há a intenção permanente de preservar os postos de trabalho e proteger o lado hipossuficiente da relação de emprego. É inegável que o cumprimento de tais orientações proporciona melhoria nas relações trabalhistas, conferindo a proteção social do empregado, o que leva ao alcance dos pressupostos essenciais para se atingir uma relação amistosa entre capital e trabalho.

Vale salientar os princípios essenciais que regem as negociações entre as representações profissional e patronal ou, ainda, entre sindicatos profissionais e empregadores, conforme os ensinamentos de Hinz (2009, p. 103): a) o da obrigatoriedade da atuação negocial — por esse princípio, os instrumentos coletivos (acordo coletivo de trabalho — ACT, convenção coletiva de trabalho — CCT ou sentença normativa) estão sujeitos à interferência sindical com o objetivo de garantir a equidade entre os partícipes da negociação; b) simetria entre os contratantes — ante a representatividade profissional diante do empregador, o que torna o processo negocial mais equilibrado, levando ao desaparecimento ou diminuição da assimetria que caracteriza a relação individual entre empregado e empregador; c) lealdade e transparência — vedação de práticas desleais e da realização de greve durante a vigência de instrumento normativo, salvo fato superveniente que possa impedir a aplicação das normas constantes da normatização em vigor.

O objetivo da conversação é superar as divergências no campo laboral entre as partes do conflito, a fim de que elas se harmonizem. A propósito, entre as missões mais relevantes dos entes sindicais, a direção das negociações coletivas ganha destaque especial.

Para Magano (1985, p. 495) a negociação é "negócio jurídico através do qual sindicatos, ou outros sujeitos devidamente legitimados, estipulam condições de trabalho".

Ao sindicato profissional cabe a tarefa de ajustar, com a representação patronal em busca de conquistas como a de salários compatíveis com as funções desempenhadas, melhores condições para o exercício da atividade laboral, a redução de jornada, entre outras, sempre que os empregadores oferecerem resistência quanto a essas ou demais pretensões. E à representação econômica incumbe a missão de, na medida de suas possibilidades, atender às postulações dos trabalhadores, levando em conta a fundamental importância do equilíbrio financeiro do setor produtivo que, igualmente, deverá ser considerado.

A fragilidade evidenciada entre a força e o capital foi um dos pressupostos para o surgimento do Direito do Trabalho cujo objetivo era "compensar com desigualdade jurídica a desigualdade econômica inicial" (RODRIGUEZ, 2000, p. 361). Já no plano da negociação coletiva, a interferência do ente sindical "busca compensar, com força derivada da união, o poderio maior da outra parte, no plano econômico", conclui o citado autor.

Assim, a possibilidade de os entes profissionais atuarem frente à representação patronal, com vista a entendimento, beneficia todos os empregados representados. Eles são entidades mais fortes, mais preparados, principalmente quando têm uma vasta representação e, portanto, têm probabilidade de reivindicar em igualdade de condições com o empregador. Decorre daí uma atenuação das diferenças entre capital e trabalho, propiciando um processo de negociação mais equilibrado e justo, resultando em composições também mais profícuas.

As negociações coletivas estão contempladas nos incisos VI e XIV do art. 7º e VI do art. 8º e os arts. 10 e 11 da vigente Carta Magna, que estabelecem várias normas, entre as quais a obrigatoriedade da participação dos sindicatos nos procedimentos que dela decorrem para a tentativa de celebração de acordo. Essa imposição destina-se a afastar qualquer possibilidade de as convenções coletivas de trabalho ou os acordos coletivos de trabalho serem negociados diretamente sem a cooperação do sindicato representante da categoria ou com comitês de greve, por exemplo. Dessa forma, apenas a entidade sindical representativa de cada classe poderá ser signatária de instrumentos coletivos ajustados.

Todavia, argumenta Alice Monteiro de Barros (2009, p. 1254) que, apesar de o texto constitucional, em seu art. 8º, inciso VI, fazer alusão a "sindicatos", no plural, tem-se entendido que a participação obrigatória dessas entidades nas negociações se refere à categoria profissional. Ademais, essa interpretação decorre do princípio da tutela, aplicável somente ao empregado. Torna-se necessário realçar que a participação da qual prescinde a representação por meio do sindicato econômico é aquela que resulta em acordo coletivo de trabalho, uma vez que, nesse caso, as negociações se realizam diretamente entre um sindicato de determinada classe de trabalhadores (representando os empregados) e uma ou mais empresas (empregador).

A mesma autora destaca a vedação da prevalência dos interesses de classe sobre o interesse público, segundo a qual não poderão ser negociados preceitos que resguardam a saúde do trabalhador, como os relativos à higiene e à segurança do trabalho, à integridade da honra e da reputação, à intimidade e à privacidade (BARROS, 2009).

Alguns fatores contribuem para que as negociações tenham sucesso. Entre eles, devem-se salientar a garantia constitucional da autonomia sindical e o número de empregados associados aos sindicatos de sua respectiva categoria. Nesse último caso, quanto mais associados houver, mais forte será a entidade, a quem cabe a missão de representar os interesses de seus associados no diálogo com empregadores ou seus representantes, como já consignado. Vale ressaltar que, como o Brasil é um país com vasta extensão territorial, com alguns centros urbanos mais desenvolvidos economicamente do que outros, há interferência desse fator nas negociações, uma vez que nessas regiões há maior concentração de trabalhadores com consciência sindical mais acentuada, decorrendo daí mais equilíbrio e, naturalmente, pactos mais justos.

Os sindicatos, na condição de representantes de categorias profissionais, diferenciada ou patronal, têm inúmeros deveres e prerrogativas, regulamentados em seus estatutos. Assim, sua atuação como negociadores não se limita a pleitos atinentes aos reajustes salariais. O aspecto econômico, por sua natureza, pode ser considerado um adendo relevante e cobiçado por toda a classe trabalhadora. Mas há outras particularidades, igualmente importantes, como a manutenção de postos de trabalho, a qualificação profissional dos empregados, a propiciação de ambientes laborais mais saudáveis e a repugnância à discriminação de qualquer natureza.

Também primordial é o dever de negociar atribuído aos entes sindicais, quando provocados, e do qual não podem declinar (art. 616, CLT). Desse modo, as negociações podem, portanto, ser traduzidas como funções das mais nobres exercidas pelas organizações sindicais e são imprescindíveis em um Estado instituído como democrático de direito, argumenta Otávio Pinto e Silva (2004, p. 63). As soluções delas decorrentes tendem a ser mais promissoras, pois as entidades em confronto são as que mais sabem da própria realidade e por isso consideram mais as peculiaridades de cada empresa ou de seu setor produtivo. Por exemplo, se, de um lado, o trabalhador pleiteia reajustes salariais mais elevados do que os indicadores econômicos divulgados pelo Estado, do outro, a categoria econômica correspondente tem possibilidade de negociar e ponderar os aspectos de produção e participação nos lucros e resultados, sendo assim possível se chegar a um consenso praticável.

Ao discorrer sobre essa temática, Mônica Sette Lopes (1998, p. 65) citou como exemplo um fato sucedido em 1997: a Justiça do Trabalho de Minas Gerais recebeu várias ações, próximo ao Natal, com pedido de deferimento de liminar visando a impedir o trabalho dos comerciários no domingo antecedente àquele feriado nacional. Ao relatar a ocorrência, a autora destacou que

> (...) a dificuldade em aceitar e fazer uso da solução negociada prejudica todos os envolvidos: os empregadores que terão empregados insatisfeitos, os empregados que não se realizarão profissionalmente e, finalmente, o sindicato que se afasta da categoria que representa e, por isto, perderá em representatividade e em poder de ação e de barganha.

Os efeitos das negociações, na prática, agregam vantagens, pois, nos momentos em que as divergências se acentuam, o entendimento direto entre as partes envolvidas produz resultados mais eficazes. É o que aponta Russomano (2002, p. 144) que assim as sintetiza: a) para o Estado, asseguram a paz social; b) para o empregador, constituem mecanismo de entendimento pacífico, evitando-se assim os movimentos paredistas; c) para os trabalhadores, êxito na aquisição de direitos, com mais serenidade do que as conquistas por meio de lutas de classe, além da recognição, pela categoria patronal, do ente sindical e sua representatividade.

Enfim, pode-se notar que as negociações coletivas trabalhistas ganham notoriedade na medida em que são consideradas mecanismos de solução de conflitos entre as partes. É por meio das concessões bilaterais de empregados e empregadores que se tem a possibilidade de encontrar soluções de litígios, produzindo-se normas para regular a relação laboral, resguardando interesses mútuos e a harmonia social.

1.3.1. CONVENÇÃO COLETIVA DE TRABALHO (CCT)

A convenção coletiva de trabalho remonta ao Estado liberal[7] e individualista, no qual o trabalhador era isolado, além de hipossuficiente, em contraponto ao detentor do poderio econômico e dos meios de produção organizados, ensina Délio Maranhão (1977, p. 317).

Como consequência dessa situação, o operário se sujeitava ao trabalho que lhe era imposto da forma determinada pelo contratante mais forte, ou seja, o empregador.

Supõe-se que foi nesse cenário que surgiram os conflitos juslaborais entre capital e trabalho. Assim, prossegue o citado autor, despontaram as primeiras convenções, nas quais o empregado se fazia substituir pelo grupo diante do empregador, para conceber as condições que iriam regular a prestação de trabalho, entre o operário isolado e o patrão poderoso. Nesse compasso, o agrupamento, mais fortalecido pela união, compensava a posição de inferioridade à qual o obreiro isolado se sujeitava, impedindo, dessa maneira, a instituição das condições laborais perversas a ele impostas, conclui Maranhão (1977, p. 317).

A celebração da primeira convenção coletiva de trabalho ocorreu na Inglaterra, em 1824, quando alguns proletariados, como carpinteiros e marceneiros, reuniam-se para ajustar as suas postulações e, posteriormente, apresentá-las aos seus patrões, em determinadas ocasiões, sendo atendidos e, em outras, não. Preleciona Sussekind (2004, p. 17).

O mencionado autor esclarece, ainda, que mais tarde tais obreiros passaram a se reunir e a exercer o papel de mediadores entre os operários e empregadores para acertarem as condições em que os contratos de trabalho deveriam ser estabelecidos, incluindo-se aí as regras a serem respeitadas.

Nesse diapasão, afirmam Mauricio Godinho Delgado e Gabriela Godinho Delgado (2012, p. 21), quando traçando um paradigma do Estado Liberal, que a solidariedade e a consolidação de consciência foram o sustentáculo para o nascer das associações. Prosseguem, citando Gomes e Gottschalk, para quem os "(...) indivíduos colocados em condições de vida semelhantes tendem sempre ao associacionismo, e com tanto mais força atrativa quanto mais precárias sejam suas condições de existência".

Observa-se que a união da classe operária estimulou a representatividade coletiva da categoria em prol de um movimento que, ao mesmo tempo em que os representava diante do empregador com intuito de levar-lhe suas pretensões, exercia também o papel de mediador.

Afirma Sussekind (2004, p. 17) que foi nesse contexto que nasceu a convenção coletiva de trabalho e "nenhuma lei impunha a sua eficácia *erga omnes*, todavia, o *gentlemen's agreement*[8] assegurava a observância do pactuado entre os sindicatos e os empresários". Sendo exitosas as postulações dos operários frente aos seus empregadores, elas materializavam-se em tais pactos.

Nota-se que, sob o prisma histórico, não há dúvida de que a Europa é reconhecida como a origem das convenções coletivas de trabalho e a sua adoção foi expandida em diversas ordens jurídicas.

Vários países passaram a legislar sobre o tema, mas foi o Código Civil holandês, de 01 de fevereiro de 1919, o pioneiro a lhe dar cobertura, elucida Maranhão (1977, p. 318). Segue o mesmo autor ressaltando que a matéria foi disciplinada por normas especiais e o modelo foi abarcado também pela legislação francesa, em 1919. Ele conclui, asseverando que a convenção coletiva foi consagrada constitucionalmente, pela primeira vez, no art. 165 da Constituição de Weimar (alemã).

---

(7) "O Estado Liberal era, pois, um Estado submetido à Constituição, mas continuava a ser um Estado assegurador de garantias, vantagens e direitos apenas aos proprietários, o que, afinal, muito o aproximava da fase excludente característica da anterior Idade Média." (DELGADO, Mauricio; DELGADO, Gabriela, 2012, p. 16).
(8) *Gentlemen's agreement*: acordo de cavalheiros. (OXFORD, 2007).

No Brasil não foi diferente. A ordem jurídica, inspirada nas normatizações estrangeiras vigentes à época, passou, também, a legislar sobre o tema. A convenção coletiva de trabalho foi estabelecida no mesmo Decreto que regulou a sindicalização das classes operárias e patronais, o de n. 19.770, de 19 de março de 1931, em seu art. 10, *in verbis*:

> Além do que dispõe o art. 7º, é facultado aos sindicatos de patrões, de empregados e de operários celebrar, entre si, acordos e convenções para defesa e garantia de interesses recíprocos, devendo ser tais acordos e convenções, antes de sua execução, ratificados pelo Ministério do Trabalho, Indústria e Comércio.

Posteriormente, a CCT foi instituída pelo Presidente Getúlio Vargas, por meio do Decreto n. 21.761, de 23 de agosto de 1932, definindo-a em seu art. 1º, nos seguintes termos:

> Entende-se por convenção coletiva de trabalho o ajuste relativo às condições do trabalho, concluído entre um ou vários empregadores e seus empregados, ou entre sindicatos ou qualquer outro agrupamento de empregadores e sindicatos, ou qualquer agrupamento de empregados.

As convenções começaram a ganhar destaque e a ser reconhecidas a partir da Constituição de 1934 (alínea "a" do § 1º do art. 121), na Constituição de 1937, permanecendo contemplada pela CF/88 em seu inciso XXVI do art. 7º.

Nesse interregno foram amparadas pela CLT, que a elas dedicou o Capítulo VI, "Das Convenções Coletivas de Trabalho", disciplinando-as nos arts. 611 a 625. A norma celetista definiu a convenção coletiva de trabalho como "acordo de caráter normativo pelo qual dois ou mais sindicatos representativos de categorias econômicas e profissionais estipulam condições de trabalho aplicáveis no âmbito das respectivas representações, às relações individuais de trabalho" (art. 611).

A propósito, esse modelo adotado no ordenamento jurídico nacional foi novamente contemplado no Decreto-Lei n. 229, de 28.2.1967. Anteriormente a abrangência da convenção era limitada, pois somente se aplicava aos associados do sindicato e, para ser extensiva aos demais membros das categorias convenentes, era necessário autorização do Ministro do Trabalho, como preleciona Magano (1985, p. 501).

Conclui-se que, nesse caso, os efeitos jurídicos dos acordos e convenções são *erga omnes*, ou seja, aplicáveis a toda a classe representada pela organização sindical profissional e patronal partícipes do ajuste.

Destarte, com base nos contornos históricos e legislativos que envolveram e motivaram o surgimento das convenções coletivas de trabalho, é possível constatar que, com o tempo, a autonomia e a vontade das partes ganharam cada vez mais significância e espaço no panorama jurídico pátrio.

Ao conceituá-la, a CLT deixa claro que as partes têm, tanto quanto o Estado, o condão de produzir as próprias regras e a elas se sujeitarem.

No sentido de reafirmar a validade formal dessa autonomia, Mauricio Godinho Delgado (2011, p. 1354) ensina que

> o princípio da criatividade jurídica da negociação coletiva traduz a noção de que os processos negociais coletivos e seus instrumentos (contrato coletivo, acordo coletivo e convenção coletiva de trabalho) têm real poder de criar norma jurídica (com qualidades, prerrogativas e efeitos próprios a esta), em harmonia com a normatividade heterônoma estatal.

Assim, ao estabelecerem regras mais congruentes, as representações profissional e econômica geram normas que irão reger situações jurídicas presentes e futuras, similares a leis, com a finalidade de regular os contratos de trabalho individuais dos empregados da categoria representada no ato das negociações celebradas.

Todavia, cabe distinguir a diferença do contrato individual de trabalho e da convenção coletiva de trabalho *lato sensu*.

Nas palavras de Carrion (2012, p. 543),

> o primeiro cria obrigação de trabalhar e a de remunerar e a segunda prevê direitos e obrigações para os contratos individuais em vigor ou que venham a celebrar; é mais uma lei do que um contrato. Tem a vantagem de descer a minúcias e, melhor do que a lei, adaptar-se às circunstâncias específicas das partes, do momento e do lugar.

Logo, o contrato individual de trabalho gera o efeito binômio trabalho e remuneração, enquanto que, nas convenções, os efeitos produzidos são mais amplos, as obrigações criadas se refletem nos contratos presentes e futuros, além de serem detalhadas as condições de aplicação. Vai além do que estabelece uma lei. Quer parecer um manual de conduta: de um lado, os direitos e deveres do empregado, de outro, os direitos e obrigações do empregador, expressos minuciosamente.

O mesmo autor, com supedâneo em Orlando Gomes, aponta também a importância das convenções coletivas, sustentando que elas permitem ao empregado, entre outras possibilidades, influir nas condições de trabalho, tornando-as bilaterais, e o choque social reforça o companheirismo do operariado, e a convenção proveniente resta como uma nova fonte de direito (GOMES apud CARRION, 2012). Para serem ajustadas, tais convenções não têm a morosidade típica dos procedimentos adotados, por imposição legal, pelo Poder Legislativo.

No que tange à possível flexibilização dos direitos laborais, ainda que as convenções coletivas possam parecer uma forma radical de desregulamentá-los, ela deve antes ser vista como meio de preservar postos de trabalho, evitando-se assim o desemprego, cujas consequências são, obviamente, danosas ao trabalhador.

A par disso, o constituinte, ao tratar dessa matéria, reafirmou a importância das convenções e acordos coletivos de trabalho (CCT — ACT), quando se ocupou das mencionadas flexibilizações. Estas são medidas condicionadas às negociações coletivas. Portanto, deverá constar expressamente do instrumento coletivo a autorização para que a categoria, em caso de extrema necessidade, adote o procedimento mais adequado à sua realidade, especificando-o. Eis as hipóteses permitidas, conforme estabelece o art. 7º da Constituição Federal de 1988:

> São direitos dos trabalhadores urbanos e rurais, além de outros que visem à melhoria de sua condição social:
>
> (...)
>
> VI — irredutibilidade do salário, salvo disposto em convenção ou acordo coletivo de trabalho.
>
> (...)
>
> XIII — duração do trabalho normal não superior a oito horas diárias e quarenta e quatro semanais, facultada a compensação de horários e a redução de horários e redução de jornada, mediante acordo ou convenção coletiva de trabalho.
>
> (...)
>
> XIV — jornada de seis horas para trabalho realizado em turnos ininterruptos de revezamento, salvo negociação coletiva.

Sendo assim, por meio do entendimento entre as categorias profissional e patronal que, além de elaborarem normas com o objetivo de reger os contratos individuais de trabalho na esfera de sua representatividade, podem flexibilizar os direitos trabalhistas, a adoção dessa prática permite que se tornem menos petrificadas as relações laborais, inclusive promovendo mais contratações e evitando a extinção de algumas empresas.

Cumpre salientar que as alterações consensuais prejudiciais são vedadas, em conformidade com o art. 468 da CLT[9], ressalvadas as hipóteses acima citadas.

---

(9) CLT — Art. 468: "Nos contratos individuais de trabalho só é lícita a alteração das respectivas condições por mútuo consentimento, e, ainda assim, desde que não resultem, diretamente ou indiretamente, prejuízos ao empregado, sob pena de nulidade da cláusula infringente desta garantia. Parágrafo único: Não se considera alteração unilateral a determinação do empregador para que o respectivo empregado reverta ao cargo efetivo, anteriormente ocupado, deixando o exercício de função de confiança".

A convenção coletiva de trabalho é o resultado de negociações entre sindicatos com representação profissional e patronal, por isso tem origem privada e, para Delgado (2008, p. 1378),

> criam regras jurídicas e alcançam todos os trabalhadores representados pelo sindicato subscritor do instrumento em questão, sendo que suas normas têm preceitos gerais, abstratos e impessoais, objetivando normatizar situação *ad futurum*, correspondendo à noção de lei em sentido material.

Ela é, necessariamente, celebrada por entidades sindicais com legitimidade para conduzir negociações coletivas e firmar pactos.

Materialmente, trata-se de documento formal, solene, escrito e submetido à publicação, para que se dê a divulgação do seu conteúdo.

Para promovê-la, as postulações das categorias são amplamente debatidas em assembleia geral, realizada com essa finalidade, cuja convocação deverá obedecer às regras contidas no art. 612 *caput* e parágrafo único da CLT, sem as quais não será considerada apta a produzir os efeitos jurídicos próprios.

As convenções celebradas por meio de negociações passam a ser instrumentos cujo conteúdo é estruturado em forma de cláusulas normativas e contratuais que estipulam deveres para as partes. Essas regras jurídicas são as que geram direitos e obrigações e passam a integrar o contrato individual de trabalho, compondo, geralmente, a maior parte do instrumento coletivo, ensina Delgado (2008, p. 1385).

Assim, tais instrumentos resultantes das negociações são mesclados por preceitos de emprego obrigatório. Estas são aplicáveis aos contratos individuais de trabalho constituídos antes da celebração da convenção coletiva e aos que forem estabelecidos posteriormente. As cláusulas de cunho contratual constantes do acordo ou convenção geram efeitos tão somente entre os sindicatos convenentes (representação profissional ou econômica).

Ensina Magano (1985, p. 503) que cláusulas normativas são pertinentes às condições laborais e prontas para integrarem o contrato individual de trabalho. Já as obrigacionais (ou contratuais) são as que estabelecem direitos e obrigações das partes que pactuaram no processo de negociação.

Todavia, a estruturação das convenções coletivas de trabalho pode conter, ainda, um universo de outras cláusulas, como as de natureza econômica[10]. Em regra, são as que mais acarretam divergências e debates nas mesas de negociação, em especial as relativas aos reajustes salariais da categoria, a qual postula o aumento que ela acredita ser pertinente e justo. Por outro lado, os empregadores nem sempre cede a esses apelos, por razões distintas, como por reputar que o índice pleiteado está fora da realidade do mercado. Notoriamente é a reivindicação que gera mais polêmica em todas as esferas, seja no acordo, na convenção coletiva, seja na via judicial (dissídio coletivo).

Nesse esteio, Ives Gandra Martins Filho (2009, p. 158) sustenta que "a legislação salarial nem sempre prevê a incorporação integral da inflação".

A norma celetista, em seu art. 613, incisos I ao VIII e parágrafo único, estipula o conteúdo que as convenções coletivas de trabalho necessariamente deverão conter, como o seu prazo de duração, que não pode ser superior a dois anos, e os deveres e obrigações dos empregados e empregadores.

Sendo assim, ao final da vigência estipulada no próprio instrumento, o processo de negociação inicia-se com a adoção dos mesmos procedimentos seguidos para o instrumento que expirou (art. 611 e seguintes da CLT).

---

(10) A respeito das demais cláusulas que são comuns aos acordos coletivos de trabalho e dissídio coletivo de natureza econômica, verificar o quinto capítulo da presente obra.

Significa que algumas cláusulas anteriormente pactuadas constantes de tais ajustes se repetem nos novos, como conquistas precedentes. Esses benefícios ou vantagens antes estabelecidos são mantidos na vigência da nova convenção, desde que haja concordância da parte adversária da contenda.

A eficácia temporal da convenção é estabelecida no § 3º do art. 614 da CLT, e inicia-se três dias após o registro do documento assinado pelas entidades representativas no órgão correspondente do Ministério do Trabalho.

Cumpre frisar que as partes têm liberdade para estipular as matérias que serão objeto da convenção coletiva, lembrando, contudo, que qualquer ato praticado com o objetivo de fraudar a aplicação dos preceitos contidos na CLT será considerado nulo de pleno direito (art. 9º). E mais: não poderão ser objeto de instrumentos coletivos disposições contrárias àquelas de proteção do trabalho, aos contratos coletivos e às decisões das autoridades competentes (art. 444, CLT).

A base territorial abrangida pela convenção coletiva se restringe ao âmbito das respectivas entidades sindicais partícipes das negociações.

A Orientação Jurisprudencial n. 23 da SDC do TST confirma essa assertiva ao dispor que: "A representação sindical abrange toda a categoria, não comportando separação fundada na maior ou menor dimensão de cada ramo ou empresa".

Se o empregador integra determinado setor produtivo e tem em seu quadro empregados pertencentes a categorias diferenciados (§ 3º do art. 511 da CLT), ele não se obriga a cumprir as normas oriundas dos instrumentos coletivos instituídos em favor desses obreiros, se não houver participado da respectiva negociação, conforme já assinalado.

É possível dizer que as convenções coletivas de trabalho firmadas em conformidade com os parâmetros estabelecidos pela ordem jurídica são uma das melhores formas de os conflitos coletivos trabalhistas serem solucionados, já que levam em conta, especialmente, as adequações, as necessidades, os interesses e a realidade de cada uma das categorias neles envolvidas.

1.3.2. Acordo coletivo de trabalho (ACT)

Até 1967, a Consolidação das Leis do Trabalho nada estabelecia sobre os acordos. Nessa época, por meio do Decreto-lei n. 229, de 28.2.1967, alterou-se o Título VI da CLT, o qual incorporou em seu rol de dispositivos o acordo coletivo de trabalho.

Este é um instrumento jurídico firmado entre o sindicato profissional e uma ou mais empresas do mesmo setor econômico. Precipuamente, estabelece condições de trabalho aplicáveis na empresa ou empresas partícipes do pacto, conforme dispõe o § 1º do art. 611 da CLT, que assim o define:

> É facultado aos sindicatos representativos de categorias profissionais celebrar acordos coletivos com uma ou mais empresas da correspondente categoria econômica, que estipulem condições de trabalho, aplicáveis no âmbito da empresa ou das empresas acordantes às respectivas relações de trabalho.

O ACT tem a mesma importância da convenção coletiva do trabalho, porém participam das negociações apenas o sindicato profissional e uma ou mais empresas. Estas estão autorizadas a celebrar o acordo, prescindindo, pois, da presença de representação econômica.

O ponto comum entre esses dois instrumentos, traçado pela própria norma celetista, é que eles estabelecem condições de trabalho a serem aplicadas nos contratos individuais entre seus representados, abrangendo as categorias que fizeram parte da negociação.

Os ajustes que são celebrados e instrumentalizados no acordo coletivo de trabalho consolidam normas jurídicas típicas, qualificadas por serem gerais, abstratas e impessoais destinadas também à regulação *ad futurum* de relações trabalhistas, segundo entendimento de Delgado (2008, p. 1379).

Merece destaque a disposição do art. 612 da CLT, o qual determina que, na hipótese de convenção coletiva de trabalho, o sindicato só poderá firmar instrumento coletivo a partir da autorização dos associados, decidida em assembleia realizada para esse fim.

Tratando-se de acordo coletivo de trabalho, no entanto, o dispositivo mencionado estabelece que a legitimação do sindicato para firmar tal acordo decorre da autorização dos interessados, em assembleia, independentemente de os trabalhadores serem sindicalizados.

O seu conteúdo é similar ao de uma convenção coletiva de trabalho, uma vez que traz em sua estrutura cláusulas de cunho econômico e social, que passam a regular o contrato individual de trabalho dos empregados da(s) empresa(s) partícipe(s) da negociação que ensejou o instrumento.

As exigências quanto à forma e à solenidade também se assemelham às adotadas na convenção coletiva de trabalho, na forma determinada pela norma celetista, com as formalidades estabelecidas no art. 613 da CLT.

No que tange a sua vigência, esta é estabelecida pelo § 3º do art. 614 da CLT, cujo início se dá três dias após o registro do documento firmado no órgão correspondente do Ministério do Trabalho, e que finda no prazo máximo de dois anos.

A Constituição Federal de 1988 nos incisos VI, XII e XIV do art. 7º também autoriza que, por meio de acordo coletivo, sejam flexibilizados alguns direitos, nos mesmos moldes adotados para as convenções coletivas de trabalho[11].

No que se refere à aplicação das vantagens auferidas pelos instrumentos coletivos, em razão do seu caráter convencional, elas poderão ser utilizadas em contratos celebrados anteriormente ao início da sua vigência e nos que ainda estão em curso. Entretanto, não são aplicáveis em contratos individuais extintos antes do início do prazo a que se refere o art. 614 CLT.

Este também é o entendimento de Maranhão (1977, p. 330) ao afirmar que,

> para que um determinado empregado possa fazer jus às vantagens decorrentes de cláusulas normativas da convenção, necessário se torna que, no momento em que a norma entra em vigor, seu contrato individual, em curso, seja por ela automaticamente modificado, ou que, ao celebrar um contrato individual, dentro do prazo de vigência da norma, a esta deve se ajustar, por força do princípio da inderrogabilidade das normas de proteção do trabalho pela vontade individual.

Esse entendimento tem aplicabilidade tanto no âmbito da convenção coletiva quanto no do acordo coletivo de trabalho.

Nota-se que a legislação brasileira, com objetivo de incrementar as negociações que visam a celebrar acordos e convenções, prestigiando-se assim a autocomposição, disciplinou-as no plano infraconstitucional e constitucional. Considerou, ainda, as recomendações estabelecidas pela Organização Internacional do Trabalho[12], especialmente a Convenção de n. 154, que, igualmente, fomenta as negociações coletivas.

Não obstante as dificuldades que permeiam as discussões trabalhistas, sobremaneira no que se refere às matérias relativas aos reajustes e pisos salariais das categorias profissionais, nota-se que as tentativas para que as partes cheguem a um ajuste são incontáveis, tanto que um dos requisitos de admissibilidade para intentar uma ação coletiva, para deslinde de qualquer conflito pelo Judiciário trabalhista, é que as negociações necessariamente deverão ser previamente comprovadas.

É desejável que as partes criem as próprias normas, só assim a autonomia da vontade se manifesta e se concretiza. Afinal esse é um traço marcante e que dá sustentáculo para a elaboração de soluções capazes de assegurar a paz da coletividade.

---

(11) Sobre a flexibilização de direitos laborais por meio de CCT, verificar o item 1.3.1 do presente capítulo.
(12) Acerca da Convenção 154 da OIT, verificar o anexo "A" da presente obra.

Indubitavelmente as convenções e os acordos oriundos de negociações exitosas são instrumentos coletivos que revelam a capacidade de entendimento entre capital e trabalho, capazes de transpor os obstáculos causados pelas variações, principalmente econômicas, que ocorrem periodicamente.

Assim, o alcance das soluções dos conflitos por meio das negociações coletivas materializa-se em convenções ou em acordos coletivos firmados pelos convenentes, sem interferência estatal. Isso acentua a autonomia da vontade das partes, além de possibilitar que os direitos e vantagens concedidos à categoria, estabelecidos por esses instrumentos, sejam cumpridos espontaneamente pelo obrigado (empregador).

Todavia, na impossibilidade de entendimento, restando frustradas as negociações coletivas, na ausência de acordo ou de convenção coletiva do trabalho, as partes poderão recorrer ainda à arbitragem para o deslinde de conflito, conforme estabelece a norma constitucional.

1.3.3. ARBITRAGEM

Nessa modalidade de tentativa de entendimento, as partes elegem um árbitro ao qual se sujeitarão, visando a solucionar o impasse. Essa é uma faculdade conferida pela CF/88, no § 1º do art. 114, ao dispor que "frustrada a negociação coletiva as partes podem eleger árbitros". Assim, inexistindo composição por meio de negociações coletivas (autocomposição), as partes têm o direito de optar pelo que lhes parecer mais favorável, inclusive a escolha de um agente externo ou de uma comissão para solucionar o dissenso.

Para Magano (1990, p. 188), a arbitragem pode ser definida como uma decisão de terceiros, escolhidos pelos envolvidos no litígio, ressaltando, contudo, o caráter

> privado do juízo arbitral e natureza voluntária do instituto, sendo que, no primeiro caso, ela caracteriza-se como Justiça privada, em contraponto à pública e, no segundo, pode ser considerada procedimento de autocomposição, contraposto ao procedimento de autodefesa e de tutela.

Mas tal instituto não tem sido escolhido por entes sindicais, segundo observações de Raimundo Simão de Melo (2011, p. 35), ao ressaltar que, "na prática, até agora não há registros favoráveis desse instrumento no Brasil, nas relações de trabalho, embora possa constituir mais uma importante forma de solução de conflitos".

Qualquer que seja o sistema escolhido, o certo é que será dada às partes a faculdade de opção, todavia estimulando continuamente o entendimento pacífico, respeitando-se as disposições mínimas estabelecidas na legislação pertinente.

Vale lembrar que a conciliação é sempre almejada e que as tentativas na busca de tal objetivo são reiteradas. Essa etapa precede a quaisquer formas de tentativa de solução de litígios, embora a adoção de um árbitro também se faça por livre vontade das representações sindicais.

Assevera Nascimento (2000, p. 257) que a arbitragem é um meio de solução de conflitos comumente adotado em vários países, como nos Estados Unidos, mas que, no ordenamento jurídico pátrio, ainda que prevista constitucionalmente, não alcançou a mesma aceitação.

À vista disso, não sendo possível resolver o conflito coletivo por meio de autocomposição ou de arbitragem, abre-se a oportunidade para a intervenção estatal que, provocada pelas partes, passará a atuar prestando a tutela jurisdicional, surgindo assim o processo judicial correspondente com a finalidade de solucionar o litígio. Assim, recorre-se ao dissídio coletivo como uma alternativa de elucidação dos conflitos, por intermédio da Justiça do Trabalho.

CAPÍTULO 2

O DISSÍDIO COLETIVO

O instituto do dissídio coletivo caracteriza-se como um dos mais importantes mecanismos processuais, em razão do seu alcance social e da finalidade a que se presta.

Para Délio Maranhão (1977, p. 337), o dissídio coletivo implica uma vinculação coletiva laboral. Ele cita Mazzoni para definir tal espécie de ligação como "aquela relação entre sujeitos de direito em que a participação dos indivíduos é, também, levada em consideração, não, como indivíduos, mas como membros de uma determinada coletividade".

O estudo de sua origem é imprescindível para situá-lo e contextualizá-lo historicamente e verificar o seu desenvolvimento ao longo dos anos, como modelo concebido a fim de atender ao mesmo tempo um número considerável de trabalhadores defendidos no ato pela entidade representativa de sua categoria.

2.1. ORIGEM DO INSTITUTO — CONCEITUAÇÃO

Oposições fazem parte naturalmente de qualquer sociedade. Por mais organizados que sejam os grupos de pessoas que compartilham ideais, é possível a ocorrência de eventuais dissensões entre os membros que os compõem. São controvérsias de natureza distinta, mas que instigam os homens a buscar soluções para pacificar as relações sociais.

Os interesses coletivos explicam os agrupamentos, uma vez que os indivíduos não conseguem sozinhos realizar todas as suas necessidades.

Antagonicamente, os conflitos coletivos surgem, pois fazem parte de um processo social e, do mesmo modo, congregam pessoas em busca da defesa conjunta de seus direitos.

No campo laboral, igualmente, sucedem-se divergências originárias das relações de emprego. Consideram-se coletivas quando elas decorrem dos interesses de uma categoria opostos aos de outra.

Nessa linha, Alice Monteiro de Barros (2009, p. 682) esclarece que, sob o ponto de vista sociológico, os conflitos coletivos surgem quando o "interesse de determinada categoria profissional se opõe à resistência da categoria econômica correspondente".

Aduz Maranhão (1977, p. 334), com suporte em Carnelutti, que a novidade não é reconhecer a existência dos conflitos, pois eles sempre existiram; o novo é, pois, a probabilidade de ensejarem objeto de um litígio, significando com isso que o dissídio coletivo é o fenômeno da "translação da lide do plano individual para o coletivo".

E para solucionar esses litígios são postos à disposição dos indivíduos sistemas objetivando recompor a estabilidade entre os grupos incluídos na controvérsia, pois os reflexos desses desentendimentos poderão gerar resultados negativos atingindo também a sociedade.

Tratando-se de lides coletivas trabalhistas, a autocomposição e a arbitragem são sistemas reconhecidos pelo ordenamento jurídico brasileiro que precedem a interferência estatal. Antes, porém, de adentrar o mecanismo judicial adotado pelo Judiciário trabalhista, faz-se necessária uma breve análise histórica de fatos relacionados.

Findo o período escravocrata, surgiu uma nova fase, simultânea ao aparecimento de uma classe trabalhadora juridicamente livre. Entretanto, a abolição da escravatura não foi suficiente para que as novas relações de trabalho fossem respeitosas, tampouco para que os devidos direitos surgissem concedidos aos obreiros. Os conflitos oriundos dessas relações, em razão de várias circunstâncias, geravam impactos negativos no âmbito laboral, resultando em insatisfações generalizadas.

Nessa ordem de ideias, entre fenômenos que merecem destaque, podemos citar as associações, que foram despontando com a formação das agremiações operárias, cujos interesses perseguidos eram salários mais justos e jornadas de trabalho menos extenuantes. Em 1901, foram criadas a Liga de Resistência dos Trabalhadores em Madeira e a dos Operários em Couro, e, em 1906, a Liga de Resistência das Costureiras. Segundo apontamentos de Nascimento (2000, p. 77), outras corporações do tipo, ou diferentes, se formaram livremente à época, período em que a regulamentação do sindicalismo rural (Decreto-Lei n. 979, de 6.1.1903) e urbano (Decreto n. 1.637, de 1907) teve início. Nota-se que o surgimento desses movimentos externava, ainda que de forma tímida, a insatisfação do operariado, razão pela qual se agrupavam ao formarem as associações e ligas. Isso demonstra o próprio reconhecimento de que, isoladamente, o procedimento de negociação seria mais frágil e, por conseguinte, os resultados não seriam os esperados. Em grupo, era possível fortalecer as lutas sociais e minimizar as desigualdades entre o capital e o trabalho.

Esse processo de amadurecimento das entidades de classe carecia de solidificação. Entre os rurícolas, por exemplo, não havia uma base capaz de assegurar-lhes uma organização consistente. Eles sujeitavam-se aos donos de terras, que não hesitavam em liquidar aqueles trabalhadores que demandassem qualquer benefício, pois os direitos juslaborais não eram estabelecidos em lei, conforme ensinamentos de Segadas Vianna (1996, p. 958).

Posteriormente, esses movimentos tomaram novos rumos. A influência dos imigrantes europeus que aportavam no país contribuía para o amadurecimento e consequente disposição para as lutas dos grupos de obreiros. Nesse sentido, Nascimento (2000, p. 77) preleciona que o anarquismo sindical[13], amplamente difundido no Brasil por imigrantes italianos, entre os trabalhadores brasileiros, com intensa divulgação de seus ideários, estimulou as lutas por melhores condições de trabalho, com emprego de práticas de sabotagem, entre elas a greve. Elucida, ainda, o mencionado autor, que esses fatos encorajavam as classes operárias, o que resultou no número crescente de paralisações em vários segmentos de produção e em muitas localidades do território nacional. Exemplificando-se, cita a greve de 1917 em São Paulo, com repercussão acentuada atingindo ao todo treze cidades, nas quais os trabalhadores pleiteavam reajuste salarial de vinte por cento. Conclui, esclarecendo que tais postulações foram atendidas por meio de acordo celebrado, assegurando-se, também, que nenhum operário participante do movimento seria despedido.

A ausência de regulamentação específica deixava livre o operariado para realizar greves, já que a vedação do Código Penal de 1890 foi transitória, considerando que foi derrogada, abolida no mesmo ano que definiu a greve como atividade ilícita, de acordo com apontamentos de Magano (1990, p. 161).

Em 10 de outubro de 1922, foram criados em São Paulo os Tribunais Rurais, pelo então governador Washington Luís. Seu objetivo era proferir julgamentos rápidos e de custo baixo para os cofres da União; eles tiveram, porém, curta duração, segundo Magano (1995, p. 49).

Por seu turno, Nascimento (2000, p. 81) esclarece que, a partir de 1930, o Estado tornou-se intervencionista e passou a criar diretrizes a serem seguidas visando a conter as paralisações de trabalhadores, as quais, então, ocorriam em diversos setores. Assim, segundo o citado autor, o Estado adotou algumas medidas de cunho social que valorizaram a interação das classes profissionais e patronais, atribuindo aos sindicatos a missão de cooperar com o poder público, e, ao mesmo tempo, submeter-se ao seu controle.

A Justiça convencional não estava aparelhada para solucionar conflitos coletivos. Por essa razão coube ao incipiente Ministério do Trabalho, Indústria e Comércio a função de praticar a política

---

(13) Anarcossindicalismo: "Doutrina sindical e política que influenciou, poderosamente, o sindicalismo revolucionário. (...) A sua mensagem centralizava-se em alguns pontos conhecidos: a ideia do combate ao capitalismo, a evanescência do Estado, a desnecessidade da existência de leis jurídicas para governar a sociedade, o combate ao governo e à autoridade, a ação direta como meio de luta, enfim, uma radical crítica a tudo quanto existia na ordem jurídica, política e social." (NASCIMENTO, 2000, p. 77-78).

trabalhista de equacioná-los. E o fez por intermédio de atividades negociais, no âmbito administrativo, num conjunto de atos que podemos considerar como o embrião do dissídio coletivo.

Foi nesse cenário que o legislador procurou solucionar as controvérsias relativas à prestação de trabalho e atribuiu ao Estado a responsabilidade de intervir. Hoje essa intervenção se dá pelo Poder Judiciário, a quem compete decidir.

É possível perceber, então, que o dissídio coletivo não emergiu de um fato jurídico determinado, mas sim de um conjunto de realidades sociais e econômicas factuais.

Esses conflitos decorrentes das relações trabalhistas podem ser objeto de dissídios individuais[14] ou de dissídios coletivos. Estes envolvem interesses de agrupamentos constituídos de sujeitos indeterminados, de uma dada categoria, que pode ser profissional ou econômica.

Conflito trabalhista,

> na terminologia do Direito do Trabalho, quer significar qualquer questão havida entre empregado e empregador, que é levada à deliberação da Justiça trabalhista. Quando o dissídio é suscitado por uma classe de trabalhadores, sob iniciativa de seu sindicato, diz--se dissídio coletivo. (DE PLÁCIDO E SILVA, 2004, p. 277-278).

Nesse compasso, é perceptível que as relações de trabalho são constituídas de interesses, os quais nem sempre convergem para o mesmo objetivo e, existindo oposições quanto a eles, surgindo assim os conflitos. Por um lado, o empregador busca lucros e resultados, por outro, o profissional pleiteia a recompensa que ele entende ser a mais justa, pela força de labor despendida.

Diz-se conflito coletivo porque seus sujeitos não são singularmente considerados, mas sim os grupos, representados por entidades sindicais e constituídos por trabalhadores de uma mesma categoria profissional, reunidos e unidos por interesses comuns.

Corroboram esse entendimento Almir Morgado e Isabelli Gravatá (2008, p. 171), segundo os quais "a indeterminação dos sujeitos que são alcançados pela norma jurídica é a nota diferencial do dissídio coletivo".

No entender de Russomano (2002, p. 226), conflito de trabalho

> (...) é o litígio entre trabalhadores e empresários ou entidades representativas de suas categorias sobre determinada pretensão jurídica de natureza trabalhista, com fundamento em norma jurídica vigente ou tendo por finalidade a estipulação de novas condições de trabalho.

Maranhão (1977, p. 334) cita Carnelutti ao ensinar que

> processualmente, chama-se dissídio (lide) um conflito de interesses atual, ou seja, quando estimula os interessados a praticar atos que os transformam em litigantes. Tais atos são a pretensão e a resistência. Pretensão é a exigência da subordinação de um interesse de alguém ao interesse de outrem; resistência é não conformidade com essa subordinação.

Ao trazer à baila a visão processual do doutrinador italiano, Maranhão (1977, p. 334) complementa seus argumentos, alegando que, quando o dissídio não é individual e revela-se com um número indefinido de conflitos similares, compreendem-se, assim, interesses coletivos, e que, nessa hipótese, trata-se de dissídio coletivo.

Na acepção de Bezerra Leite (2009, p. 1172), dissídio coletivo

> (...) é uma espécie de ação coletiva conferida a determinados entes coletivos, geralmente os sindicatos, para a defesa de interesses cujos titulares materiais não são pessoas

---

[14] "No conflito individual do trabalho as partes são determinadas, envolvendo um ou mais empregados, especificados e individualizados, e o empregador." (GARCIA, 2012, p. 54).

individualmente consideradas, mas sim grupos ou categorias econômicas, profissionais ou diferenciadas, visando à criação ou interpretação de normas que irão incidir no âmbito dessas mesmas categorias.

Por sua vez, Carrion (2012, p. 818) assim o define: "O dissídio coletivo visa a direitos coletivos, ou seja, contém as pretensões de um grupo, coletividade ou categoria profissional de trabalhadores, sem distinção dos membros que a compõem de forma genérica".

Para a doutrina francesa, a conceituação de conflito coletivo de trabalho, nas palavras de Hélène Sinay (1966, p. 427), "implica a exigência de duas condições cumulativas: a presença no litígio de um grupo de assalariados e a existência de um interesse coletivo a defender. Assim, o aspecto coletivo é marcado pela qualidade das partes e pelo objeto do litígio". A mencionada autora afirma, ainda, que é possível a existência de conflito coletivo, ainda que nele figure tão somente um empregado diante do empregador, como nas divergências relacionadas à dispensa de membro de comitê de empresa. Conclui que, todavia, nesse caso é necessário que o sindicato sinta-se prejudicado para agir em defesa do interesse que ele considera de todos.

Nota-se que a conceituação atinente ao dissídio coletivo laboral, tanto para a doutrina estrangeira quanto para a brasileira, converge no mesmo sentido. A diferença é basicamente em relação ao número de pessoas representadas no processo. No Brasil, para que se caracterize uma ação coletiva, é necessário que a representação seja em favor de um grupo de trabalhadores. Contudo, na França, por exemplo, há quem sustente que, para isso, basta um empregado assalariado, desde que o sindicato, se considerar prejudicada a comunidade que representa, atue para salvaguardar o interesse em jogo (SINAY, 1966).

2.2. PADRÃO NORMATIVO

As legislações voltadas para regular as relações de trabalho foram surgindo como consequência de um longo processo de esforços e reivindicações operárias que ocorreram nos países industrializados, com reflexo muito intenso no Brasil, que, então, já se orientava para o desenvolvimento capitalista, numa época marcada pelos avanços da indústria e do comércio. Embora aqui não houvesse tradição de disputas sindicais, como nos países europeus, inexistiram fronteiras capazes de impedir que a criação de normas protetivas trabalhistas europeias chegasse ao conhecimento da classe operária brasileira, ávida por direitos que lhe garantissem um mínimo de proteção nas relações de trabalho. Isso foi decisivo para que direitos sociais também fossem instituídos, mesmo que em leis esparsas.

A Constituição mexicana de 1917, na qual constam direitos sociais do trabalhador, e a alemã, de Weimar, de 1919, que se preocupou igualmente em garantir direitos básicos trabalhistas de seus cidadãos, serviram de inspiração para a ordem jurídica pátria.

No Brasil, o governo, na tentativa de impedir a continuação das lutas operárias até então disseminadas no País, e com o intuito de propiciar meios de solucionar os impasses entre operários e empregadores por via conciliatória, criou as comissões mistas de conciliação, por meio do Decreto n. 22.123, de 25.11.1932, alterado pelo de n. 24.742, de 14.7.1934. A Revolução de 1930 propiciou o ambiente político-social necessário para instituir esses órgãos, para tal finalidade (MARANHÃO, 1977, p. 369).

É possível verificar o traço marcante do Estado intervencionista. Nas palavras de Cid José Sitrângulo (1978, p. 14),

> as comissões mistas, de composições paritária, sob a presidência de advogados ou funcionário públicos, tentavam a conciliação das partes em conflito, em função mediadora, e não havendo conciliação, propunha-se um tribunal arbitral. A recusa a essa proposta importaria na aceitação, como árbitro, do ministro do Trabalho, ou de quem o representasse.

O citado autor, entretanto, afirma que essas comissões não foram profícuas e tiveram atuação inexpressiva.

A Carta de 16.7.34 instituiu a Justiça do Trabalho em seu art. 122, segundo o qual "para dirimir as questões entre empregadores e empregados, regidos pela legislação social, fica instituída a Justiça do Trabalho", mas a ela não se aplicavam as disposições do Poder Judiciário (SITRÂNGULO, 1978, p. 25). Prossegue o aludido autor, esclarecendo que a Carta previu apenas que fossem constituídos os Tribunais do Trabalho e as Comissões de Conciliação que usariam o critério da eleição de seus membros, sendo a representação econômica e a dos empregados, em igual parte, presidida por um componente escolhido pelo governo. Essa era também a forma de compor as Comissões Mistas, cujo método foi mantido.

Com o advento da Constituição de 10.11.37, a instituição da Justiça do Trabalho permaneceu, em seu art. 139, ao estabelecer que

> Para dirimir os conflitos oriundos das relações entre empregadores e empregados, reguladas na legislação social, é instituída a Justiça do Trabalho, que será regulada em lei e à qual não se aplicam as disposições desta Constituição relativos à competência, ao recrutamento da Justiça comum.

A legislação social à qual o preceito constitucional faz referência é o Decreto-Lei n. 1.237, assinado pelo então Presidente da República, Getúlio Vargas, em 2 de maio de 1939, que regulamentou a organização da Justiça do Trabalho, implementando o dissídio coletivo em seu art. 28, nos seguintes termos:

> Compete aos Conselhos Regionais: a) conciliar e julgar os dissídios coletivos que ocorrerem dentro da respectiva jurisdição; b) homologar os acordos celebrados nos dissídios a que se refere a alínea anterior; c) estender as suas decisões, nos casos previstos nos arts. 65 e 66; d) estender a toda a categoria, nos casos previstos em lei, os contratos coletivos de trabalho (...)

Nota-se que a interferência estatal, àquela época, tratou de estabelecer, também, normas constitucionais para inibir a continuidade das manifestações operárias. Regulamentou-se no país a Justiça do Trabalho, sendo que, até então, a solução de questões trabalhistas era vinculada ao Poder Executivo. Tal instituição era autônoma, e os julgamentos eram executados por seus Tribunais. Ao mesmo tempo, criaram-se os Conselhos, em substituição às Comissões Mistas, segundo apontamentos de Sitrângulo (1978, p. 25).

Nascimento (2000, p. 89) afirma que, "para dirimir os conflitos entre capital e trabalho e evitar a luta de classes, foi criada a Justiça do Trabalho, com competência para decidir dissídios oriundos das relações entre empregadores e empregados regulados na legislação social".

Posteriormente, foram reunidas conquistas operárias, como a Lei de Acidente de Trabalho (1919), a Lei de Previdência Social para os ferroviários (1923) e a primeira Lei de Férias (1927), em um compêndio. Igualmente, o dissídio coletivo foi incorporado à Consolidação das Leis do Trabalho (CLT), por meio da Lei n. 5.452, de 1º de maio de 1943, dedicando-lhe o seu Capítulo IV — arts. 856 a 875, estabelecendo normas e procedimentos para regular as lides coletivas laborais, colocando tal instrumento processual à disposição dos interessados como uma ferramenta capaz de auxiliar a tutela coletiva dos direitos trabalhistas.

O instituto do dissídio coletivo foi contemplado na Constituição Federal de 1946, no § 2º do art. 123, que assim preconizava: "A lei especificará os casos em que as decisões, nos dissídios coletivos, poderão estabelecer normas e condições de trabalho".

O dispositivo foi reiterado na Constituição subsequente, a de 1967 em seu § 1º do art. 134, que determinava: "A lei especificará as hipóteses em que as decisões nos dissídios coletivos poderão estabelecer normas e condições de trabalho".

O texto foi integralmente mantido pela Emenda Constitucional n. 1, de 17 de outubro de 1969. Entretanto, com o advento da Constituição Federal de 1988, o art. 114 em seu § 2º modificou a redação originária facultando às partes ajuizar dissídio coletivo e à Justiça Laboral incumbiu a missão de "estabelecer normas e condições de trabalho, respeita as disposições convencionais e legais mínimas de proteção ao trabalho". Transcreve-se o *caput* do artigo citado:

Compete à Justiça do Trabalho conciliar e julgar os dissídios individuais e coletivos entre trabalhadores e empregadores, abrangidos os entes de direito público externo e da administração pública direta e indireta dos Municípios, do Distrito Federal, dos Estados e da União, e, na forma da lei, outras controvérsias decorrentes da relação de trabalho, bem como os litígios que tenham origem no cumprimento de suas próprias sentenças, inclusive coletivas.

Em 2004, a Emenda Constitucional n. 45 alterou a redação do art. 114 e os dissídios coletivos de natureza econômica sofreram significativa transformação, tendo em vista as condições estabelecidas para ajuizar a ação, *in verbis*:

> Art. 114. Compete à Justiça do Trabalho processar e julgar.
>
> (...)
>
> § 2º Recusando-se qualquer das partes à negociação coletiva ou à arbitragem, é facultado às mesmas, *de comum acordo*, ajuizar Dissídio Coletivo de natureza econômica, podendo a Justiça do Trabalho decidir o conflito respeitadas as disposições mínimas legais de proteção do trabalho, bem como as convencionadas anteriormente. (Grifo nosso)

Além das normas constitucionais e infraconstitucionais (CLT, Lei n. 7.701, de 21.12.1988), o dissídio coletivo está amparado também nos Regimentos Internos (R.I) dos Tribunais Regionais e do Tribunal Superior do Trabalho. O Regimento Interno do Colendo TST estabelece, em seu art. 220, as espécies de dissídios coletivos, classificando-os de acordo com a natureza e as especificidades de cada um.

Encontra-se em tramitação o Projeto de Lei n. 7.798/10, apresentado pelo senador Magno Malta (PR-ES). A proposta objetiva adequar o texto da legislação infraconstitucional, ou seja, o art. 856 da CLT, às modificações inseridas na Constituição Federal após a Emenda Constitucional n. 45/2004. De acordo com o seu teor, a Justiça do Trabalho somente interferirá nos conflitos de natureza econômica se as partes estiverem de acordo quanto ao ajuizamento do dissídio coletivo. Contudo, complementa o autor da proposta que "(...) caso se tratar (*sic*) de greve em atividade essencial, com a possibilidade de lesão do interesse público, o Ministério Público do Trabalho está legitimado a ajuizar o dissídio".

Atualmente, aguarda o parecer da Comissão de Constituição e Justiça e de Cidadania (CCJC), cuja ementa ora se transcreve: "Altera o art. 856 da Consolidação das Leis do Trabalho (CLT), aprovada pelo Decreto-Lei n. 5.452, de 1º de maio de 1943, para dispor sobre o dissídio coletivo de trabalho" — Origem: Projeto de Lei: PLS 285/2008.

O art. 856 da CLT, em sua redação atual, dispõe:

> A instância será instaurada mediante representação escrita ao presidente do Tribunal. Poderá ser também instaurada por *iniciativa do presidente*, ou, ainda, a requerimento da Procuradoria da Justiça do Trabalho, sempre que ocorrer suspensão do trabalho. (Redação determinada pelo Decreto-Lei n. 7.321, de 14.2.45). (Grifo nosso).

A Câmara dos Deputados analisa a proposta do Senado, que propõe alterações nas regras incluídas no artigo em comento. De acordo com a sugestão, a instauração de dissídio coletivo de natureza econômica possibilitará que, além das indicações contidas originalmente no art. 876, seja feita pelas partes, mediante "comum acordo". E, no presente, tal proposição está tramitando em caráter conclusivo[15].

Ressalte-se que a nova redação do art. 114, atualizada pela Emenda Constitucional n. 45/2004, estabelece em seu § 3º que "em caso de greve em atividade essencial, com possibilidade de lesão a interesse público", a legitimidade ativa para propositura do dissídio coletivo é atribuída ao Ministério Público do Trabalho[16]. Nesse caso, o preceito constitucional não contemplou a possibilidade de a instância ser instaurada, de ofício, pelo Presidente do Tribunal, como dispõe o art. 856 da CLT.

---

(15) Conclusivo: rito de tramitação do projeto pelo qual não é necessário ser votado pelo Plenário, somente pelas comissões designadas para analisá-lo. O projeto perderá esse caráter em duas situações: se houver parecer divergente entre as comissões (rejeição por uma, aprovação por outra); se, depois de aprovado ou rejeitado pelas comissões, houver recurso contra esse rito assinado por 51 deputados (10% do total). Nos dois casos, o projeto precisará ser votado pelo Plenário (BRASIL — Câmara dos Deputados).

(16) Sobre legitimidade ativa para ajuizar dissídio coletivo de greve, verificar o item 3.3.2 do terceiro capítulo da presente obra.

Enfim, essas foram as transformações normativas, pelas quais o dissídio coletivo passou desde o seu reconhecimento como instrumento apto a dirimir os conflitos de massa entre capital e trabalho, com o propósito de efetivar a tutela dos jurisdicionados participantes da lide.

2.3. NORMATIVIDADE JUDICIAL

2.3.1. PROCEDÊNCIA DO PODER NORMATIVO

O poder normativo é uma das formas de solucionar os conflitos coletivos do trabalho.

Essa prerrogativa materializada no ordenamento jurídico brasileiro por meio da atuação da Justiça do Trabalho, foi inspirada na Carta del Lavoro, criada na Itália, em 1927, no governo de Benito Mussolini, que atribuía ao Poder Judiciário a mesma prerrogativa: "*V — La Magistratura del Lavoro è l'organo con cui lo Stato interviene a regolare le controversie del lavoro sia che vertano sull'osservanza dei patti e delle altre norme esistenti, sia che vertano sulla determinazione di nuove condizioni di lavoro*" (BATALHA, 1995, p. 398).

Dito em outras palavras:

> A Magistratura do Trabalho é o órgão pelo qual o Estado intervém para solucionar as controvérsias do trabalho, sejam as que versam sobre a observância dos pactos e de outras normas existentes, sejam as que versam sobre determinação de novas condições de trabalho. (SANTOS, 2012, p. 312).

A forma como as relações laborais são reguladas pelo Estado revelam muito do regime por ele adotado. Como se pode observar, é possível vislumbrar o autoritarismo e o intervencionismo como traços característicos do regime italiano.

Essa postura foi consagrada na célebre frase de Mussolini (*apud* COTRIM, 1999, p. 438): "Tudo no Estado; nada contra o Estado, nada fora do Estado".

Como ressalta Lima Santos (2012, p. 312), ao apontar os ensinamentos de Arion Sayão Romita (2001, p. 27):

> (...) o Estado corporativo, onipresente, dispõe sobre todos os assuntos que dizem respeito ao social: desde a regulamentação das relações individuais de trabalho, passando pela política sindical, até desembocar na solução dos dissídios do trabalho, individuais ou coletivos. Nada resta ao particular: o Estado vê tudo, sabe o que é melhor para cada um, a tudo provê.

É nítido que o poder normativo italiano foi concebido sob a ótica de um regime autoritário de Estado, pois assumia uma política de comando absoluto da nação. Porém, foi esse o modo escolhido para regulamentar as relações coletivas e individuais de trabalho, na tentativa de impedir eventuais conflitos, principalmente os coletivos que pudessem emergir, evidenciando que os interesses estatais sempre seriam superiores.

As origens históricas do exercício do poder normativo da Justiça especializada no Brasil devem ser contextualizadas, também em face do sindicalismo e da criação da Justiça do Trabalho, considerando-se sobremaneira a influência do modelo italiano.

A organização sindical foi colocada à disposição do Estado. Segundo Russomano (2002, p. 33), a "Carta ditatorial de 1937, porém, vinculou, outra vez, o sindicato ao Governo (...)".

Aduz Mesquita Barros (1998, p. 88) que o governo, ao disciplinar a ordem econômica, a ela atrelou a estrutura sindical. Afirma ainda o citado autor que "o Estado brasileiro, a exemplo do italiano, procurou, dessa forma, deter o controle da economia, para melhor desenvolver os programas de Governo".

Verifica-se que o Estado negava qualquer espécie de conflito. Na tentativa de conter os movimentos operários, caso isso ocorresse, caberia a interferência estatal para o deslinde dos litígios, como forma de promover a paz social. Acreditava-se ser esse o caminho pelo qual o Brasil alcançaria pleno desenvolvimento.

Ao discorrer sobre o modelo de regulação das relações de trabalho no Brasil, Romita (1991, p. 358-9) preleciona que o implemento da vigente legislação laboral se deu em uma fase ditatorial reconhecida pela história como Estado Novo (1937-1947). Prossegue o referido autor, afirmando que tal Estado refutava a negociação coletiva, pois acreditava que esta possibilitava a liberdade sindical e a conciliação diretamente entre as partes, com probabilidade de resultar em greve e, com base nesse raciocínio, o movimento paredista foi vedado, criando-se assim uma Justiça especializada, à qual foi conferido o poder normativo, na tentativa de impedir que litigantes se aproximassem para resolver seus conflitos. Eles deveriam habituar-se a ver no Estado o regulador supremo da sociedade porque era ele que concedia benefícios, como também verificava o cumprimento das regras e solucionava as lides diárias individuais e coletivas.

Dessa maneira, a obrigatoriedade da submissão do sindicalismo ao controle do poder estatal vedava terminantemente a prática de entendimento entre os interessados por meio de negociações coletivas.

Observa-se a nítida influência do modelo estatal italiano nas medidas que o governo adotava, à época, ao instituir as legislações que regulariam as relações jurídicas com o fito de conduzir a nação de modo controlador, para que permanecesse a ele submissa.

Foi nesse contexto que o governo Vargas, sob a égide do Estado Novo, impôs uma nova Constituição que, nas palavras de Lima Santos (2012, p. 313):

> Embora não previsse expressamente o poder normativo da Justiça do Trabalho, a Carta de 1937 (...) e instituir a Justiça do Trabalho (vinculada ao Poder Executivo), para dirimir os conflitos oriundos das relações entre empregadores e empregados, consagrou esse mesmo poder normativo da Justiça Trabalhista ao assimilar as linhas mestras do Estado Corporativista, com a previsão de uma Justiça especializada para a solução de controvérsias decorrentes das relações de trabalho.

Ademais, segundo observado no delineamento histórico que motivou o surgimento do dissídio coletivo, o Decreto-Lei n. 1.237, de 2 de maio de 1939, ao organizar a Justiça do Trabalho, criou os Conselhos Regionais do Trabalho, em substituição às Comissões Mistas, atribuindo-lhe nas alíneas "a" e "b" do seu art. 28, a competência para julgar dissídios coletivos e homologar acordos eventualmente celebrados, e permitiu que as decisões prolatadas por esses órgãos "tivessem força normativa", afirma Sitrângulo (1978, p. 26).

Nasceu assim o poder normativo da Justiça do Trabalho, como outrora ressaltado pelo Ministro Geraldo Montedonio Bezerra de Menezes, 1º Presidente do Tribunal Superior do Trabalho: "(...) competência normativa não é incompatível com o fundamento dos regimes democráticos". Tal afirmação foi corroborada por Russomano (apud SITRÂNGULO, 1978, p. 104), nos seguintes termos:

> Podemos, ao contrário, proclamar que, modernamente, esse papel jurídico-econômico-social das decisões trabalhistas é coadjuvante para o bom funcionamento da engrenagem política e administrativa dos regimes democráticos. Graças a ele se poderá manter a paz entre as classes.

O poder normativo ganhou plano constitucional, pela primeira vez, na Constituição dos Estados Unidos do Brasil, de 1946, in verbis:

Art. 123. Compete à Justiça do Trabalho conciliar e julgar os dissídios coletivos individuais e coletivos entre empregados e empregadores, e as demais controvérsias oriundas de relações de trabalho regidas pela legislação laboral.

(...)

§ 2º A lei especificará os casos em que as decisões, nos dissídios coletivos, poderão estabelecer normas e condições de trabalho.

Uma vez que ele foi conferido ao Judiciário trabalhista, subsistiu nas Constituições de 1967, 1969 — Emenda n. 1, e na de 1988 seguiu preservado, com algumas variáveis. Com a Emenda Constitucional n. 45/2004, foram ressalvadas algumas condições para o seu exercício[17], em conformidade com o § 2º do art. 114 da Constituição.

Portanto, instituído há quase seis décadas, ainda perdura, com total aplicabilidade, nas decisões judiciais prolatadas em sede de dissídio coletivo de natureza econômica, em âmbito nacional, como ferramenta apropriada para conceder direitos, benefícios e vantagens laborais aplicáveis aos contratos individuais de trabalhadores de diversas categorias profissionais.

Insta reforçar que, no exercício desse poder, o Judiciário trabalhista não impõe apenas obrigações aos empregadores, pois, igualmente, estes têm os seus direitos considerados pela Justiça laboral ao analisar a ação coletiva[18], Justiça esta que, apropriada para esse fim, avalia as condições de todas as concessões auferidas aos trabalhadores, em prol de decisões justas e equânimes.

2.3.2. POSSIBILIDADE DE APLICAÇÃO — LIMITES

Historicamente o princípio da separação dos poderes surgiu como uma forma de distinguir as funções do Estado, cabendo a cada um deles o exercício de suas atribuições específicas, ou seja, legislativa, executiva ou jurisdicional.

Mas, segundo a doutrina constitucional, a especialização e a incumbência de cada Órgão são relativas porque, na realidade, há uma determinada prevalência e não uma exclusividade desse ou daquele papel. Assim, Kildare Gonçalves Carvalho (2003, p. 91) sustenta que, em relação aos poderes Legislativo, Executivo e Judiciário, "(...) cada um desses poderes poderá desempenhar, excepcionalmente, uma função material de outro poder".

Por exemplo, o Executivo exerce o ofício legislativo ao arregimentar suas normas de estrutura e de funcionamento, elaborando o próprio regimento, ao qual se sujeitará.

De maneira semelhante, no Judiciário a Justiça do Trabalho exerce uma atividade normativa ao estabelecer regras e condições de trabalho não definidas em lei, por meio de sentença proferida nos dissídios de natureza econômica, objetivando dirimir os conflitos coletivos de trabalho, matéria cuja competência é originariamente sua.

Essa prerrogativa foi implicitamente conferida ao Judiciário laboral desde a Constituição dos Estados Unidos do Brasil, de 1937, confirmada quando do implemento do dissídio coletivo por meio do Decreto-Lei n. 1.237, de 2 de maio de 1939 e, ainda, na Consolidação das Leis Trabalhistas, em 1º de maio de 1943 (SANTOS, 2012, p. 313).

A Constituição dos Estados Unidos do Brasil, de 1946, transformou a Justiça do Trabalho em órgão do Judiciário. No entanto, tal Carta estabelecia um poder normativo condicionado que, de acordo com os ensinamentos de Kátia Regina Cezar (2006, p. 279), seria exercido pelos Tribunais Laborais somente nos casos em que a lei ordinária especificasse, nos seguintes termos:

> Art. 123. Compete à Justiça do Trabalho conciliar e julgar os dissídios individuais e coletivos entre empregados e empregadores, e as demais controvérsias oriundas de relações do trabalho e por legislação especial.
>
> (...)
>
> § 2º A lei especificará os casos em que as decisões, nos dissídios coletivos, poderão estabelecer normas e condições de trabalho.

A mesma linha seguiu a Constituição da República Federativa do Brasil de 1967, alterando no dispositivo tão somente a expressão "casos" para "hipóteses", conforme se segue:

---

(17) Acerca das condições para o exercício do poder normativo pela Justiça do Trabalho, conferir item 5.4 do quinto capítulo desta obra.
(18) Sobre ação coletiva apropriada, verificar o item 3.1 no terceiro capítulo desta obra.

Art. 134. Compete à Justiça do Trabalho conciliar e julgar os dissídios individuais e coletivos entre os empregados e empregadores e as demais controvérsias oriundas de relações de trabalho regidos por lei especial.

§ 1º A lei especificará as hipóteses em que as decisões, nos dissídios coletivos, poderão estabelecer normas e condições de trabalho.

No período da ditadura militar, a Carta Magna assegurou o poder normativo à Justiça do Trabalho, preservado, ainda, pela Emenda Constitucional n. 1, de 17.10.1969, nos seguintes termos:

Art. 142. Compete à Justiça do Trabalho conciliar e julgar os dissídios individuais e coletivos entre os empregados e empregadores e, mediante lei, outras controvérsias oriundas dessas relações.

§ 1º A lei especificará as hipóteses em que as decisões, nos dissídios coletivos, poderão estabelecer normas e condições de trabalho.

Muito embora tal poder tenha sido definitivamente consagrado na Carta de 1946, verifica-se que a condição imposta sujeitou a competência normativa à especificação de legislação especial, que restou mantida até a promulgação da atual Constituição.

Em 1988, a Constituição da República Federativa do Brasil substituiu a Carta do regime autoritário e reafirmou a mencionada competência do Judiciário trabalhista, porém, suprimiu o condicionamento imposto anteriormente, ao estabelecer:

Art. 114. Compete à Justiça do Trabalho conciliar, processar e julgar dissídios individuais e coletivos entre empregados e empregadores (...)

(...)

§ 2º Recusando-se qualquer das partes à negociação ou à arbitragem, é facultado aos respectivos sindicatos ajuizar dissídio coletivo, podendo a Justiça do Trabalho estabelecer normas e condições, respeitadas as disposições convencionais e legais mínimas de proteção do trabalho.

A supressão do trecho "a lei especificará as hipóteses em que as decisões (...)", contido nos dispositivos constitucionais antecedentes, não significou a ampliação irrestrita da então consignada competência normativa da Justiça laboral. Nesse sentido, adverte Romita (1991, p. 348) que, apesar de a Constituição ter estabelecido o limite mínimo, isso não permite deduzir que ela deixou de estabelecer a medida máxima para esse exercício, a qual deverá se dar respeitando-se a lei e os limites por ela impostos, tal como consagrado na Carta anterior, conclui o citado autor.

Mas a mudança mais expressiva ocorreu com a Emenda Constitucional n. 45/2004, que alterou a redação do art. 114, e, além de ampliar a competência da Justiça do Trabalho, reafirmou o poder normativo da Justiça especializada, porém condicionando-o de forma diversa das contidas nos textos das Constituições precedentes:

Art. 114. Compete à Justiça do Trabalho processar e julgar:

(...)

§ 2º Recusando-se qualquer das partes à negociação coletiva ou à arbitragem, é facultado às mesmas, de *comum acordo*, ajuizar dissídio coletivo de natureza econômica, podendo a Justiça do Trabalho decidir o conflito, respeitadas as disposições mínimas legais **de proteção ao trabalho, bem como as convencionadas anteriormente.**

Depreende-se da leitura do aludido parágrafo a condição imposta às partes do litígio, para que a ação coletiva possa ser ajuizada, qual seja o mútuo consentimento. O dispositivo constitucional esclareceu, ainda, a natureza jurídica da lide sujeita à apreciação da Justiça do Trabalho, nestas condições: "dissídio coletivo de natureza econômica".

Isso significa que as demais espécies de lides coletivas submetidas ao crivo da Justiça laboral estarão dispensadas da negociação e anuência para a interposição de demanda.

A exigência do mútuo acordo suscitou dúvidas doutrinárias e jurisprudenciais. Estaria a reforma introduzida pela Emenda n. 45/2004, ao delimitar condições para a propositura da ação, restringindo também o exercício do poder normativo até então consagrado em todas as Cartas? Extinguindo-o definitivamente?

Algumas vertentes afirmam que tal poder exercido pelo Judiciário laboral apenas sofreu limitações; outras posicionam-se convictamente pela sua extinção e, ainda, há posições em defesa de sua permanência e que a EC n. 45/2004, neste aspecto, em nada o alterou.

Bezerra Leite (2010, p. 1.119) esclarece que, embora haja entendimento de que o aludido dispositivo constitucional instituiu oficialmente a arbitragem na ordem jurídica nacional, extinguindo o poder normativo da Justiça especializada, de sua parte, a contrário senso, afirma: "(...) pensamos que a sentença normativa, que é recorrível, não se equipara à sentença arbitral (irrecorrível), razão pela qual não nos parece que a EC n. 45/2004 teria proscrito o Poder Normativo". Admite, todavia, o aludido autor que a exigência do mútuo consentimento para ajuizar o dissídio coletivo de natureza econômica limitou as possibilidades de exercê-lo em sua plenitude, mas que a intenção do constituinte não foi a de extinguir esse poder assegurado à Justiça do Trabalho.

Quanto à arbitragem, entende o citado autor, corroborado por esta obra, que, além de a sentença arbitral não comportar recurso, o prazo fixado para sua prolação, se nada for estipulado pelas partes, será de seis meses, sendo cabível ainda a sua prorrogação (parágrafo único do art. 23 da Lei n. 9.307/96 — Dispõe sobre arbitragem)[19].

A adoção da arbitragem não se harmoniza com o princípio da razoabilidade da duração do processo — inciso LXXVIII do art. 5º. CF — constata-se evidente contradição. Isso porque as sentenças arbitrais, conforme consignado, são proferidas com um lapso temporal acima do esperado, especialmente se comparado à prolação das sentenças normativas em sede de dissídio coletivo pela Justiça do Trabalho, cuja publicação ocorre, na prática, no prazo de dez dias[20] (art. 564 do CPC).

Ademais, deve ser levado em conta que as lides coletivas têm pleitos, também, de créditos de natureza alimentar. Por essa razão, é possível refutar o entendimento da vertente que considera a instituição oficial da arbitragem na ordem jurídica brasileira. Seria um contrassenso e inaplicável em sede de dissídio coletivo. Apesar de o texto constitucional facultar às partes a eleição de árbitro, nos termos do § 1º do art. 114, não há registros no Brasil da adoção dessa prática pelas partes, como anteriormente indigitado. As partes se sujeitam apenas à alternativa do procedimento de negociação coletiva, na forma preconizada pelo § 2º do art. 114 da CF.

Para Martins Filho (2008, p. 19), a EC n. 45/2004 representou mudanças relevantes para os dissídios coletivos. Contudo, ele argumenta que

> se, a partir da nova redação do § 2º do art. 114 da CF, o comum acordo entre as partes em litígio passou a ser condição para o exercício do direito de ação coletiva, a Justiça do Trabalho transformou-se em instância de eleição das partes para composição do conflito coletivo de trabalho.

Aduz, ainda, o referido autor que tal exigência o leva a acreditar que nesse caso "(...) a natureza jurídica do foro de eleição é, inegavelmente, a de juízo arbitral". E conclui realçando o entendimento da Seção de Dissídios Coletivos do Tribunal Superior do Trabalho que

> negando tal realidade insofismável, afasta qualquer similaridade do novo Dissídio Coletivo com a arbitragem, ao argumento de que não haveria compromisso arbitral e irrecorribilidade das sentenças normativas, o que não afasta a conclusão de que, na atualidade, o Dissídio Coletivo guarde contornos semelhantes à arbitragem. (MARTINS FILHO, 2008, p. 19).

Segundo entendimento de Romita (2001, p. 195) "a Constituição de 1988 privilegia o método autocompositivo de solução das controvérsias coletivas. Por isso o poder normativo dos Tribunais do Trabalho deveria ser abolido".

Releva notar que, enquanto subsistir na CF a atual redação dada pela EC n. 45/2004, é possível vislumbrar discussões e posicionamentos absolutamente contrários.

---

(19) Lei n. 9.307/96 — art. 23: "A sentença arbitral será proferida no prazo estipulado pelas partes. Nada tendo sido convencionado, o prazo para a apresentação da sentença é de 6 (seis) meses, contados da instituição da arbitragem ou a substituição do árbitro. Parágrafo único: As partes e os árbitros, de comum acordo, poderão prorrogar o prazo estipulado".
(20) CPC — art. 564: "Lavrado o acórdão, serão as suas conclusões publicadas no órgão oficial dentro de 10 (dez) dias."

Em contraponto à vertente anterior, José Tôrres das Neves (2001, p. 76) sustenta que os que defendem a extinção de tal poder com base no mencionado dispositivo constitucional se equivocam: é exatamente o "esquecimento de que se trata de uma Justiça Especial, vocacionada para uma missão histórica, jamais conferida a qualquer outro ramo do Poder Judiciário".

Apesar de o poder normativo conferido à Justiça do Trabalho ter sido amparado constitucionalmente desde a Carta de 1946, as controvérsias sobre a sua existência persistiram no tempo, tendo em vista que as demais Constituições estabeleciam que, para o seu exercício, se faziam necessárias leis infraconstitucionais, o que jamais ocorreu.

Atualmente os discursos doutrinários colocam em evidência os limites de atuação desse poder em razão da disposição final contida no § 2º do art. 114, segundo o qual "(...) respeitadas as disposições mínimas legais de proteção ao trabalho, bem como as convencionadas anteriormente".

Ao discorrer sobre o tema, Nascimento (2012, p. 936) faz a seguinte indagação: "(...) por não ter repetido no texto constitucional o poder de criar normas e condições de trabalho no dissídio coletivo, esse poder foi retirado?". Ele apresenta três interpretações distintas para a indagação:

a) A primeira: inexiste autorização legal para a sua criação. Por essa razão o poder normativo foi alterado e não extinto, e a decisão proferida deverá obedecer às condições mínimas de proteção de trabalho e, igualmente, às conquistas anteriores da categoria. Sua conclusão parte da argumentação de que "a sentença continua sendo normativa", pois uma vez prolatada a decisão na lide coletiva, seus efeitos são *erga omnes*. Esse efeito é típico de sentenças genéricas. Em razão da supressão do trecho "do poder de criar normas e condições de trabalho", o Tribunal se limita ao que foi postulado pela categoria profissional, bem como às matérias controvertidas apresentadas pelas partes na fase de instrução da lide. "Não poderá confundir, portanto, proposição com julgamento, aquela de comum acordo, esta dentro dos limites da lide".

b) A segunda: nada mudou. Foi mantida essa modalidade de dissídio pela lei. O poder de criar subsiste porque é característico dessa espécie de ação, ainda que a expressão tenha sido excluída do texto legal, ou seja, é imprescindível o poder normativo para julgar o dissídio coletivo de natureza econômica.

c) A terceira está na origem histórica do próprio tema. 1) Proposta no Legislativo de substituição dos Tribunais do Trabalho em Arbitrais e a transformação dessa modalidade de dissídio em arbitragem, para ser julgado por este último. 2) Por ocasião da greve deflagrada pelos petroleiros quando a Petrobras demitiu aproximadamente cinquenta dirigentes sindicais, o TST julgou o dissídio coletivo de greve e o Sindicato da categoria foi condenado a pagar multa diária de importe extremamente elevado, caso não cessasse o movimento paredista.

A Central Única dos Trabalhadores (CUT) apresentou Denúncia na Organização Internacional do Trabalho (OIT) contra o governo brasileiro, alegando violação da liberdade sindical.

O Comitê de Liberdade Sindical da OIT, ao analisar a queixa, sugeriu ao Brasil a reintegração dos dirigentes demitidos na época da greve e a instituição da arbitragem para solucionar os conflitos coletivos laborais quando requerido pelas partes e a permanência do dissídio coletivo apenas na hipótese de greve em atividades consideradas essenciais em favor da sociedade. Em atendimento à OIT, os dirigentes sindicais foram anistiados por lei e reintegrados ou indenizados[21].

A possibilidade de resolver os dissídios coletivos por meio de arbitragem pelos Tribunais do Trabalho foi rejeitada. Assim sendo, a solução adotada foi a permanência do dissídio coletivo econômico e a arbitragem facultativa, na forma estabelecida pelo art. 114 da Constituição Federal. Contudo, a exigência do comum acordo seria para a hipótese de adoção da arbitragem. Caso fosse aceita, as partes consensualmente escolheriam essa forma de deslindar o conflito e não seria adotado

---

[21] A respeito da origem do "comum acordo", verificar a análise feita por Cláudia de Abreu Lima Pisco, no item 5.4 do quinto capítulo e o anexo "B", ambos desta obra.

o dissídio coletivo econômico como ficou consignado. Mas o projeto, então, sofreu alterações até resultar na Emenda Constitucional n. 45/2004, conclui Nascimento (2012).

Prossegue o aludido autor esclarecendo que "para ser fiel ao histórico da questão" a ideia de tal exigência para solucionar lides laborais seria para os casos de solução arbitral ante os Tribunais do Trabalho, entendimento este que se harmoniza com a previsão constitucional da arbitragem, como consagrada no art. 114, pois, uma vez que esta é facultativa, supõe anuência de ambas as partes. Entretanto, tratando-se de dissídio coletivo de natureza econômica, não tem sentido a necessidade do comum acordo visto que essa obrigatoriedade não existe no direito processual contencioso.

Em direito aplicado, a constatação é que os Tribunais do Trabalho, por meio de órgãos julgadores, têm proferido sentenças normativas pautadas nos limites estabelecidos no § 2º do art. 114 da CF. As decisões judiciais são motivadas com base na legislação vigente, observando-se, todavia, as conquistas anteriores, sendo estas mantidas, salvo se modificadas ou suprimidas por deliberação das partes. Este é o entendimento, por exemplo, da Seção de Dissídios Coletivos do Tribunal Regional do Trabalho da 3ª Região/MG:

> EMENTA: DISSÍDIO COLETIVO — CONQUISTAS ANTERIORES. Em atenção ao que preceitua o § 2º do art. 114 da Constituição da República, impõe-se o respeito e manutenção das conquistas anteriores, cláusulas asseguradas pela via da negociação coletiva, que se incorporam ao contrato de trabalho, de forma que o Tribunal, ao julgar o dissídio coletivo, deve observar as "disposições convencionais mínimas de proteção ao trabalho", comando normativo incondicionado emitido pela Constituição Federal. (Processo: 01633-2011-000-03-00-0 DC — Relatora Juíza Convocada Ana Maria Rebouças Amorim — DEJT: 12.7.2012).

Resta evidenciado, pela ementa transcrita, que os limites do poder normativo conferido ao Judiciário trabalhista ficam adstritos à manutenção das cláusulas estabelecidas em ACT e CCT anteriores e, de igual forma, à observância dos demais instrumentos adotados pela ordem jurídica pátria sobre as quais disponham a proteção ao trabalho, com aplicação de, pelo menos, o que está determinado.

Como nota Enoque Ribeiro dos Santos (2013, p. 199), a Justiça do Trabalho poderá decidir criando direitos e obrigações para as partes envolvidas, mas essa atuação só é possível se houver lacuna na lei. Ele sustenta, também, que o exercício desse poder pela Justiça especializada é condicionado às seguintes hipóteses: inexistir instrumento em vigor; não contrariar legislação vigente; não estabelecer normas ou condições proibidas constitucionalmente; ou, ainda, não versar sobre matéria objeto de lei formal, por determinação da Constituição.

Compartilha, parcialmente, desse entendimento Sérgio Pinto Martins (2012, p. 683), ao sustentar que o exercício de tal poder deverá ocorrer somente nas hipóteses do vazio da lei, ou seja, "num primeiro momento, o poder normativo opera no espaço em branco deixado pela lei. Será, portanto, impossível contrariar a legislação em vigor, mas será cabível a sua complementação".

Sendo assim, depois, recorre-se à Justiça do Trabalho e instaura-se a instância, e o deslinde do conflito se dará por meio da ação judicial denominada pelo ordenamento jurídico de dissídio coletivo, cuja solução tem como suporte a aplicação do poder normativo e que, nas palavras de Lima Santos (2012, p. 311),

> consiste na faculdade conferida aos Tribunais do Trabalho para estabelecer normas e condições de trabalho para reger as relações individuais e coletivas dos trabalhadores e empregadores representados e das suas respectivas entidades representantes.

Apesar de já ter transcorrido uma década do advento da EC n. 45/2004, as discussões sobre os limites do poder normativo conferido à Justiça especializada continuam em evidência.

Aos posicionamentos aqui destacados, pode-se acrescentar que, mesmo que as partes interessadas sejam estimuladas às negociações coletivas, inexistindo a autocomposição ou a arbitragem, esse poder *sui generis* continua sendo exercido como mecanismo de auxílio às soluções dos conflitos coletivos de natureza econômica, sempre que os interessados envolvidos no litígio assim optarem. Essa, sim, é a realidade que se apresenta na esfera do Judiciário trabalhista.

CAPÍTULO 3
CLASSIFICAÇÃO DOS DISSÍDIOS COLETIVOS

Não só as normas do direito são necessárias à sociedade, mas também os procedimentos para efetivá-las são igualmente importantes. Afinal, de nada adiantaria uma legislação que estabelecesse regras com o objetivo de reger as relações jurídicas sem oferecer meios para concretizá-las.

Assim, traçar um panorama acerca da classificação dos dissídios coletivos, com seus respectivos procedimentos utilizáveis na busca do deslinde das controvérsias na esfera justrabalhista, possui, em última instância, significativa pertinência social. Isso porque cada modalidade dessa ação coletiva conta com a sua razão de ser, como também com o momento propício para o seu ajuizamento e a matéria sobre a qual versará. E é um dos motivos pelos quais a doutrina e a jurisprudência classificam os dissídios coletivos, a estes atribuindo naturezas jurídicas específicas.

É necessário sistematizá-los, classificando-os e diferenciando as suas espécies, para que, então, seja possível a adequada utilização de cada um, a fim de proporcionar a todos os trabalhadores a igualdade garantida constitucionalmente.

Algumas modalidades, como se verá neste estudo, estão em desuso, todavia, continuam estabelecidas na legislação laboral com possibilidade de serem reativadas para o fim a que se destinam.

Os conflitos coletivos podem ser gerados por vários motivos, como a inexistência de consenso acerca das postulações de reajustes salariais, de participação nos lucros e nos resultados da empresa ou atinentes a pisos salariais, e ainda podem ser decorrentes da necessidade de interpretação de regulamentação preexistente, como o comando de acordo ou convenção coletiva de trabalho, de sentença normativa prolatada pelo Tribunal do Trabalho ou mesmo de lei formalmente considerada. É também possível que ocorram divergências em razão de alterações das condições fáticas do empregador, posteriores à prolação de decisão judicial, ou de acordos firmados em negociação coletiva.

São várias as classificações adotadas pela doutrina, jurisprudência e legislações pertinentes, que se prestam a englobar as diferentes situações que podem resultar na necessidade de se suscitar um dissídio coletivo. Neste capítulo, leva-se ainda em consideração, para fins de análise, o rol estabelecido pelo art. 220 do Regimento Interno do Tribunal Superior do Trabalho (TST). A partir das classificações mais usuais, abordar-se-ão os mecanismos adotados pela Justiça trabalhista, a fim de solucionar conflitos em que se discutem interesses entre grupos de empregados devidamente representados e empregadores.

3.1. Dissídios coletivos de natureza econômica e de natureza jurídica

3.1.1. Conceitos e objeto

Como anteriormente abordado, a especificação dos dissídios coletivos está sujeita à matéria sobre a qual versará a lide. Na doutrina e na jurisprudência, a mais usual é a sua divisão em dissídios coletivos de natureza econômica e de natureza jurídica.

Todavia, há uma vertente que desconsidera essa especificação por acreditar que se trata de uma forma imprecisa de classificação. Nesse sentido, afirma Romita (2005, p. 628):

> A classificação dos dissídios em dissídios de natureza jurídica e de natureza econômica deve ser afastada, por imprecisa, pois todo dissídio tem, ao mesmo tempo, natureza jurídica e econômica. Deve ser preferida a nomenclatura que distingue entre dissídios de direito e dissídios de interesse.

Para Nascimento (2009, p. 824), o dissídio coletivo econômico

> é aquele no qual, perante a Justiça do Trabalho, os trabalhadores reivindicam novas e melhores condições de trabalho ou a renovação daquelas que vigoravam no contrato coletivo cujo prazo de vigência expirou-se sem possibilidade de manutenção por acordo.

No plano constitucional, ele está amparado pelo § 2º do art. 114 da Constituição Federal. Infraconstitucionalmente os procedimentos para a instauração da instância encontram-se definidos na CLT em seus artigos 856 ao 859. A Superior Corte Trabalhista o contempla no inciso I do art. 220 de seu Regimento Interno, *in verbis*: "Os dissídios coletivos podem ser:

> I — de natureza econômica, para a instituição de normas e condições de trabalho".

Tome-se como exemplo o conflito que foi objeto de análise pela Seção de Dissídios Coletivos do Tribunal Regional do Trabalho da 3ª Região — Minas Gerais, por ocasião do julgamento do dissídio coletivo no qual figuraram como partes o Sindicato dos Empregados Rurais da Região Sul de Minas Gerais (suscitante) e o Sindicato dos Produtores Rurais de Varginha- MG (suscitado):

> CLÁUSULA DE TRABALHO COM AGROTÓXICOS — Ficam os empregadores obrigados a dar esclarecimentos aos seus empregados a respeito dos defensivos agrícolas que eles vão aplicar, mantendo à sua disposição as bulas, receituários e instruções referentes aos agentes químicos. (Processo n. 01183-2012-000-03-00-6 DC — Relator Desembargador João Bosco Pinto Lara. Publicação. DEJT: 28.6.2013).

Observa-se que, de acordo com a ementa citada, instituíram-se obrigações relativas à segurança do trabalhador rurícola, estabelecendo-se as condições de trabalho às quais os empregadores da respectiva categoria econômica estariam vinculados a partir de então. Na realidade, criaram-se normas cujos beneficiários foram todos os trabalhadores representados na ação proposta pelo Sindicato dos Empregados Rurais da Região Sul de Minas Gerais.

Vale lembrar ainda que, de acordo com as redações das Cartas precedentes, como anteriormente elucidado, não havia alusão aos tipos de dissídio coletivo que seria facultado às partes ajuizarem perante a Justiça do Trabalho, e só as espécies de natureza econômica e de greve restaram consignadas textualmente no art. 114 da CF/88. No entanto, essa regra não exclui ou veda os de natureza jurídica. Esse é o entendimento de Gustavo Filipe Barbosa Garcia (2012, p. 798).

Assim, essa circunstância não obsta o seu reconhecimento. Apesar de não estar constitucionalizado, o dissídio de natureza jurídica está amparado pelo art. 1º da Lei n. 7.701, de 21.12.1988, que regulamenta a especialização das Turmas dos Tribunais em processos coletivos, bem como pelo Regimento Interno do Tribunal Superior do Trabalho ao estabelecer que:

> Art. 220. Os dissídios coletivos podem ser:
>
> (...)
>
> II — de natureza jurídica, para interpretação de cláusulas de sentenças normativas, de instrumentos de negociação coletiva, acordos e convenções coletivas, de disposições legais particulares de categoria profissional ou econômica e de atos normativos.

Desse modo, no que tange ao dissídio coletivo de natureza jurídica, a doutrina e a jurisprudência pátrias o reconhecem como mecanismo judicial para dirimir controvérsias relativas à aplicação ou à interpretação de cláusulas preexistentes, sejam de sentenças normativas, instrumentos de acordo coletivo de trabalho (ACT), de convenção coletiva de trabalho (CCT) ou de disposições legais específicas de categorias em litígio. É bem verdade que nem sempre as normas são redigidas da forma mais clara ou mesmo autoexplicativas. Por essa razão, pode-se dizer que o dissídio coletivo de natureza jurídica, com o seu típico objetivo de interpretar normas legais, é um instrumento judicial por meio do qual se torna viável a realização de um direito ou obrigação anteriormente concebidos, e que por alguma razão permitiram uma interpretação contraditória ou errônea.

Se se tratar de interpretação de uma lei, para a propositura dessa modalidade de ação, é imprescindível que a sua aplicação seja específica a uma dada categoria profissional ou econômica, o que é considerado raro. Contudo, há, por exemplo, a lei dos portuários[22], como bem observa Melo (2011, p. 71).

Essa é a razão de ser da Orientação Jurisprudencial n. 7 da SDC — TST, segundo a qual:

> Dissídio coletivo. Natureza jurídica. Interpretação de norma de caráter genérico. Inviabilidade. Não se presta o dissídio coletivo de natureza jurídica a interpretação de normas de caráter genérico, a teor do que disposto no art. 313 do RITST. (Inserida em 27.3.1998).

A novidade dessa espécie de ação "(....) está no processo e não na sentença. É coletivo o dissídio porque o processo se coloca, também, no plano coletivo. A norma há de ter sido elaborada em função do grupo, ou de uma categoria", ensina Maranhão (1977, p. 335). Isso porque a decisão a ser proferida abrange uma coletividade. Exemplificando: o sindicato representante de uma determinada categoria vai ao Judiciário trabalhista postular o reconhecimento de um direito pertinente a uma norma preexistente (seja convencionada — ACT, CCT — sentença normativa ou legal) e que esteja regulamentando especificamente as condições laborais daquela que ajuizou o dissídio. Nesse caso, ainda de acordo com o entendimento do aludido autor, não se trata de interesse concreto de um ou mais trabalhadores, mas de interesses abstratos de toda uma classe de trabalhadores.

Dessa feita, se a redação de determinada cláusula constante de sentença normativa, como a que trata da extensão de um determinado benefício, gerar dúvidas sobre sua aplicação, torna-se possível o ajuizamento de dissídio coletivo de natureza jurídica, a fim de se obter uma sentença declaratória com a interpretação da norma estabelecida na cláusula da respectiva sentença. Nessa hipótese, como dito, não se fixarão novas normas ou condições, mas sim se obterá o esclarecimento e a delimitação exata daquelas já anteriormente existentes.

Constata-se, então, que as espécies de dissídios coletivos aqui analisadas são o meio processual colocado à disposição das partes a fim de que o Tribunal do Trabalho possa solucionar conflitos das categorias profissional e econômica, respectivamente, nele representadas. Os dissídios de natureza econômica estabelecem condições mais favoráveis de trabalho e concedem benefícios não previstos em lei, ao passo que os de natureza jurídica têm função de interpretar regras preexistentes, aplicáveis a uma categoria específica.

3.2. DISSÍDIO COLETIVO ORIGINÁRIO, DE REVISÃO E DE EXTENSÃO

A seguir, analisar-se-ão as demais espécies dessa ação coletiva, em conformidade com o art. 220 do Regimento Interno do Tribunal Superior do Trabalho (RITST). Será também feita uma explanação sobre o dissídio coletivo de extensão, contemplado pela norma celetista.

3.2.1. DISSÍDIO COLETIVO ORIGINÁRIO

O Regimento Interno do Tribunal Superior do Trabalho assim dispõe : Art. 220. "Os dissídios coletivos podem ser: (...) III — Os *originários*, quando inexistentes ou em vigor normas e condições especiais de trabalho, decretadas em sentença normativa".

---

(22) A Lei n. 12.815, de 5.6.2013, entre outras atribuições, rege exclusivamente as atividades desempenhadas pelos operadores portuários.

Como se infere da norma do Colendo TST, ao preceituar sobre tal modalidade de dissídio, estes são caracterizados pela inexistência de normas em vigor estabelecidas em sentença normativa para as categorias envolvidas no litígio. Assim, instaurada a instância, o tipo de ação resultante será considerado um dissídio originário.

Corrobora com esse conceito Ronaldo Lima Santos (2012, p. 326) ao sustentar, com base na alínea "a" do art. 867 da CLT, que esse tipo de ação é assim qualificada, quando ajuizado o dissídio, sem contudo existir "(...) norma coletiva anterior — acordo, convenção coletiva ou sentença normativa (...)".

Isso equivale a dizer que, na ausência de normatização coletiva vigente, o dissídio coletivo originário será, então, o inaugural da categoria profissional.

No Brasil, a liberdade sindical assegurada pela CF em seu art. 8º permite que os trabalhadores se agrupem diversamente, com as suas respectivas representações, de maneira que eles tenham a seu favor uma entidade sindical que poderá, em juízo, defender os seus direitos e interesses individuais e os coletivos.

A verdade é que a organização em categorias ainda não alcançou a todos os trabalhadores. Os empregados domésticos são exemplo de que, por ora, carece de instituição de ente sindical que os represente. Isso quer dizer que inexistem na prática forense registros de ocorrência de conflitos coletivos em que figure no polo passivo ou ativo entidade sindical dessa classe em contraposição à representação eventual de empregadores domésticos.

Com efeito, a partir da finalização da Proposta de Emenda à Constituição — PEC das Domésticas[23], todos os direitos sociais serão igualmente estendidos a esses trabalhadores. Frise-se: os mesmos conferidos aos trabalhadores urbanos e rurais assegurados no rol do art. 7º da CF, incluído o de liberdade sindical.

Vale lembrar que a legitimidade ativa para o ajuizamento dos dissídios coletivos é exclusiva dos entes sindicais representantes de cada categoria, salvo tratando-se daqueles de greve cuja legitimidade também é atribuída ao Ministério Público do Trabalho, nos casos previstos constitucionalmente[24]. Sendo assim, uma vez instituídas as representações sindicais dos empregados domésticos, na ocorrência de litígios com seus empregadores, inexistindo a autocomposição, poder-se-á instaurar ação perante o Tribunal do Trabalho que receberá a denominação de dissídio coletivo e que será o originário dessa categoria.

3.2.2. Dissídio coletivo revisional

O rol de classificação de dissídios coletivos, elencado no art. 220 do Regimento Interno do Tribunal Superior do Trabalho, em seu inciso IV, dispõe *in verbis*: "(...) de revisão, quando destinados a reavaliar normas e condições coletivas de trabalho preexistentes, que se hajam tornado injustas ou ineficazes pela modificação das circunstâncias que as ditaram".

Essa classificação encontra amparo ainda nos arts. 873 a 875 da CLT. Dessa forma, pode-se dizer que o dissídio coletivo revisional objetiva rever a aplicação de normatizações coletivas anteriormente estabelecidas por meio de decisões judiciais, mas que, por condições adversas, tornaram-se desarrazoadas ou inaplicáveis.

Tal dissídio poderá ser ajuizado com esteio na teoria da imprevisão, a fim de revisarem as regras e condições de trabalho proferidas em sede de dissídios coletivos anteriores, durante a vigência destes, que a rigor é de quatro anos, conforme estabelece a norma celetista em seu art. 868. Essa

---

(23) PLS — 224/2013: Encontra-se atualmente em análise na Câmara dos Deputados.
(24) Sobre legitimidade ativa *ad causam*, conferir respectivamente os itens 3.3.2 do terceiro capítulo e o 4.4 do quarto capítulo desta obra.

é a posição de Lima dos Santos (2012, p. 327) ao sustentar que "a aplicação da cláusula *rebus sic stantibus* — teoria da imprevisão — se encontra fundamentada no art. 471 do CPC)"[25].

Assevera ainda o mencionado autor que o prazo de um ano autorizado pelo art. 873 da CLT para o ajuizamento do dissídio revisional não impede a instauração em prazo inferior ao ali determinado, desde que sejam provadas as "alterações nas situações de fato ou de direito que tornem excessivamente onerosa, prejudicial ou injusta para uma das partes".

Prossegue Lima Santos (2012, p. 327) aduzindo que, ao estabelecer esse prazo, a intenção do legislador foi de impedir o excesso injustificado de revisões de dissídios coletivos.

Qualquer uma das partes interessadas no cumprimento da decisão, representadas pelas respectivas entidades patronal ou profissional na forma do inciso III do art. 8º da CF, está legitimada para propor o dissídio revisional. Embora a norma celetista, em seu art. 874, estabeleça que o dissídio de revisão pode ser instaurado também pelo Presidente do Tribunal, a Carta de 1988 não recepcionou essa prerrogativa[26].

Ajuizado o dissídio pela entidade profissional ou pela patronal, a parte contrária terá o mesmo prazo de trinta dias para se manifestar, na forma do parágrafo único do art. 873 CLT.

A competência para revisar sentença normativa em vigor é do mesmo Tribunal prolator da decisão (art. 875 da CLT). Constata-se que essa espécie de dissídio coletivo permite a continuidade da prestação laboral, quando revisa normas e condições anteriormente previstas que, por alguma razão, se tornaram injustas ou impossíveis de serem aplicadas.

3.2.3. DISSÍDIO COLETIVO DE EXTENSÃO

A norma celetista trata do dissídio coletivo de extensão, embora, tal qual antes elucidado, ele não esteja arrolado pelo Regimento Interno do Colendo TST, em seu art. 220.

Essa espécie de dissídio tem por objeto estender ao restante de determinada classe de trabalhadores as normas ou condições que tiveram como destinatários apenas parte dela, ou aos demais empregados da mesma categoria profissional compreendida na mesma jurisdição do Tribunal (arts. 868 da CLT). Contudo, para que seja possível a concretização dessa previsão, são necessários alguns requisitos: a) que seja requerido por parte de um ou mais empregadores ou de quaisquer sindicatos destes; b) ou por um ou mais sindicatos profissionais; c) por determinação *ex officio* do Tribunal prolator da sentença normativa; d) a requerimento do Ministério Público do Trabalho (art. 869 da CLT).

Requer, ainda, o consentimento de três quartos de empregados e três quartos de empregadores ou os sindicatos signatários do dissídio originário, com a extensão pretendida (art. 870 da CLT). Na eventual anuência de a extensão ser negada, as razões deverão ser justificadas e fundamentadas a fim de se evitarem má-fé ou revanches sindicais, pois, se configuradas essas hipóteses, a ampliação será considerada.

A possibilidade de ampliamento de tais concessões aos demais empregados, como registrado, é possível apenas no caso de sentença normativa, o que não ocorre com os demais benefícios de determinada categoria, obtidos por meio de negociações coletivas (ACT e CCT).

---

(25) Art. 471. CPC: "Nenhum juiz decidirá novamente as questões já decididas, relativas à mesma lide, salvo: I — se, tratando-se de relação jurídica continuativa, sobreveio modificação no estado de fato ou de direito; caso em que poderá a parte pedir a revisão do que foi estatuído na sentença".
(26) O § 2º do art. 114 da CF confere tal faculdade, de comum acordo, apenas às partes para proposição de dissídio coletivo de natureza econômica. E o de greve, também ao Ministério Público do Trabalho, em conformidade com § 3º do citado artigo constitucional.

Este é o atual e pacífico entendimento do Colendo TST, na Súmula n. 2 da SDC, *in verbis:*

ACORDO HOMOLOGADO. EXTENSÃO A PARTES NÃO SUBSCREVENTES. INVIABILIDADE. É inviável aplicar condições constantes de acordo homologado nos autos de dissídio coletivo, extensivamente, às partes que não o subscreveram, exceto se observado o procedimento previsto no art. 868 e seguintes, da CLT. (Inserida em 27.3.1998)

Essa modalidade de ação encontra-se em desuso, diante da multiplicidade de sindicatos com vasta possibilidade de negociação coletiva entre os trabalhadores e seus respectivos sindicatos patronais. A extensão de normas atualmente ocorre no próprio dissídio de revisão, aplicando-se a toda a categoria, por acordo firmado por parte dela, com "base no tratamento isonômico dos trabalhadores a ela pertencentes", segundo o entendimento de Martins Filho (2009, p. 72).

Talvez seja necessário, pois, repensar a funcionalidade das classificações apresentadas, mas "de qualquer modo, se diferenciação deve haver entre dissídios coletivos no momento da autuação, por comportarem procedimentos distintos, esta só pode se referir à circunstância de se encontrar, ou não, a categoria em greve" (MARTINS FILHO, 2009, p. 75).

Ressalta-se que o objeto do pedido é o diferencial de cada um dos dissídios coletivos, colacionados neste estudo, assim como a natureza jurídica que lhes é atribuída distintivamente nas modalidades apresentadas. É possível concluir que, independentemente da classificação dada a elas, a finalidade precípua de tais ações coletivas é comum a todas as espécies: solucionar controvérsias laborais entre empregados e empregadores representados por suas categorias.

3.3. DISSÍDIO COLETIVO DE GREVE

Cada espécie de dissídio coletivo tem a sua especificidade e objeto. No presente tópico se tratará do dissídio de greve, com destaque para sua origem, evolução, objeto, legitimidade ativa e efeitos.

Essa modalidade de ação coletiva encontra-se elencada no rol do art. 220 do RITST, nos seguintes termos: "Os dissídios coletivos podem ser: (...) V — De declaração sobre a paralisação do trabalho decorrente de greve."

3.3.1. GREVE: ORIGENS — CONCEITUAÇÃO — EVOLUÇÃO NORMATIVA

Acredita-se que o surgimento da greve ocorreu simultaneamente ao início da industrialização.

A Revolução Francesa é apontada como a inspiração para dar início aos movimentos operários, e a forma de manifestação da eterna busca por justiça e bem-estar, que caracterizaram a nossa inquieta humanidade. Os ideais de liberdade, igualdade e fraternidade, amplamente difundidos, foram os pilares que passaram a orientar o momento histórico a partir do fim do século XVIII.

É possível afirmar que o valor da liberdade permitiu o surgimento dos movimentos operários em busca do reconhecimento do real valor do labor despendido.

Aos ingleses são atribuídos os movimentos sindicais reputados como determinantes para o surgimento da greve. O momento político e as condições jurídicas predominantes durante o período do capitalismo liberal permitiram as justificativas do seu exercício: se os operários eram livres para serem contratados e se agruparem, tornava-se perfeitamente possível a oposição às condições de trabalho julgadas abusivas e arbitrárias, características de então.

Do mesmo modo que eram livres para se desvincularem da relação de emprego, também o eram a fim de transformar a luta individual em coletiva, associando-se a outros trabalhadores, ensina Russomano (2002, p. 244). Assevera, mais, o referido autor que a "retirada do trabalho consistia, pois, uma legítima ação coercitiva contra o empregador, para forçá-lo a aceitar as novas condições contratuais".

Nesse cenário, a greve já era entendida como uma tolerância, ainda não um direito, considerando-se que a primeira legislação que autorizou piquetes, condicionados a pacificidade, foi promulgada forçosamente pelo Parlamento britânico em agosto de 1871, após um movimento conturbado devido à condenação de um operário (MARANHÃO, 1977, p. 351).

Segundo os ensinamentos do mesmo autor, a greve foi constitucionalizada e tornou-se uma conquista coletiva assegurada aos trabalhadores por meio da Constituição mexicana de 1917.

No Brasil, o Código Penal de 1890 foi o primeiro ordenamento jurídico que versou sobre essa questão, proibindo-a, mas logo a seguir essa vedação foi desconsiderada pelo Decreto n. 1.162, do mesmo ano.

Não se pode falar em greve em épocas anteriores, pois no período imperial brasileiro o trabalho era predominantemente escravo. O exercício desse direito foi, então, aceito pelo Estado liberal, que eventualmente o reprimia. Segundo Nascimento (1991, p. 383), nessa fase, por inexistir legislação regulamentando tal temática, ao mesmo tempo em que o Estado permitia movimentos grevistas, esporadicamente, intervinha reprimindo-os.

É possível notar que, se nessa época, a liberdade era diretriz do Estado, a ideia de intervenção não coadunava com a política adotada. Daí a revogação da proibição do exercício de greve pela legislação penal, o que comprova que a repressão não era absoluta.

As Constituições de 1824 e de 1891 nada dispuseram sobre esse assunto. A adoção dessa política perdurou até o Decreto n. 1.162, de 12.12.1890, que passou a punir somente casos de violência no exercício de movimento paredista e, como bem observa Nascimento (1991, p. 384), apontando Evaristo de Moraes, para quem essa legislação pode ser entendida como o "primeiro reconhecimento de greve em nosso país".

A pacificação e a aceitação na atividade do direito de manifestar-se contrariamente a regras impostas pelos empregadores perduraram até a Revolução de 1930, pois, no governo Getúlio Vargas[27], adotou-se uma política corporativista[28] e ao mesmo tempo intervencionista, inspirada no modelo fascista de Benito Mussolini.

Verifica-se tal postura do Estado ao outorgar a Carta de 1937, período considerado historicamente de governo autoritário, ao declarar, em seu art. 139, a greve como uma conduta antissocial: "(...) A greve e o *louk-out*[29] são declarados recursos antissociais, nocivos ao trabalho e ao capital e incompatíveis com os superiores interesses da produção nacional".

O Código Penal de 1940 enquadrou a greve como crime nos casos de paralisação de trabalho seguida de violência ou perturbação da ordem ou do interesse público (arts. 200 e 201).

Note-se que a legislação em comento impôs apenas limites ao exercício de greve ao estabelecer penalidades aos atos de violência e perturbação porventura praticados. Quanto à sua ilicitude, ou não, a citada legislação manteve-se silente. Vale lembrar que, muito embora a aludida norma penal seja de 1940, os citados artigos permanecem vigendo sob "Título IV — Dos Crimes contra a Organização do Trabalho". E foram reafirmados, quase meio século depois, por meio da Lei de Greve n. 7.783/89 no parágrafo único do seu art. 15, *in verbis*:

> A responsabilidade pelos atos praticados, ilícitos ou crimes cometidos, no curso da greve, será apurada, conforme o caso, segundo a legislação trabalhista, civil ou penal.
>
> Parágrafo único. Deverá o Ministério Público, de ofício, requisitar a abertura do competente inquérito e oferecer denúncia quando houver indício da prática de delito.

---

(27) Acerca desse período, conferir o item 2.3.1 do segundo capítulo da presente obra.
(28) Corporativismo: "Defende uma sociedade sem luta de classes, voltada para paz social e com sentido integrativo das forças produtivas da nação — os trabalhadores e os empresários." (NASCIMENTO, 1991, p. 385).
(29) *Lockout:* "Embora não tenhamos o equivalente adequado, que, traduzida livremente do inglês, significa, no caso, o fechamento da empresa de modo a impedir a atividade dos trabalhadores." (RUSSOMANO, 2002, p. 253).

Em contraponto à Carta de 1937, em vigor à época, em 15.3.1946 foi publicado o Decreto-Lei n. 9.070, a primeira legislação a autorizar a paralisação coletiva de trabalho. No entanto, tal paralisação só era permitida após esgotadas as negociações, condição esta que permanece na atual regulamentação[30]. Mas, de qualquer maneira, o referido Decreto-Lei foi uma conquista, pois, por um longo período, a greve foi considerada taxativamente uma transgressão.

A doutrina aponta, como fato marcante para que se tornasse possível o exercício desse direito, a conferência realizada no México, após o fim da Segunda Guerra Mundial, oportunidade em que se reuniram várias nações comprometidas com ações contra o fascismo italiano e o nazismo alemão, incluído o Brasil. Assim,

> em 1945 participa da Conferência de Chapultepec, e os nossos pracinhas voltam dos campos de batalha, onde o sangue brasileiro fora derramado na defesa dos ideais democráticos. A greve não podia mais ser considerada um recurso antissocial, ou crime (MARANHÃO, 1977, p. 355).

Dessa maneira, a ordem jurídica brasileira passou a adotar a recomendação do direito ao exercício de greve.

Os questionamentos sobre a constitucionalidade do Decreto-Lei n. 9.070 se sucediam, pois a nova orientação legislativa confrontava, textualmente, com a vedação expressa no art. 139 da Carta de 1937.

Observa-se que lei ordinária ou complementar não têm o poder de modificar preceito constitucional, o que só pode se dar por meio de emenda constitucional, ainda assim não se tratando de cláusulas pétreas[31]. Contudo, em 18.9.1946, com a nova Carta, as controvérsias sobre essa questão foram dirimidas, nos seguintes termos: Art. 158 — "É reconhecido o direito de greve, cujo exercício a lei regulará".

Constitucionalizado, tal direito passou a ser exercido pelos trabalhadores e o seu campo de abrangência continuou a ser regulamentado pelo Decreto n. 9.070, que distinguia as atividades essenciais, como serviços de fornecimento de água, de energia e funerários, das atividades acessórias, estas sim de paralisação permitida, mas sujeitas às orientações procedimentais definidas em lei.

Interessante notar a lógica da época, pois esta gerou reflexos na atual legislação[32]. No entanto, faz-se necessário um breve esboço dos procedimentos utilizados a partir de tal decreto, supondo-se que nesse contexto surgiu o dissídio coletivo de greve.

A autorização para paralisação das atividades concebidas como acessórias era condicionada às tentativas de conciliação entre as categorias em conflito. Tratando-se de atividades fundamentais e se a autocomposição não se realizasse no prazo de dez dias, no Ministério do Trabalho, remetia-se o processo à Justiça do Trabalho e, *ex officio,* era ajuizada a demanda prerrogativa do Presidente do Tribunal do Trabalho que só foi derrogada com a EC n. 45/2004.

No interregno compreendido entre o ajuizamento da ação e seu julgamento, a paralisação era autorizada para as partes que desempenhavam atividades acessórias.

A participação em greve declarada ilegal, quando se tratasse da cessação de atividades essenciais, em conformidade com as apontadas pela legislação, caso em que seu exercício era classificado como falta grave, acarretando demissão dos seus participantes por justa causa.

Os Tribunais do Trabalho, na tentativa de conciliar o rigor do sistema, com a real possibilidade do exercício do direito de greve, criaram jurisprudência pacificando o entendimento de que, em se tratando de paralisação considerada ilegal, só seriam demitidos os líderes do movimento (MARANHÃO, 1977, p. 356).

---

[30] Sobre a atual legislação de greve, verificar o item 3.3.1 do presente capítulo desta obra.
[31] Cláusulas pétreas: "(...) entendidas assim as irreformáveis por via de emenda", como os direitos e garantias fundamentais". (CARVALHO, 2003, p. 535).
[32] Sobre o exercício do direito de greve, verificar o item 3.3.1 deste capítulo desta obra.

As diretrizes traçadas pelo Decreto n. 9.070 vigeram até 1º.6.1964, quando foram derrogadas pela Lei n. 4.330, que passou a regulamentar o art. 158 da Carta de 1946. Com as alterações políticas da época "a Nova República passou a conviver com uma contradição, a diferença entre a norma e a *práxis*: aquela, restritiva do exercício do direito; esta, fazendo tábua rasa das restrições legais à greve — os fatos se distanciaram, bastante, da Lei" (NASCIMENTO, 2000, p. 428).

A Constituição de 1967 assegurou o direito de greve em seu art. 167, excluídos os servidores públicos e os trabalhadores em atividades essenciais. Os procedimentos, tais como, prazos, *quorum* para aprovação e avisos, continuavam a ser regulados pela Lei n. 4.330, considerada por parte da doutrina como óbice a efetiva prática desse direito, pois as limitações para o seu exercício foram ampliadas. Segadas Vianna (*apud* NASCIMENTO, 2000, p. 430) alega que apenas por uma questão de aceitação poder-se-ia admitir que o direito de greve estava consagrado na legislação pátria e, ao justificar o seu entendimento, sustenta: "Como falar em direito de greve, se as entidades sindicais temem se manifestar, porque seus dirigentes podem ser punidos (...)?".

Nesse panorama as entidades sindicais também se rebelavam contrariamente à legislação vigente.

Durante a ditadura militar, outros dispositivos legais restringiam os direitos dos trabalhadores, como a Lei n. 6.620, de 1978, que estabelecia punição a quem estimulasse paralisação nos serviços públicos e atividades essenciais, assim como aos que participassem do movimento.

O reconhecimento desse direito fundamental só foi coroado com o advento da Constituição Federal de 1988, ao estabelecer em seu art. 9º, *in verbis:*

> É assegurado o direito de greve, competindo aos trabalhadores decidir sobre a oportunidade de exercê-lo e sobre os interesses que devam por meio dele defender. § 1º A lei definirá os serviços ou atividades essenciais e disporá sobre o atendimento das necessidades inadiáveis da comunidade. § 2º Os abusos cometidos sujeitam os responsáveis às penas da lei.

Apesar da garantia contida no *caput* do aludido artigo, a disposição contida em seu § 1º não tem eficácia imediata, pois requer lei complementar para "definir os serviços e atividades essenciais", bem como para dispor "sobre o atendimento das necessidades inadiáveis da comunidade".

Nota-se que o constituinte deixou a cargo do legislador infraconstitucional a tarefa de delimitar os parâmetros sob os quais o trabalhador poderia exercer tal prerrogativa. Diante dessa possibilidade, antes mesmo da edição da legislação complementar, constatava-se que esse direito não é absoluto, pois comportaria restrições e exceções, como se verificou mais tarde.

Todavia, o legislador tardou e, por mais incongruente que possa parecer, a Lei n. 4.330, sancionada durante a ditadura militar, ambiente em que a greve era hostilizada, continuava em plena vigência, ditando regras procedimentais para o seu exercício em um momento em que o país finalmente se declarava democrático de direito.

A providência para pôr fim a essa contradição só se concretizou quando o Poder Executivo editou a Medida Provisória n. 59, de 26.5.1989, para reger essa matéria, aprovada em 28.6.1989, data em que entrou em vigor a Lei n. 7.783, com conteúdo orientador para se exercitar a mencionada permissão, com a delimitação das atividades essenciais e definindo as necessidades consideradas inadiáveis para a sociedade.

Em comparação com as legislações anteriores que versavam sobre essa matéria, a atual lei de greve se apresenta menos rígida, harmonizando-se com os ditames da CF/88 (NASCIMENTO, 2000, p. 434).

Pode-se dizer que, com a publicação da citada lei, especificamente em relação ao seu art. 2º, segundo o qual, "para os fins desta lei, considera-se legítimo o exercício do direito de greve, a *suspensão coletiva, temporária* e pacífica, total ou parcial, de prestação pessoal de serviços a empregador" (Grifo nosso).

Ficou definida a greve na esfera trabalhista, deixando claro que a paralisação da atividade laboral, além de ser coletiva, também é provisória.

Não há dúvida de que, muito embora a lei não trace um termo, inexistindo composição entre capital e trabalho, restará ao Judiciário trabalhista a determinação aos grevistas do retorno aos seus respectivos postos de trabalho, sob pena de configuração de abandono de emprego.

Para que o Estado, por meio da Justiça do Trabalho, possa prestar a tutela necessária, resguardando direitos dos trabalhadores, mas também a paz social, faz-se necessária a sua provocação[33].

A conceituação de greve esboçada pela doutrina encontra correspondência nos termos apresentados por Sussekind (2004, p. 616):

> (...) a greve deve ser conceituada como suspensão coletiva, temporária e pacífica, da prestação pessoal de serviços em uma ou mais empresas, no todo ou em parte, determinada por entidade sindical representativa dos respectivos empregados (...) com a finalidade de pressionar correspondente categoria econômica, para a instituição ou revisão de normas ou condições contratuais ou ambientais de trabalho, assim como para o cumprimento de disposições de instrumento normativo.

Hinz (2009, p. 125) traz evidência à sua convicção sobre o exercício desse direito como meio de autodefesa adotado pelo operariado em face de seus empregadores, ao sustentar que

> mais do que um direito, a greve é o mecanismo máximo de autodefesa dos trabalhadores em face daqueles que detêm os meios de produção. É por meio dela que os trabalhadores afetarão o ponto mais sensível do empregador, sua produção, suas atividades, de onde retira seu faturamento, seu lucro.

A greve é uma das formas de manifestação coletiva mais comumente utilizada em face de insatisfações decorrentes das relações de trabalho. É uma maneira de os trabalhadores protestarem contra seus empregadores e os pressionarem a fim de obter resultados de postulações feitas na fase de negociação.

"A greve é um acessório da negociação coletiva, para cujo desenvolvimento contribui diante da pressão que exerce contra as resistências do empregador ao negociar", destaca Nascimento (1991, p. 397).

Mesmo sendo um direito assegurado constitucionalmente, para que o seu exercício seja legitimado, fazem-se necessários os atendimentos aos requisitos estabelecidos pela norma que a regulamenta, caso contrário será considerada abusiva e, nesse caso, poderá gerar efeitos negativos tanto para os que dela se socorrem quanto para a sociedade em geral.

E, por essa razão, alguns aspectos da Lei n. 7.783 — que dispõe sobre o exercício do direito de greve — serão destacados, considerando-se que constituirão o ponto de partida para melhor compreensão do estudo do dissídio coletivo de greve.

As negociações coletivas foram amparadas em alguns dos dispositivos da Carta Magna, conforme já consignado[34]. Isso é evidenciado também na legislação infraconstitucional, em análise, como se depreende da leitura do seu art. 3º que indica às partes a via negocial ou a arbitragem antes da paralisação das atividades laborais.

É necessária a convocação pelo ente sindical de assembleia geral, a fim de definir as postulações da categoria e deliberar sobre a paralisação coletiva da prestação de serviços, bem como sobre a cessação do movimento.

---

(33) Acerca do mecanismo processual destinado a solucionar os conflitos que resultem em paralisação das atividades laborais, verificar o item 3.3.2 do presente capítulo desta obra.

(34) Sobre negociações coletivas, verificar item 1.3 do primeiro capítulo da presente obra.

O quórum para definição dessas questões deve ser estabelecido em estatuto próprio da entidade sindical (art. 4º).

Não obstante o exercício de tal direito ser assegurado ao trabalhador, na forma concebida pelo art. 9º da CF, segundo as lições de Magano (1990, p. 169), em sua análise sobre a "titularidade do direito de greve", no Brasil sua implementação é conferida ao ente sindical, excluindo-se dessa possibilidade os grupos inorganizados. No entanto, é atribuída a cada indivíduo a responsabilidade pela sua participação em greve declarada abusiva, inclusive pelos efeitos daí decorrentes.

A greve não pode ser deflagrada imediatamente após a decisão em assembleia para esse fim. Necessariamente, deverá ser comunicada à entidade patronal ou ao(s) empregador(es), com antecedência mínima de 48 (quarenta e oito) horas, a intenção de paralisação das atividades laborais, salvo nas atividades listadas pela lei como essenciais. Nesse caso, o prazo é ampliado para setenta e duas horas de antecedência, conforme estabelecem o parágrafo único do art. 3º e o art. 13, da mencionada legislação.

São estabelecidos também em seu art. 9º mecanismos de proteção ao empregador ao assegurar que, durante a suspensão, mediante acordo entre os envolvidos, serão mantidas equipes de empregados nas atividades cuja interrupção possa resultar em prejuízos irreparáveis, como deterioração de maquinários em geral, bem como a necessária manutenção das consideradas essenciais à retomada de atividades da empresa quando da cessação do movimento.

Tratando-se de atividades essenciais, como os serviços de transporte coletivo, assistência médica e hospitalar, controle de tráfego aéreo (o art. 13 define as demais), o usuário do serviço deverá ser avisado com a mesma antecedência. Entretanto, nesses casos as categorias profissional e patronal ficam obrigadas a assistir a população com a prestação das atividades ou serviços considerados inadiáveis (parágrafo único do art. 11).

Essa é uma prática constatada frequentemente, como ocorre com relação aos trabalhadores em transportes rodoviários (coletivos urbanos) ao aderirem a movimento paredista. É necessário levar ao conhecimento da população a intenção de suspender as atividades ou os serviços prestados. Frise-se intenção pois a comunicação deverá ser antecedente ao fato. Essa divulgação é amplamente realizada por meio dos veículos de comunicação.

A manutenção do atendimento básico à sociedade é uma responsabilidade atribuída tanto aos empregados quanto aos empregadores, ou seja, às categorias envolvidas no impasse e aí está um exemplo de que, ao exercerem uma prerrogativa que lhes é assegurada, os trabalhadores o fazem com observância das determinações estabelecidas na norma que regulamenta tal direito.

A inobservância de quaisquer das regras constantes na aludida lei constitui afronta ao exercício da greve. De igual forma, havendo composição, o movimento deverá imediatamente ser cessado, caso contrário também será considerado abusivo (*caput* do art. 14).

Mas é possível deflagrar a greve durante a vigência de acordo, convenção ou sentença normativa, desde que ela tenha por objetivo exigir o cumprimento do que restou estabelecido nesses instrumentos ou mesmo em razão de fatos novos ou supervenientes que modifiquem a relação de trabalho (parágrafo único, I e II do art. 14).

Exemplificando: Os empregados da Empresa Brasileira de Correios e Telégrafos (ECT) resolveram iniciar o movimento paredista, ao argumento de que a representação patronal descumpriu a Cláusula 11 pertinente à assistência médica, hospitalar e odontológica, constante do dissídio coletivo de 2013, ainda vigente. A ECT suscitou o dissídio coletivo de greve perante o Tribunal Superior do Trabalho, tendo recebido o número DCG 1853-34.2014.5.00.000. Porém, ao ser submetido a julgamento, em sessão ordinária da SDC, realizada em 12 de março de 2014, os ministros componentes deste Órgão julgador decidiram pela abusividade da greve, determinando o seu encerramento e o retorno dos trabalhadores a seus postos de trabalho, sob pena de multa diária no importe de vinte mil reais, a ser paga pela suscitada Federação Nacional dos Trabalhadores em Empresas de Correios, Telégrafos e Similares (FENTECT), em favor da União. No caso em questão, apesar de a FENTECT ter alegado que as alterações da aludida cláusula tenham violado a norma constante da cláusula 11 do dissídio coletivo da categoria, ainda em vigência, este não foi o entendimento adotado pela Superior Corte Trabalhista, ao fundamento de que a greve se justificaria apenas se constatado o descumprimento de qualquer uma das cláusulas constantes do instrumento coletivo em vigor, o que não ocorreu, segundo o Ministro Márcio Eurico Vitral Amaro (FONTENELE, 2014).

A seguir, reproduz-se o inteiro teor da ementa do referido processo:

DISSÍDIO COLETIVO DE GREVE. DESCUMPRIMENTO DE SENTENÇA NORMATIVA. NÃO CONFIGURAÇÃO. ABUSIVIDADE. Greve deflagrada, segundo a representação da categoria profissional, por descumprimento de sentença normativa que exigia, para a alteração do plano de saúde da empresa, a elaboração de estudos atuariais por comissão paritária. Ocorre que a sentença normativa a que se referem os trabalhadores foi substituída pela subsequente, que, embora mantendo a mesma redação da cláusula anterior, fundou-se em que o modo de gestão do plano de saúde é questão afeta ao poder diretivo-organizacional do empregador. Portanto, ainda que se pudesse considerar que a greve diz respeito à sentença normativa vigente, e sem embargo de estar o mérito da controvérsia sujeito a julgamento no foro apropriado, no qual tramita ação de cumprimento, a interpretação conferida pela Seção de Dissídios Coletivos na sentença normativa em vigor permite antever que aparentemente não houve o descumprimento alegado. Greve que se declara abusiva, com a determinação de retorno ao trabalho. (DCG: 1853-34.2014.5.00.0000 — Relatora Ministra Dora Maria da Costa — Publicação: DEJT em 16.5.2014).

Infere-se do texto transcrito que foi ajuizada a ação de cumprimento prevista no art. 872, parágrafo único da CLT, para compelir o empregador a realizar o que foi estabelecido na normatização coletiva.

Nota-se que a legislação se coloca ao lado do trabalhador possibilitando-lhe a utilização, alternativamente, de um mecanismo ou de outro para fazer valer os direitos a ele concedidos e constantes dos instrumentos normatizados. Ressalve-se que, nas ações apontadas neste estudo, a legitimidade ativa para a sua promoção perante a Justiça do Trabalho é da entidade sindical representante da categoria[35].

Todavia, a paralisação das atividades poderá ser feita por iniciativa do empregador. É a denominada prática do *lockout* que, de acordo com o art. 17 da Lei n. 7.783, tem por objetivo frustrar as negociações ou não atender às reivindicações de seus empregados.

O ordenamento jurídico pátrio, no entanto, veda terminantemente essa conduta da categoria patronal assegurando aos empregados os salários no respectivo período de paralisação, na eventualidade de se constatar tal ação.

A Lei de Greve dá o norte para os trabalhadores exercerem efetivamente um direito previsto pela Constituição de modo que a suspensão das atividades laborais consideradas essenciais não comprometam o bem-estar da sociedade. De modo igual, previu a lei especial proteção ao empregador, conforme se infere do art. 9º da aludida norma, a qual determina que, durante o período de paralisação, os entes sindicais, necessariamente, manterão empregados nos postos de trabalho, quando a suspensão total das atividades resultar danos irreparáveis em razão de deterioração dos equipamentos em geral, ou para a devida manutenção dos que são considerados essenciais à retomada das atividades do empregador, após a cessação do movimento paredista.

Nesse contexto, é possível afirmar que, mesmo em situações críticas, pois o desencadeamento de uma greve sinaliza insatisfação entre trabalho e capital, ressalvando-se que o movimento autorizado é o pacífico, há possibilidades de se reconstruir, passo a passo, o entendimento entre as categorias envolvidas no impasse.

São necessárias concessões recíprocas, sendo estas fundamentais para soluções em prol do apaziguamento social.

---

(35) Sobre a legitimidade ativa das entidades sindicais, nas hipóteses de ajuizamento de ação perante a Justiça do Trabalho, para cumprimento de normas constantes dos instrumentos coletivos, verificar o item 6.4 do sexto capítulo da presente obra.

3.3.2. INSTAURAÇÃO DO DISSÍDIO DE GREVE — LEGITIMIDADE PECULIAR

As entidades sindicais profissionais e econômicas, ao se reunirem para negociações coletivas, vislumbram mútuas concordâncias a fim de fixar o acordo ou a convenção que irá disciplinar as condições de trabalho da categoria signatária do instrumento. Contudo, nem sempre é o que ocorre, uma vez que o resultado dependerá da capacidade de transigência dos partícipes da negociação.

Assim, não sendo possível o entendimento entre as categorias envolvidas no conflito, se deflagrada a greve, em regra, ajuíza-se a demanda.[36]

Mas para que ela seja legitimada se faz necessária a estrita observância da lei que a normatiza, conforme consignado anteriormente.

A greve realizada fora dos parâmetros estabelecidos pela regulamentação específica é considerada abusiva e as consequências são danosas tanto para os trabalhadores que dela participam quanto para os empregadores e a sociedade.

Uma vez iniciado o movimento, o ente sindical econômico ou a(s) empresa(s) têm a faculdade de ajuizar o dissídio coletivo de greve perante a Justiça do Trabalho, mediante petição escrita dirigida ao Presidente do Tribunal (art. 856 da CLT). Nesse momento, o Estado vai prestar a tutela requerida pelo jurisdicionado para solucionar a lide que foi instaurada.

Essa prerrogativa estendeu-se também ao Ministério Público do Trabalho por meio da EC n. 45/2004, que alterou o § 3º do art. 114 da CF, nos seguintes termos: "Em caso de greve em atividade essencial, como com possibilidade de lesão do interesse público, o Ministério Público do Trabalho poderá ajuizar dissídio coletivo, competindo à Justiça do Trabalho decidir o conflito".

A atuação do *parquet* laboral é condicionada, pois, como se infere do preceito constitucional, a que o movimento paredista ocorra em atividades essenciais ou com possibilidade de lesão do interesse público.

Essa imposição está amparada também no inciso VIII do art. 83 da Lei Complementar n. 75/93, condicionando sua legitimação nos casos de greve e com ameaça à ordem jurídica ou ao interesse público.[37]

O múmus atribuído pelo constituinte ao ente ministerial se dá independentemente de o setor ser público ou privado. O exercício dessa função deverá pautar-se não apenas na lei, mas nos "critérios da oportunidade e da conveniência, com muita temperança, porque estão em jogo, ao mesmo tempo, os interesses dos trabalhadores e os da sociedade, o direito democrático de greve e a ordem jurídica" (MELO, 2011, p. 81).

A norma celetista confere ao Presidente do Tribunal do Trabalho a faculdade de instaurar a instância[38] sempre que ocorrer suspensão do trabalho (art. 856), mas esse privilégio foi constitucionalizado apenas em relação ao ente ministerial, e não à referida autoridade judicial. Nesse sentido, Carrion (2012, p. 822) afirma que "poderá ser instaurada a instância, por qualquer das partes ou o Ministério Público", assertiva embasada no art. 8º da Lei n. 7.783/89 que não estabeleceu a legitimidade do Presidente do Tribunal, como contempla a CLT.

Igualmente se posiciona Bezerra Leite (2009, p. 946), ao afirmar que a norma constitucional não conferiu tal legitimidade ao Presidente do Tribunal do Trabalho, de acordo com a disposição do § 3º do art. 114 da Magna Carta.

---

(36) Acerca da petição inicial do dissídio coletivo de greve, conferir item 4.5 do quarto capítulo da presente obra.
(37) Lei n. 5/93 — art. 83: "Compete ao Ministério Público do Trabalho o exercício das seguintes atribuições junto aos órgãos da Justiça do Trabalho" — VIII — "instaurar instância em caso de greve, quando a defesa da ordem jurídica ou o interesse público assim o exigir".
(38) Instaurar a instância: ajuizar o dissídio coletivo.

Assim, a titularidade dessa ação coletiva é adstrita ao sindicato representante da categoria econômica ou da(s) empresa(s) isoladamente considerada(s) e, ressalvadas as limitações, ao Ministério Público do Trabalho.

Sublinha-se, por óbvio, que o sindicato profissional não está legitimado a propor ação requerendo declaração de legalidade de um movimento paredista que ele próprio estimulou.

3.3.3. Objeto — Efeitos

Esta espécie diferenciada de dissídio coletivo ajuizada na ocorrência de greve tem por finalidade analisar se os requisitos impostos pela legislação especial que regula o exercício deste direito foram cumpridos e, por conseguinte, obter do Tribunal do Trabalho a declaração sobre a sua abusividade ou não, bem como nos casos de manutenção de paralisação após a celebração de acordo, ou de convenção ou prolação de sentença normativa, o que resultará em penalidades a serem aplicadas ao sindicato, à categoria profissional como um todo, ou a algum ou alguns trabalhadores específicos, conforme o caso.

Admitida a ação, após a sua distribuição[39], a decisão será proferida à luz dos dispositivos da Lei n. 7.783/89, que disciplina o legítimo exercício do direito de greve. Dessa norma infraconstitucional resulta a sinopse apresentada por Orlando Teixeira da Costa (1990, p. 140-141):

> o abuso do direito na greve consiste, pois, no exercício imoderado, indevido, irregular ou anormal de qualquer direito, que importe no ultrapassamento dos limites impostos pela boa-fé, pelos bons costumes ou pelo fim social e econômico do mesmo ou na geração de danos injustos ou despropositados. Pode vir a ser praticado pelo trabalhador, pelo empregador, pelas entidades ou coalizão que os representam.

A comprovação de negociação é um dos elementos de convicção exigidos para o exercício legal do movimento, segundo dispõe o *caput* do art. 3º da Lei n. 7.783/89. E, nesse sentido, a Seção de Dissídios Coletivos do Tribunal Superior do Trabalho (TST) pacificou entendimento ao dispor na OJ n. 11:

> GREVE. IMPRESCINDIBILIDADE DE TENTATIVA DIRETA E PACÍFICA DA SOLUÇÃO DO CONFLITO. ETAPA NEGOCIAL PRÉVIA — É abusiva a greve levada a efeito sem que as partes hajam tentado, direta e pacificamente, solucionar o conflito que lhe constitui o objeto. (Inserida em 27.3.1998)

Se for constatada violação dos preceitos da Lei em comento, pode-se assim decidir: a) procedentes os pedidos — a sentença declara ser abusiva a greve e determina que se proceda aos descontos nos salários dos trabalhadores participantes do movimento paredista, correspondentes aos dias que não houve prestação de serviços; b) procedente, em parte — por liberalidade do empregador ou ajuste entre os interessados, nada será descontado, e a sentença apenas declarará a reprovação do movimento.

As consequências para os trabalhadores que participam de greve considerada abusiva pelo Tribunal não se limitam a eventuais descontos salariais porventura determinados via sentença judicial. Vão além, pois os grevistas, a rigor, assumem os riscos e a responsabilidade por quaisquer atos por eles praticados. A Seção de Dissídios Coletivos do Colendo TST cristalizou entendimento sobre essa questão, por meio da Orientação Jurisprudencial n. 10, a saber:

> GREVE ABUSIVA NÃO GERA EFEITOS. É incompatível com a declaração de abusividade de movimento grevista o estabelecimento de quaisquer vantagens ou garantias a seus partícipes, que assumiram os riscos inerentes à utilização do instrumento de pressão máximo. (Inserida em 27.3.1998).

Para Sussekind (*apud* MARTINS FILHO, 2009, p. 78), algumas condutas dos trabalhadores participantes de movimentos paredistas evidenciam o abuso do direito de greve, como: a) a recusa

---

(39) A respeito da fase de instrução e julgamento do dissídio coletivo de greve, conferir o item 4.8.1 do quarto capítulo da presente obra.

a negociar acerca da manutenção de serviços mínimos e indispensáveis à população, bem como a danificação irreparável à propriedade do empregador; b) uso de meios truculentos para induzir empregados à greve ou a ações que danifiquem a propriedade empresarial; c) ações que impeçam os trabalhadores, que assim o desejarem, de retornar para seus postos de trabalho; d) a manutenção do movimento, mesmo após decisão do Tribunal. Somada a essas atitudes, o referido autor indica ainda a ausência de negociação prévia.

Como assinalado alhures, comportamentos contrários aos estabelecidos na lei que regulamenta o exercício do direito de greve podem gerar efeitos negativos para os trabalhadores que dela participarem. Assim, das atitudes como as acima relacionadas, pode decorrer a aplicação de pena disciplinar ou resultar em suspensão ou demissão do empregado.

Quando se tratar de dirigente sindical estável, é necessária a instauração de inquérito para a apuração de falta grave e, tratando-se de trabalhador que tenha aderido pacificamente à greve, a sua responsabilidade se dará quando da continuidade de participação em movimento paredista, após decisão da Justiça do Trabalho (MARTINS FILHO, 2009, p. 78).

As possíveis penalidades aplicáveis ao caso, como suspensão disciplinar ou dispensa por justa causa, estão definidas no art. 474 da CLT e são adotadas nas hipóteses previstas no art. 482 da CLT, ressalvadas aquelas de celebração de acordo, conforme anteriormente consignado.

Vale lembrar que, em caso de paralisação em serviços essenciais para a comunidade, como o transporte coletivo, as audiências são realizadas em caráter emergencial e, diante das circunstâncias, o procedimento adotado é diferenciado para permitir o julgamento no mais breve espaço de tempo possível.

Na eventualidade de continuidade do movimento paredista, mesmo após o ajuizamento da ação, tratando-se de atividade essencial, é possível que o magistrado instrutor expeça determinação para a manutenção de pelo menos um percentual da atividade, como ocorreu por ocasião do dissídio coletivo de greve suscitado pelo Sindicato das Empresas de Transportes de Passageiros Metropolitanos (SINTRAM) perante o Tribunal Regional do Trabalho da 3ª Região, como se infere de trecho do despacho do magistrado instrutor:

> (...) Daí porque, presentes os requisitos para tanto, defiro parcialmente a liminar requerida e determino que a Federação dos Trabalhadores em Transportes Rodoviários no Estado de Minas Gerais — FETTROMINAS; Sindicato dos Trabalhadores em Transportes Rodoviários de Belo Horizonte — STTRBH; Sindicato dos Trabalhadores em Transportes Rodoviários de Betim, Igarapé, Juatuba, São Joaquim de Bicas e Região; Sindicato dos Trabalhadores em Transportes Rodoviários de Brumadinho; Sindicato dos Trabalhadores em Transportes Rodoviários de Contagem — SITTRACON; Sindicato dos Trabalhadores em Transportes Rodoviários de Itaúna; Sindicato dos Trabalhadores em Transportes Rodoviários de Sete Lagoas garantam a presença, em serviço efetivo, de não menos que 50% (cinquenta por cento) da frota de transporte coletivo da Região Metropolitana e 70% (setenta por cento) dela nos denominados *horários de pico*, isto é, entre 06 e 09 horas e entre 17 e 20 horas, observando, em relação às linhas e aos horários, a totalidade da escala prevista pelo Poder Concedente (...) O descumprimento da presente ordem acarretará a multa diária de R$ 30.000,00 (trinta mil reais) pela qual responderá, nestes autos, a parte que incorrer em tal, caracterizando-se a desobediência também pela oposição de dificuldades injustificadas. A multa reverterá em benefício do Poder Público Concedente (...).
>
> (TRT-DCG-00282-2012-000-03-00-0 — Desembargador Marcus Moura Ferreira — 1º Vice-Presidente do TRT 3ª Região — DEJT: 13.3.2012).

Na ocorrência de descumprimento da ordem judicial, expedida nessas circunstâncias, poderá ser determinada a aplicação de multa diária, como se depreende da leitura do trecho do despacho acima transcrito.

Tratando-se de greve em decorrência de atraso no pagamento de salários, por "constituir descumprimento de obrigação legal", tem-se configurada uma situação que, por sua natureza, já a autoriza, e dessa maneira ela "não poderá ser considerada abusiva", como preleciona Martins Filho (2009, p. 80).

O autor ressalva que essa é a exceção em que os dias não trabalhados em razão de movimento paredista deverão ser remunerados. Nos demais casos, independentemente de tal movimento ser legitimado, há suspensão de trabalho, de maneira que o empregador não tem a obrigatoriedade de pagar por esse período (art. 7º da Lei n. 7.783/89).

A decisão reputada repreensível à greve é tomada em relação ao movimento, analisado como um todo. As responsabilidades por abusos ilícitos ou crimes cometidos por trabalhadores no curso da greve são apuradas, no caso, de acordo com as legislações pertinentes (trabalhista, penal ou civil).

Cumpre salientar que a greve é um direito constitucional e, portanto, aderir a movimento paredista pacífico, na forma em que a lei o regulamenta, não constitui falta grave que possa motivar rescisão do pacto laboral ou suspensão. A motivação para as penalidades de suspensão e dispensa por justa causa decorre do abuso desse direito, no que for cabível no caso, na forma dos arts. 474 e 482 da CLT.

CAPÍTULO 4

O DISSÍDIO COLETIVO COMO AÇÃO TÍPICA

Anteriormente, analisaram-se as classificações dos dissídios coletivos e estas servirão de norte para seguir em frente nesta obra. Cada tipo dessas ações coletivas possui sua particularidade quanto ao objeto e em relação aos atos processuais característicos, dos quais se tratará de forma sintética.

Quanto ao dissídio de greve, este foi destacado, neste estudo, considerando a sua singularidade e alcance social, pois os seus efeitos geram reflexos para além da relação contratual de trabalho, uma vez que abrange, além das partes envolvidas na lide, a sociedade de forma geral.

Neste capítulo, porém, o que se pretende demonstrar, como ação típica, é quais são os procedimentos aplicáveis ao dissídio coletivo de natureza econômica, considerando as suas particularidades. A ele será dedicado um estudo mais detalhado.

Desse modo, serão averiguadas todas as fases processuais, passo a passo, realçando que a participação paritária dos envolvidos no dissídio é fundamental, cuja necessária cooperação advirá de uma correta aplicação dos procedimentos adequados, para o que se pretende sistematizá-lo.

Cumpre esclarecer que a CLT dispõe de poucos dispositivos para regular os procedimentos aplicáveis a esse tipo de processo coletivo, por essa razão, os Tribunais têm autonomia de ação, sobretudo na sua fase de instrução (GIGLIO, 2003, p. 397).

A realidade forense mostra que os Tribunais, no uso da autonomia que têm, instruem tais processos utilizando-se de meios semelhantes aos aplicados para os dissídios individuais, ressalvadas algumas exceções, como se verá adiante.

É nessa modalidade de dissídio coletivo que o poder normativo da Justiça do Trabalho é exercido, quando proferida a sentença, na fase final de seu julgamento. Antes, porém, estudar-se-ão os procedimentos necessários que se antecedem à finalização do processo em grau originário. A propósito de tais procedimentos, em análise ampla, afirmam Antônio Carlos de Araújo Cintra, Ada Pellegrini Grinover e Cândido Rangel Dinamarco (2013, p. 310) que "é indispensável à função jurisdicional exercida com vistas ao objetivo de eliminar conflitos e fazer justiça mediante a atuação da vontade da lei".

Sendo assim, buscar-se-á alinhavar de forma coesa a atuação estatal, com as indispensáveis intervenções das categorias profissional e patronal na lide, nas ocasiões pertinentes, pois o efeito de tal colaboração influirá na efetividade da prestação jurisdicional. Procurar-se-á demonstrar que o uso desse mecanismo processual tão importante é condizente ao fim a que se destina, quando se pretendem soluções justas, equilibradas e em tempo razoável relativas a conflitos laborais.

4.1. COMPETÊNCIA

A competência originária para conhecer e julgar dissídios coletivos é dos Tribunais Regionais do Trabalho, nos casos de lides que envolvam partes cuja base territorial corresponda à jurisdição do Regional.

A Consolidação das Leis Trabalhistas em seu art. 678, I "a", textualmente, prescreve que "aos Tribunais Regionais, quando dividido em Turmas, compete — I: ao Tribunal Pleno, especialmente: a) processar, conciliar e julgar originariamente os dissídios coletivos". Trata-se, nesse caso, de "competência originária" do Tribunal, porque esses processos têm início em 2º Grau de Jurisdição e são distribuídos por meio de petição escrita dirigida diretamente ao Presidente do Tribunal do Trabalho (art. 856 da CLT).

Mas, excepcionalmente, tal competência é atribuída ao Tribunal Superior do Trabalho. Neste caso, esclarece Everardo Gaspar Lopes de Andrade (1993, p. 44) que

> (...) a competência originária para conhecer dos dissídios coletivos é, sem dúvida, dos Tribunais Regionais do Trabalho. Exceto, quando a entidade sindical suscitante tem base territorial alcançando base de jurisdição de outro Tribunal, desde que o dissídio seja promovido para beneficiar toda a categoria ou parte dela que esteja sob a jurisdição de outro Tribunal. Neste caso a competência é do Tribunal Superior do Trabalho.

Como se vê nessas hipóteses, essas ações, originariamente, serão ajuizadas e julgadas pelo Colendo TST, e terão início já em Grau Superior. Isso ocorrerá, então, quando o conflito coletivo extrapolar a jurisdição de um Tribunal do Trabalho e se os efeitos da sentença normativa ou acordo judicialmente homologado abrangerem a totalidade da categoria ou a parte dela que estiver sob a jurisdição de mais de um regional (alínea "b" e inciso I do art. 702 da CLT).

A Lei n. 7.701/1988, que regulamentou a especialização de Turmas dos Tribunais de Trabalho em processos coletivos, dispõe:

> Art. 1º O Tribunal Superior do Trabalho, nos processos de sua competência, será dividido em turmas e seções especializadas para a conciliação e julgamento de dissídios coletivos de natureza econômica ou jurídica e de dissídios individuais, respeitada a paridade da representação classista.
>
> Art. 2º Compete à seção especializada em dissídios coletivos, ou seção normativa:
>
> I — originariamente:
>
> a) conciliar e julgar os dissídios coletivos que excedam a jurisdição dos Tribunais Regionais do Trabalho e estender ou rever suas próprias sentenças normativas, nos casos previstos em lei.

A legislação, ao dispor sobre a especialização, atribuiu à Seção de Dissídios Coletivos (SDC) a competência para julgar esse tipo de ação e, a partir dessa lei, os Tribunais do Trabalho deram início à criação das Seções Especializadas, especificando suas competências, dispondo sobre a sua estrutura de funcionamento, bem como sua composição, nos respectivos Regimentos Internos.

Contempla, ainda, a citada Lei em seu art. 6º que os Tribunais Regionais que funcionem com a divisão em Grupos de Turmas terão a competência exclusivamente de um deles, especializado para esse fim. E o parágrafo único do referido artigo esclarece que caberá ao Regimento Interno dos Tribunais dispor sobre a constituição e o funcionamento do Grupo Normativo.

Assevera Wagner D. Giglio (2003, p. 393) que, estando os Tribunais estruturados em Seções Especializadas, a competência será exclusivamente de uma delas para solucionar esse conflito específico. Porém, há Tribunais compostos de um número pequeno de desembargadores, caso em que a atribuição para tal será do Pleno[40].

O Tribunal Regional do Trabalho da 3ª Região — Minas Gerais, por exemplo, conta, no momento, com trinta e seis desembargadores. A Seção de Dissídios Coletivos (SDC), grupo especializado, compõe-se de dez magistrados, além do Presidente do Tribunal ou desembargador por ele designado, que a preside. É a SDC o órgão competente para julgar, conciliar e homologar acordos realizados em processos de dissídios coletivos, como também de estender ou rever sentenças normativas (incisos I, II do art. 39 do RITRT 3ª Região).

Em São Paulo há uma singularidade estabelecida pela Lei n. 9.254, de 3 de janeiro de 1996, que atribuiu ao TRT da 2ª Região[41], com sede na cidade de São Paulo, a competência para "processar, conciliar e julgar os dissídios coletivos nos quais a decisão a ser proferida deva produzir efeitos em

---

(40) Pleno: Órgão do Tribunal "constituído pela totalidade de seus Desembargadores, e as sessões dele serão presididas pelo Presidente". (art. 16 do RITRT 3ª Região). "O Regimento Interno dispõe sobre o número, composição e funcionamento daqueles órgãos, ressalvada a competência exclusiva da ação normativa." (CARRION, 2012, p. 616).
(41) TRT 2ª Região: Sede em São Paulo (Capital), abrange ainda Guarulhos e Região; Osasco e Região; Baixada Santista e Região e ABC Paulista.

área alcançada, em parte, pela jurisdição desse mesmo Tribunal e, outra parte, pela jurisdição do Tribunal Regional do Trabalho da 15ª Região", sediado na cidade de Campinas[42].

A competência para receber, processar e solucionar os conflitos coletivos emergentes das categorias profissionais e econômicas ou empresa(s), individualmente consideradas, será dos Tribunais Regionais ou, em certos casos, do Tribunal Superior do Trabalho e será distribuída para uma das Seções Especializadas, na forma estabelecida pelo regimento interno do respectivo Tribunal. Portanto, tais ações deverão ser promovidas diretamente em 2º grau de jurisdição ou no grau superior, quando for o caso.

4.2. PROTESTO JUDICIAL

Os procedimentos judiciais analisados no presente capítulo são aplicáveis precipuamente aos dissídios coletivos de natureza econômica, e o protesto judicial se prestará como um bom exemplo.

A tentativa de negociação entre as partes em conflito é uma das condições para o ajuizamento da ação dissidial, na forma estabelecida no § 2º do art. 114 da CF. No entanto, nem sempre esse mecanismo surte o efeito desejado e, diante dessa possibilidade, com o objetivo de garantir que os efeitos de eventual sentença normativa subsequente possam retroagir à data-base da categoria, a parte interessada deverá recorrer à medida denominada protesto judicial.

A Instrução Normativa (IN) n. 4/1993 do TST reconhecia tal medida, em seus itens II, III e XXV, mas, atualmente, encontra-se revogada. Essa mesma linha também era defendida por José Martins Catharino (1998, p. 361), quando afirma que o atual CPC, que é "pródigo em medidas cautelares, nominadas e inominadas, acolhe e disciplina o protesto judicial, como instrumento de ressalva e salvaguarda de direito".

No entanto, apesar de inexistir expressamente em lei, esse procedimento é admissível como uma cautelar "com o mesmo efeito", afirma Garcia (2012, p. 823). Isso, com base no art. 867 do CPC, que trata de ação cautelar de protesto ou, ainda, art. 798 do CPC, que "admite medidas cautelares atípicas, com base no poder geral de cautela do juiz".

A aplicabilidade de regras do CPC tem respaldo no art. 769 da CLT, que autoriza sua aplicação subsidiária em caso de omissão da legislação processual trabalhista. Assim, mesmo que nem todas as situações sejam previstas em normas de suas respectivas áreas, isso não impossibilita a sua aplicação. Frise-se que o citado dispositivo celetista condiciona a aplicação de outros diplomas legais à ausência da matéria na regulamentação laboral.

Santos (2012, p. 366) defende que o protesto judicial tem natureza jurídica de medida cautelar nominada, uma vez que tem a mesma natureza da ação definida no art. 867 do CPC, que versa sobre "procedimentos cautelares específicos". Assevera esse autor que tal "medida enquadra-se entre as ações cautelares não contenciosas também denominadas cautelares administrativas", e realça, inclusive, que nesse caso inexiste litígio e, por essa razão, fala-se em procedimento e não em processo, no qual a decisão judicial de cunho homologatório finda com "o deferimento ou indeferimento da medida".

Não obstante a revogação da IN 4 do Colendo TST, como acima consignado, a figura do protesto judicial foi textualmente reconhecida nos §§ 1º, 2º e *caput* do art. 219 do Regimento Interno da Suprema Corte Trabalhista, segundo os quais:

> Art. 219. Frustrada, total ou parcialmente, a autocomposição dos interesses coletivos em negociação promovida diretamente pelos interessados ou mediante intermediação administrativa do órgão competente do Ministério do Trabalho, poderá ser ajuizada a ação de Dissídio Coletivo.

---

(42) Sede em Campinas (SP) com abrangência de demais localidades do estado de São Paulo, excetuando-se as que são alcançadas pela jurisdição da 2ª Região.

§ 1º Na impossibilidade real de encerramento da negociação coletiva em curso antes do termo final a que se refere o art. 616, § 3º, da CLT, a entidade interessada poderá formular protesto judicial em petição escrita, dirigida ao Presidente do Tribunal, a fim de preservar a data-base da categoria.

§ 2º Deferida a medida prevista no item anterior, a representação coletiva será ajuizada no prazo máximo de trinta dias, contados da intimação, sob pena de perda da eficácia do protesto.

A norma arregimentada, em questão, concede, então, o prazo de trinta dias para o ajuizamento do dissídio coletivo. Na realidade, essa seria também uma forma de conferir mais tempo para que as partes cheguem a um ajuste; afinal, os pactos resultantes de uma conciliação, por serem produto da autonomia da vontade, tendem a ser mais próximos dos interesses das categorias envolvidas.

Reafirma-se que, se celebrado acordo ou a convenção coletiva de trabalho (ACT e CCT), essas vigorarão por dois anos. Já, se proferida sentença normativa[43], esse prazo será de até quatro anos. E, para que os trabalhadores não fiquem desprovidos dos benefícios e vantagens conferidos por tais instrumentos, é necessário que novo dissídio coletivo seja ajuizado no prazo de sessenta dias antes do termo final daquele em vigor (§ 3º do art. 616 da CLT).

Exemplificando: os trabalhadores representados pela categoria "A" são regidos por normas contidas em acordo coletivo de trabalho (ACT) cuja expiração ocorrerá aos 30 (trinta) dias de março de 2015.

Não sendo possível realizar um novo acordo entre a tal categoria e o setor econômico correlato, as partes têm a faculdade de ajuizar o dissídio coletivo. Essa medida deverá ser promovida no período compreendido entre 30 de janeiro e 30 de março de 2015. Deixando, porém, de ajuizar o dissídio nesse intervalo, os trabalhadores da mencionada categoria terão os seus contratos individuais de trabalho regidos apenas pela legislação laboral (CLT) e demais leis esparsas, quando for o caso. Eventuais benefícios conquistados por meio de tais instrumentos, como um abono de cinco faltas ao ano para acompanhar familiares em consultas médicas, deixará de existir a partir de 31 de março de 2015.

A norma celetista não define em que época as partes interessadas devem dar início às negociações entre si, mas é razoável entender que o lapso temporal de sessenta dias estabelecido no § 3º do art. 616 da CLT seria para uma tentativa de consenso entre os interessados.

Pode-se considerar que é possível, por exemplo, que, por intransigência de uma ou de ambas as partes, a fase de tentativa de conciliação extrapole o limite citado. Nesse caso, a entidade sindical profissional poderá requerer, por meio de petição escrita e dirigida ao Presidente do Tribunal, que a data-base da classe profissional em conflito seja assegurada.

Vale dizer que, voltando ao exemplo hipotético anteriormente assinalado, se a categoria "A" (empregados) percebe que as negociações não vão se encerrar até 30 de março de 2015, esta tem a faculdade de requerer a garantia da data-base por meio da medida que é denominada protesto judicial.

Assim, extrapolado o termo para o ajuizamento do dissídio em virtude de delonga nas negociações coletivas, os efeitos da sentença normativa prolatada posteriormente retroagirão, de modo que os trabalhadores, representados na lide que se instaurou, terão, desde então, garantidos os benefícios e vantagens porventura concedidos.

É uma medida habitualmente aceitável pelos Tribunais do Trabalho, como se infere do relatório do acórdão resultante do julgamento do processo n. 00411-2011-000-03-00-0 DC, pela Seção de Dissídios Coletivos (SDC), do Tribunal Regional do Trabalho da 3ª Região — Minas Gerais, entre as partes Sindicato dos Professores do Estado de Minas Gerais — SINPRO e Sinepe Norte de Minas — Sindicato das Entidades Mantenedoras de Estabelecimentos Particulares de Ensino do Norte de Minas Gerais, cuja transcrição parcial se segue:

---

(43) Acerca da sentença normativa, verificar o quinto capítulo da presente obra.

> A d. Vice-Presidência, então sob a gestão da eminente Desembargadora Emília Facchini, fl. 478, admitiu o "protesto", explicitando tratar-se de "(...) *mera comunicação de uma manifestação de vontade, objetivando prevenir responsabilidade, prover a conservação ou a ressalva de direitos*, determinando a notificação do requerido, com cópia da inicial. Foram pagas as custas arbitradas (...). (Publicação DEJ em 30.5.2012).

Naturalmente, na ocorrência de celebração de acordo, não há de se falar em ajuizamento do dissídio coletivo, e o protesto judicial perderá a sua eficácia. Caso contrário, tão logo seja instaurada a demanda, a mencionada medida será autuada aos autos do dissídio coletivo. Essa medida se faz necessária para posterior comprovação de que a data-base da categoria foi assegurada em tempo hábil.

Cumpre salientar, ainda, que essa é uma faculdade conferida aos entes sindicais como meio de proteger os interesses de uma categoria que está em conflito. Entretanto, caso a representação opte por prosseguir com as negociações sem, contudo, atentar para essa particularidade, ou na eventualidade de o pedido formulado em protesto judicial ser indeferido, o dissídio coletivo poderá ser ajuizado posteriormente, mas os efeitos da sentença normativa nele prolatada terão vigência a partir de sua publicação, na forma estabelecida pelo parágrafo único do art. 867 da CLT.[44]

Pode-se dizer, então, que a adoção do protesto judicial é uma forma de estimular a continuidade das negociações entre as partes e, ao mesmo tempo, preservar a data-base da categoria, nos casos em que houver dificuldades em encerrar essa fase. É uma maneira de ampliar as chances de as partes ajustarem mutuamente seus interesses de possibilitar a concretização das normas constantes do instrumento coletivo acordado.

4.3. LEGITIMIDADE ATIVA E PASSIVA AD CAUSAM

Assegurada a data-base por meio de protesto judicial, quando for o caso, ou, frustradas as negociações, ou, ainda, dispensando-se a eleição de um árbitro, as partes têm a faculdade de buscar a tutela do Estado para que o Judiciário trabalhista possa solucionar o impasse estabelecido.

Para requerer a prestação jurisdicional e dar início ao processo, as partes envolvidas deverão estar legitimadas nas posições de demandante e demandado, respectivamente, sendo o primeiro aquele que apresenta a petição escrita e dirigida ao Presidente do Tribunal, enquanto o segundo é a parte contra quem a demanda foi apresentada. Essa legitimação se faz necessária para apresentar suas pretensões ou para defender-se, dependendo do papel de cada parte na ação.

Cintra, Grinover e Dinamarco (2013, p. 310) ensinam que as posições assumidas pelas partes no processo são balizadas por três princípios básicos que, em síntese, são: a) dualidade entre as partes — necessidade de dois sujeitos em posições contrárias no processo, visto que não há como litigar contra si mesmo; b) igualdade entre as partes — garantia de isonomia de tratamento processual, "sem prejuízo de certas vantagens atribuídas especialmente a cada uma delas, em vista exatamente de sua posição no processo"; c) princípio do contraditório — assegura às partes ciência de todos os atos e termos processuais, concedendo-lhes, se for o caso, prazo para impugná-los, de modo a firmar relação de diálogo com o magistrado condutor do processo.

Isso evidencia a relevância da participação das partes em todas as fases processuais, mesmo porque, ao se ajuizar a demanda, o que se tem é apenas uma pretensão e não a certeza do direito pretendido. Ao Estado, por meio de um juiz, investido de poderes para solucionar o conflito, é que cabe a tarefa de negar ou confirmar o que foi postulado em juízo. Assim é que, ao ser exercido o contraditório de maneira isonômica, estabelecendo-se o diálogo entre o magistrado e os envolvidos, estes terão oportunidade para defender seus interesses e supostos direitos.

Reafirma-se que, tratando-se de dissídio coletivo, para se socorrer desse remédio processual, a Constituição Federal estabeleceu no inciso III do art. 8º que a representação caberá aos sindicatos

---

(44) Sobre a eficácia e vigência da sentença normativa, verificar o quinto capítulo da presente obra.

da categoria patronal e profissional. Ocasionalmente, o dissídio poderá ser suscitado, ainda, por uma ou mais empresas individualmente consideradas, na hipótese de inexistência de sindicato econômico que as represente ou na eventualidade de movimento paredista apenas no seu âmbito (ANDRADE, 1993, p. 49).

Essa espécie de ação não comporta pessoas físicas figurando na condição de suscitado ou suscitante. Estes, necessariamente, estarão representados por entes sindicais profissionais ou econômicos ou, ainda, por empresa(s), ressalvando-se que, na ocorrência de greve, a legitimidade para ajuizar o dissídio coletivo é conferida apenas ao ente patronal e, em determinadas circunstâncias, ao Ministério Público do Trabalho, na forma já assinalada[45].

Com muita propriedade, Acelino Rodrigues Carvalho (2006, p. 125) afirma que

> a *legitimatio ad causam* como condição de ação é um dado de que não se pode prescindir em termos de tutela coletiva pelo simples fato de que aquele que comparece em juízo para defesa de direitos transindividuais não é o titular do direito material afirmado, pelo menos com exclusividade.

Com efeito, se reconhecida a ilegitimidade, não se pode afirmar a inexistência do direito material, mas tão somente a irregularidade da representação. Por essa razão, torna-se essencial a estrita observância, quanto a esse aspecto, anteriormente ao ajuizamento do dissídio, uma vez que, configurada tal irregularidade, esta ensejará a extinção do processo, sem a resolução de mérito, em conformidade com o inciso VI do art. 267 do CPC.

Para Nascimento (2012, p. 921), as partes nos processos coletivos são as categorias profissionais que nesses processos são representadas pelas respectivas entidades sindicais. Afirma ainda o aludido autor, quanto às organizações sindicais, que estas "não são parte no processo, porque não agem em nome e interesse próprios. São representantes das partes".

A legitimidade para suscitar o dissídio coletivo é estendida às federações correspondentes, na ausência de sindicatos representativos das classses econômica ou profissional. E, na ausência delas, pelas confederações correlatas, na esfera de sua representação, na forma estabelecida pelo parágrafo único do art. 857 da CLT.

Cabe ressaltar que tal legitimidade para representação em sede de dissídio coletivo é condicionada à autorização da assembleia geral, designada para essa finalidade, cujo quórum mínimo de associados é essencial para tal fim, segundo o art. 859 da CLT[46].

E a inobservância do número de interessados para a deliberação do ajuizamento da ação coletiva é matéria analisada preliminarmente na assentada do seu julgamento pelos Tribunais do Trabalho e, se acolhida, resultará também na extinção do processo, sem resolução de mérito, na forma do inciso IV do art. 267 do CPC.

Nesse sentido, a Seção de Dissídios Coletivos do TST decidiu, ao julgar recurso ordinário interposto diante de decisão do Tribunal Regional do Trabalho da 2ª Região, em sessão ordinária da SDC, realizada em 11 de novembro de 2013, *in verbis*:

> RECURSO ORDINÁRIO. DISSÍDIO COLETIVO. ILEGITIMIDADE ATIVA. REPRESENTATIVIDADE SINDICAL. ASSEMBLEIA GERAL DOS TRABALHADORES. QUÓRUM. PRESENÇA APENAS DE INTEGRANTES DA DIRETORIA E DO CONSELHO FISCAL DA ENTIDADE SINDICAL. IRREGULARIDADE. Recurso ordinário a que se nega provimento. (Processo: RO — 51802-41.2012.5.02.0000, Relator: Ministro Walmir Oliveira da Costa, Seção Especializada em Dissídios Coletivos, Data de Publicação: DEJT 18.11.2013).

É possível depreender da citada ementa que o recurso ordinário interposto manteve a decisão proferida pelo Regional, decretando sua extinção, em decorrência da apuração de irregularidade na realização da assembleia: a inobservância do quórum deliberativo estabelecido na norma celetista.

---

(45) Sobre legitimidade para ajuizar dissídio coletivo de greve, conferir item 3.3.2 no terceiro capítulo da presente obra.
(46) CLT: art. 859 — "A representação dos sindicatos para instauração da instância fica subordinada à aprovação de assembleia, da qual participem os associados interessados na solução do dissídio coletivo, em primeira convocação, por maioria de 2/3 (dois terços) dos mesmos, ou, em segunda convocação, por 2/3 (dois terços) dos presentes."

Nota-se que a autonomia sindical nem sempre é absoluta, diante da obrigatoriedade de autorização por parte dos associados, que é decidida em assembleia. Pode-se dizer que essa exigência é um contraponto à ação de cumprimento, objeto de estudo pormenorizado no sexto capítulo, para a qual é prescindível a autorização dos interessados, pois, nesse caso, a entidade sindical atua na qualidade de substituto processual[47] e não como representante, como ocorre em sede de dissídio coletivo.

Nesse sentido dispõe a Orientação Jurisprudencial n. 19 da Seção de Dissídios Coletivos do TST:

DISSÍDIO COLETIVO CONTRA EMPRESA. LEGITIMAÇÃO DA ENTIDADE SINDICAL. AUTORIZAÇÃO DOS TRABALHADORES DIRETAMENTE ENVOLVIDOS NO CONFLITO — A legitimidade da entidade sindical para a instauração da instância contra determinada empresa está condicionada à prévia autorização dos trabalhadores da suscitada diretamente envolvidos no conflito. (Inserido dispositivo — DEJT divulgado em 16, 17 e 18.11.2010).

Bezerra Leite (2010, p. 1124), em sede doutrinária, confirma essa tese ao afirmar que

o sindicato, como suscitante no dissídio coletivo, atua em nome da categoria, desde que autorizado por Assembleia Geral, e na defesa de interesse da categoria que representa. Vale dizer, ele atua em nome alheio (categoria) na defesa de interesse alheio (categoria). Não é caso de substituição processual, pois nesta, além de não ser exigida a autorização assemblear, os integrantes da categoria, individualmente considerados, não têm legitimidade *ad causam* para ajuizarem ação dissidial coletiva.

Além disso, para instaurar a ação coletiva, é indispensável que haja correspondência entre as atividades exercidas pelo setor profissional e o econômico das partes envolvidas no conflito. Seria desarrazoada a inexistência de tal exigência, pois o ente sindical defende os direitos e interesses de uma determinada classe de trabalhadores ou de empregadores, especificamente. É possível considerar desconexo, por exemplo, se a entidade sindical representante do sindicato dos professores de um estado ajuizasse dissídio coletivo contra o sindicato dos hospitais beneficentes e casas de saúde de outro estado.

Na suposta circunstância, não há nenhuma correlação entre as atividades pedagógicas profissionais e a do setor de saúde a que se refere a categoria patronal. A indicação, hipotética, mais plausível seria o sindicato dos professores de um estado ajuizar dissídio coletivo contra o sindicato das entidades mantenedoras de estabelecimentos particulares de ensino, por haver correspondência entre a atividade profissional e o setor econômico.

Nesse sentido, o TST manifestou-se por meio da Orientação Jurisprudencial n. 22 da Seção de Dissídios Coletivos:

LEGITIMIDADE "AD CAUSAM" DO SINDICATO. CORRESPONDÊNCIA ENTRE AS ATIVIDADES EXERCIDAS PELOS SETORES PROFISSIONAL E ECONÔMICO ENVOLVIDOS NO CONFLITO. NECESSIDADE. É necessária a correspondência entre as atividades exercidas pelos setores profissional e econômico, a fim de legitimar os envolvidos no conflito a ser solucionado pela via do dissídio coletivo. (inserido dispositivo — DEJT divulgado em 16, 17 e 18.11.2010).

As entidades aqui mencionadas podem figurar tanto no polo passivo quanto no ativo da ação e, assim, demandar e serem demandadas em juízo.

Em relação ao ajuizamento do dissídio coletivo originário, o procedimento adotado é o mesmo utilizado para o dissídio de natureza econômica, conforme já consignado.

A ressalva quanto a essa questão é sobre a legitimidade do ajuizamento do dissídio coletivo de greve, como estudado anteriormente, lembrando que a legitimidade ativa nessa espécie de dissídio, além da representação econômica, é do Ministério Público do Trabalho, caracterizando, portanto, a legitimidade concorrente. Se a iniciativa, porém, se der pelo ente ministerial, esta será considerada unilateral, uma vez que, nessa circunstância, as categorias profissional e econômica, em conflito, figurarão no polo passivo da ação, na condição de suscitados.

---

[47] No que tange ao estudo da substituição e representação processual — distinção, verificar o item 6.4 do sexto capítulo desta obra.

Como expõe Giglio (2003, p. 391), "os sindicatos constituem a parte legítima por excelência, tanto ativa como passiva, nos processos coletivos, muito embora já não seja reconhecida absoluta exclusividade, com exclusão de quaisquer outras entidades".

Às centrais sindicais e às associações profissionais não compete suscitar dissídio coletivo, apesar de elas terem legitimidade para representar os trabalhadores em muitas outras questões. A partir desse fato, será que se poderia afirmar que essa seria uma forma de ferir o direito constitucional de acesso à Justiça?

Em relação às centrais sindicais, a Lei n. 11.648/2008 as reconheceu formalmente legítimas para representação geral dos trabalhadores, em todo o território nacional, mas, de certo modo, elas não estão adequadas à estrutura sindical, definida pela Carta Magna, por possuírem a "representação plural, pois sua base é composta por entidades sindicais de categorias distintas". Isso, segundo Lima Santos (2012, p. 338).

Ademais, a legislação[48] que as regulamenta, ao delimitar suas funções, não diz textualmente da possibilidade de elas defenderem em juízo os interesses dos trabalhadores.

Quanto às associações, elas não compõem a estrutura sindical, visto que não foram abrangidas pelo art. 8º da CF (MELO, 2011, p. 83).

Os efeitos das sentenças proferidas em sede de dissídios coletivos, bem como dos acordos e das convenções coletivas de trabalho, abrangem todos os trabalhadores representados pela categoria profissional que tenha participado das negociações ou da lide, independentemente de estes serem associados aos respectivos entes sindicais. Percebe-se que, também por essa razão, as associações não têm legitimidade para suscitar conflito coletivo, pois, segundo Lima Santos (2012, p. 339), elas "representam somente os seus associados, não possuindo poderes de representação da categoria de trabalhadores não filiados".

Em síntese, é possível dizer que o direito de acesso à Justiça não estaria sendo violado.

As categorias profissionais têm a seu favor outros entes sindicais aptos e legitimados a representá-las em juízo. E isso leva a crer que a legitimidade passiva e ativa para figurar nesse tipo de ação é apenas das entidades sindicais, compreendidas pelos sindicatos, pelas federações e pelas confederações (profissionais e patronais), podendo eventualmente as empresas, singularmente consideradas, comporem a lide, na condição de suscitantes ou suscitadas, nos casos de inexistência de representação econômica da categoria da qual ela faz parte, ou ainda em caso de greve, no seu âmbito. Legitimado está também o Ministério Público do Trabalho na ocorrência de greve, na forma anteriormente exposta.

4.4. REQUISITOS DE ADMISSIBILIDADE: CONDIÇÕES DA AÇÃO

A norma celetista, ainda vigente, que contempla o dissídio coletivo é de 1943, em seu capítulo IV, "Dos Dissídios Coletivos". O *caput* do art. 856 estabelece: "A *instância* será *instaurada* (...)" (grifo nosso). A terminologia instância deriva do latim *instantia, de instare,* o que significa pedir contínua ou incessantemente. Juridicamente essa terminologia poderá ser entendida em sentido amplo e, perfeitamente aqui aplicável, como o "curso legal da causa ou a sua discussão e andamento, perante o juiz que a dirige, até a solução da demanda ou do litígio", segundo ensinamentos de De Plácido e Silva (2004, p. 750).

---

(48) Lei n. 11.648/2008. Dispõe sobre o reconhecimento das centrais sindicais (...) — "Art. 1º A central sindical, entidade de representação geral dos trabalhadores, constituída em âmbito nacional, terá as seguintes atribuições e prerrogativas: I — coordenar a representação dos trabalhadores por meio das organizações sindicais a ela filiadas; e II — participar de negociações em fóruns, colegiados de órgãos públicos e demais espaços de diálogo social que possuam composição tripartite, nos quais estejam em discussão assuntos de interesse geral dos trabalhadores."

E, de acordo com o mesmo autor, instauração ou instaurar, como consta da letra da lei, origina-se de *instauratio*, em sentido jurídico mais precisamente a "instauração de processo," que significa "o ato pelo qual se procede, se constitui, se instala, se forma ou se promove o início do processo (...)".

A doutrina aponta o vocábulo "suscitação" para denominar a sua proposição, palavra cuja origem vem do latim *suscitare,* que significa "fazer nascer, promover, provocar", decorrendo dessa expressão as denominações das partes: o suscitante e o suscitado (SANTOS, 2012, p. 339).

Essas são usualmente as terminologias atribuídas pelos Tribunais às partes que figuram nos polos ativo e passivo do dissídio coletivo, como demonstrado nas ementas anteriormente citadas. A expressão "ajuizar o dissídio coletivo" também foi incluída no § 2º do art. 114 da Carta Magna.

Como processo peculiar que é, na esfera laboral, ao ser instaurado, exige-se o cumprimento de alguns requisitos que, acentue-se, são exclusivos no caso em tela e ensejam a sua admissibilidade. É necessário, pois, o cumprimento das condições estabelecidas pela lei, como a possibilidade jurídica do pedido, e a legitimidade das partes e o interesse processual, sob pena de extinção do processo sem resolução de mérito (art. 267, VI do CPC).

As pretensões formuladas em sede de dissídio coletivo de natureza econômica regularmente visam instituir normas e condições de trabalho que proporcionem melhorias aos trabalhadores envolvidos no conflito, obedecendo-se para tanto aos limites mínimos estabelecidos em lei, em atendimento ao § 2º do art. 114 da CF. Ocorre que, segundo Martins Filho (1994, p. 122-135),

> no processo coletivo, a possibilidade jurídica do pedido não pode estar ligada à existência de previsão legal da pretensão do autor, materializada num direito subjetivo ao bem em disputa, já que os dissídios coletivos é que criam o direito subjetivo, instituindo norma jurídica nova, para disciplinar as relações laborais entre as partes em conflito.

Relativamente ao interesse processual, considerando a finalidade do dissídio coletivo, como já registrado, Melo (2011, p. 122) argumenta, em síntese, que no tipo de ação em estudo está a necessidade de se fixarem novas normas para reger a relação laboral entre os empregados e seus empregadores (participantes da lide), bem como o exaurimento prévio das negociações ou a impossibilidade de as partes se valerem da arbitragem.

Nota-se que o dissídio coletivo apresenta especificidades que não ocorrem nas ações trabalhistas individuais. No entanto, no que se refere às condições da ação, estas são exigidas para os demais dissídios e são essenciais para que o Estado-Juiz possa prestar a tutela pretendida, pois a inobservância de quaisquer das condições analisadas resulta na extinção do processo, sem resolução de mérito.

Poder-se-ia afirmar que as partes, ao se valerem do Judiciário trabalhista, o fazem ante a impossibilidade de um resultado prévio pacífico e por isso buscam uma solução judicial, razão pela qual, para que se tenha uma Justiça operosa e efetiva, é fundamental, no decorrer da demanda, o cumprimento dos ditames da legislação, especialmente a disposição contida no inciso VI do art. 267 do Código de Processo Civil.

Importante é lembrar que, para o ajuizamento do dissídio coletivo, é necessário observar-se o prazo de sessenta dias antes do termo final do instrumento coletivo em vigor (sentença normativa, ACT, CCT, conforme determina o § 3º do art. 616 da CLT). Caso a ação seja instaurada antes, o descumprimento desse preceito ensejará a extinção do feito sem resolução de mérito, considerando-se a existência de instrumento ainda em vigor.

Todavia, a lei prescreve exceção. Tratando-se de dissídio coletivo de revisão, é possível o seu ajuizamento antes do prazo supramencionado, uma vez que o objeto dessa modalidade de ação é a revisão das condições de trabalho que estão regulamentadas por normatização coletiva em vigor.

Nesse sentido, adverte Santos (2012, p. 337) que o dissídio coletivo ajuizado antes do prazo citado só é cabível em casos de aplicação de "cláusulas *rebus sic stantibus e exceptio non adimpleti contractus*"[49].

---

(49) Teoria da imprevisão: "A aplicação da cláusula *rebus sic stantibus* às decisões judiciais encontra ressonância em qualquer decisão que delibera sobre a relação jurídica continuativa e tem fundamento no art. 471 do CPC — Inciso I:

De igual forma, no que concerne ao dissídio coletivo de greve, decorrente de descumprimento de instrumento coletivo em vigor, abre-se espaço para o seu ajuizamento (art. 14 da Lei n. 7.783/1989) quando da vigência de determinada norma coletiva.

4.5. Petição inicial (representação)

O dissídio coletivo não tem normas próprias que amparem todas as suas especificidades, mas apenas alguns dispositivos de caráter instrumental inseridos na CLT. Contudo, eles não são suficientes para orientar as fases que tal modalidade tão peculiar de demanda judicial requer. Assim, diante das lacunas constatadas na legislação processual trabalhista, verifica-se que os preceitos do Código de Processo Civil (CPC) são ao caso aplicáveis, em consonância com a disposição do art. 769 da CLT[50].

Esse entendimento é reforçado por Martins Filho (2009, p. 81), para quem o processo coletivo aproveita a estrutura teórica do direito de ação, desenvolvida no Código de Processo Civil (CPC), tornando assim fonte subsidiária desse processo laboral. O referido autor sustenta que, do ponto de vista de resultado, o que as difere, na realidade, é que a ação civil visa à aplicação da lei num caso concreto, ao passo que a ação coletiva trabalhista gera a elaboração de norma jurídica aplicada às partes em conflito.

Para a instauração da ação coletiva, assim como no dissídio individual, a petição exordial leva ao Estado-Juiz os fatos constitutivos do direito, os fundamentos jurídicos e o pedido. Dessa maneira, quando não há harmonia entre os litigantes, eles têm a faculdade de recorrer à intervenção estatal para a elucidação do impasse.

A norma celetista estabelece em seus arts. 856 a 859 as regras que necessariamente deverão ser obedecidas no ato do ajuizamento da lide. Lembre-se de que, para que a representação seja legítima, ela deverá estar em conformidade com os requisitos preconizados nos arts. 282 e 283 do CPC, observando-se, naturalmente, os dispositivos especificamente aplicáveis a essa espécie de ação.

Everardo Gaspar Lopes de Andrade (1993, p. 84) reafirma essa posição, quando diz da importância da "aplicação subsidiária do art. 282 do Código de Processo Civil, no tocante à causa de pedir, para incluir ainda os fatos e os fundamentos jurídicos do pedido".

No ajuizamento da demanda, no caso de ação coletiva, nota-se que inexiste o instituto do *ius postulandi*[51], pois o dissídio coletivo não pode ser requerido verbalmente, diferente do que ocorre na reclamação trabalhista. De acordo com o art. 856 da CLT, a petição inicial, forçosamente, deverá ser feita por escrito, protocolada e dirigida ao Presidente do Tribunal.

Assim, a inicial deverá ser instruída com a pauta de reivindicações, justificadas e fundamentadas resumidamente, cláusula por cláusula, esclarecendo-se o motivo que ensejou o conflito e indicadas as entidades suscitantes e suscitadas, respectivamente. A qualificação e a natureza do estabelecimento ou do serviço necessitam ser apontadas na petição inicial (art. 878 da CLT). Também é essencial que seja explicitada a base territorial de representação dos entes sindicais e das categorias profissionais e econômicas partícipes na ação, bem como a comprovação do mútuo consentimento para a instauração da ação pelas partes envolvidas no conflito. Da mesma forma, anexar-se-á a cópia

---

Nenhum Juiz decidirá novamente as questões já decididas, relativas à mesma lide, salvo: I — se, tratando-se de relação jurídica continuativa, sobreveio modificação no estado de fato ou de direito, caso em que poderá a parte pedir a revisão do que foi estatuído na sentença". (SANTOS, 2012, p. 327).

(50) CLT — Art. 769: "Nos casos omissos, o direito processual comum será fonte subsidiária do direito processual do trabalho, exceto naquilo em que for incompatível com as normas deste Título".

(51) Art. 791 da CLT — "Os empregados e os empregadores poderão reclamar pessoalmente perante a Justiça do Trabalho e acompanhar as suas reclamações até o final". *Ius postulandi*: "Regra no processo civil é a de que, em juízo, as partes não podem requerer pessoalmente os seus direitos, devendo fazê-lo por intermédio de seu advogado." (CARRION, 2012, p. 689).

do edital de convocação para realização da assembleia, ressaltando-se que tal publicação deverá ocorrer em todos os municípios que compõem a base territorial dos sindicatos partícipes e também seus estatutos, em atendimento a OJ n. 28 da SDC, do Colendo TST.

A norma constitucional estabelece que é imprescindível o esgotamento das tentativas prévias de negociação entre as partes envolvidas na contenda (art. 114 CF e § 4º do art. 616 da CLT). Tal exigência é confirmada pelos Tribunais Regionais e pelo Tribunal Superior do Trabalho, que conhecem do dissídio coletivo somente quando demonstrada nos autos a tentativa de autocomposição. Portanto, só cabe suscitar essa espécie de ação após exauridas todas as possibilidades de solução do conflito entre as categorias — partes interessadas que figuram no litígio.

A respeito do mútuo acordo[52], vale uma explanação sobre a sua exigibilidade para que se ajuize o dissídio coletivo de natureza econômica. Essa condição foi criada com a EC n. 45/2004, de acordo com o art. 114 em seu § 2º da CF.

A esse dispositivo foi dada uma redação especialmente inovadora, ao fazer constar nele o termo "comum acordo". Em relação a essa particularidade, Lima Santos (2012, p. 336) afirma que

> além da exigência do comum acordo, na forma delineada pelo TST, que admite a sua mitigação como pressuposto processual, para dispensar a necessidade de petição conjunta e exigir que a recusa seja efetuada, justificada e expressa pela parte contrária, durante a fase de negociação (...) sob pena de configuração de concordância tácita, o dissídio coletivo está sujeito ao preenchimento das condições da ação e dos pressupostos aplicáveis a qualquer ação de conhecimento (...)

Nota-se que tal entendimento flexibiliza a exigência do mútuo consentimento, ao considerar que a recusa deverá ser textualmente expressa na fase de negociação, caso contrário se caracterizará a concordância tácita.

Não há unanimidade doutrinária nem jurisprudencial sobre esse tema. Essa questão tem comportado interpretações diversas. Ainda pairam dúvidas sobre a sua obrigatoriedade ou não e a respeito da sua natureza, ou seja, trata-se de uma condição de ação ou de um pressuposto processual, consoante às argumentações de Martins (2008, p. 653).

Já Alice Monteiro de Barros (2009, p. 1280) argumenta a favor da tese de que o ajuizamento do dissídio coletivo econômico depende da comunhão de interesse das partes envolvidas, fundamentada, justamente, pela imposição, do § 2º do art. 114 da Constituição, do devido termo "comum acordo" como pressuposto de admissibilidade da ação.

Sobre a necessidade de a petição inicial apresentar os pleitos em forma de cláusulas, a Seção de Dissídios Coletivos do TST cristalizou entendimento por meio da OJ n. 32, ao dispor:

> REIVINDICAÇÕES DA CATEGORIA. FUNDAMENTAÇÃO DAS CLÁUSULAS. NECESSIDADE. APLICAÇÃO DO PRECEDENTE NORMATIVO N. 37 DO TST. É pressuposto indispensável à constituição válida e regular da ação coletiva a apresentação em forma clausulada e fundamentada das reivindicações da categoria, conforme orientação do item VI, letra "e", da Instrução Normativa n. 4/93. (Inserida em 19.8.1998).

Os pedidos são formulados seguindo as orientações do verbete jurisprudencial citado, mas, geralmente, uma cláusula não está vinculada à outra. É possível que na fase de negociação haja composição em relação a algumas pretensões e, quanto a estas, constarão da pauta reivindicatória a informação de que houve ajustes.

Assim, relativamente aos pedidos cuja negociação tenha sido exitosa, o Tribunal confirmará o seu deferimento com fundamento na concordância havida entre as partes, e, assim, só serão objeto de análise e julgamento aquelas reivindicações em que o impasse persistiu.

A prática forense revela que os pleitos de cunho econômico, a exemplo dos concernentes a reajustes e pisos salariais, participação nos lucros e resultados, fornecimento e valor do vale-alimentação, geralmente não são transacionados. Entre essas postulações, vale salientar que o percentual deferido no tocante ao reajuste salarial gerará reflexos nas demais cláusulas que têm a mesma natureza.

---

(52) Sobre o "comum acordo" previsto no § 2º do art. 114 da CF/88, verificar o item 5.4 do quinto capítulo da presente obra.

Junto à inicial deverão ser apresentadas, ainda, cópias de sentença normativa, de acordo ou de convenção coletiva de trabalhos anteriores. Esses instrumentos coletivos auxiliam a análise, pelo Tribunal, das pretensões formuladas, ressalvando-se que os pedidos, naturalmente, podem não ser deferidos como requeridos, assim como poderão ser indeferidos ou ainda deferidos parcialmente com adequação aos precedentes normativos[53] do TST.

Cumpre salientar que a comprovação de autorização pela assembleia geral para a proposição da ação pelo sindicato, com estrita observância do quórum estabelecido pelo art. 859 da CLT, é fundamental, considerando que a entidade sindical só terá legitimidade para ingressar com o dissídio coletivo, se ela for autorizada pela categoria em assembleia geral convocada para esse fim, como já visto.

É necessário, ainda, demonstrar a presença dos associados que participaram da assembleia deliberativa. Nesse caso, em geral são colhidas assinaturas em livros destinados a essa finalidade. Tais requisitos são apresentados juntamente com a petição inicial; é o momento oportuno da já mencionada comprovação.

Algumas formalidades que foram analisadas neste item são aplicáveis apenas à ação dissidial de natureza econômica, pois, tratando-se da revisional, o instrumento coletivo cuja cópia será apresentada será aquele que está em vigor, considerando que tal exigência é pertinente à própria natureza dessa espécie de dissídio.

No que tange a ação coletiva de natureza jurídica, a inicial deverá ser instruída com a cópia do edital de convocação (art. 859 CLT) e da ata da assembleia realizada; com o instrumento de mandato e a cópia da lei, ACT, CCT ou sentença normativa que será objeto de interpretação (ANDRADE, 1993, p. 95). Percebe-se que, para esse tipo de dissídio, no que se refere à autorização para propor ação, não há o mesmo rigor e formalismo dos prescritos para aqueles de natureza econômica e para o originário.

Quando se tratar de dissídio coletivo de greve, além da comprovação do cumprimento das condições impostas pela Lei n. 7.783/89, analisada no capítulo anterior[54], a petição inicial deverá conter uma narrativa dos motivos do conflito ou da greve (art. 858, alínea "b" da CLT).

Nesse caso, se a instauração da ação dissidial se der por iniciativa do Ministério Público do Trabalho, a petição autoral deverá ter forma de simples requerimento, acompanhada da comprovação do movimento paredista, e do pedido que, frequentemente, é pela sua cessação.

Se o dissídio for ajuizado pela categoria econômica, na ocorrência de continuidade do movimento, o órgão patronal, além de invocar o fim da greve, habitualmente requer a declaração de sua abusividade e que seja descontado dos salários dos empregados que interromperem a prestação de serviço o valor correspondente ao período de paralisação das atividades laborais.

A partir daí, uma vez suscitado o dissídio coletivo diretamente no Tribunal do Trabalho, a petição inicial será submetida à apreciação de seu Presidente ou de magistrado por ele designado.

Na eventualidade de se constatar irregularidade passível de retificação, será dado à parte o prazo de dez dias, na forma estabelecida pelo art. 284 do CPC, para o saneamento necessário.

Atendidas as formalidades e admitido o processamento do dissídio coletivo, o magistrado irá deliberar sobre a instrução processual. Antes, porém, ordenará a realização de audiência de conciliação[55], determinando para tal o prazo de dez dias, após devida citação das partes, na forma estabelecida pelo art. 860 da CLT.

---

(53) Precedente normativo (PN): Trata-se de temas recorrentes e debatidos, cuja adoção é uniforme em julgamentos distintos. O objetivo é uniformizar as decisões proferidas em dissídios coletivos. (CARRION, 2012, p. 940).
(54) Sobre a análise da Lei n. 7.783/89 — Lei de Greve, verificar o item 3.3 no terceiro capítulo desta obra.
(55) Sobre audiência de conciliação verificar item 4.7 do capítulo desta obra.

Tratando-se de dissídio coletivo de greve, pela própria natureza da ação, o tal prazo é reduzido[56] em razão da urgência, especialmente se o movimento paredista se der em atividade essencial à sociedade, como no setor de transportes urbanos. A citação é realizada via oficial de Justiça, um meio seguro e rápido de dar às partes ciência da data da audiência de conciliação.

A presença de ambas as categorias é fundamental para uma possível composição, mas a ausência de qualquer uma delas não implica revelia, como se verá oportunamente.

Percebe-se que o aludido dispositivo celetista dispõe sobre a "audiência de conciliação" a ser designada pelo Presidente do Tribunal. Sendo assim, é presumível que, muito embora o dissídio já tenha sido ajuizado, subsiste a probabilidade de conciliação entre os envolvidos na lide, que será tentada como um primeiro passo, antes de se submeter o conflito a julgamento pelo Judiciário trabalhista.

4.6. Resposta do réu (suscitado)

O direito do contraditório e da ampla defesa é assegurado a todos, indistintamente, em qualquer processo, conforme estabelece o inciso LV do art. 5º da CF que assim dispõe:

> Todos são iguais perante a lei, sem distinção de qualquer natureza, garantindo-se aos brasileiros e aos estrangeiros residentes no País a inviolabilidade do direito à vida, à liberdade, à igualdade, à segurança e à propriedade, nos seguintes termos: (...) LV — aos litigantes, em processo judicial ou administrativo, e aos acusados em geral são assegurados o contraditório e ampla defesa, com os meios e recursos a ela inerentes.

Ao ser intimado à realização da audiência de conciliação, o suscitado apresentará a sua resposta, com os diferenciais atinentes às singularidades da ação coletiva, que se analisará a seguir.

4.6.1. Contestação

Inexistem na legislação celetista dispositivos específicos normatizando a contestação no dissídio coletivo. Como consequência, "o procedimento da ação coletiva é de total flexibilidade, em virtude de ausência de normas formais", afirma Carrion (2012, p. 824).

Essa transigência permite aos Tribunais a adoção de práticas similares às da instrução de dissídios individuais de competência das Varas do Trabalho, levando-se em conta, sobretudo, o contraditório e a ampla defesa. Afinal, a participação das partes é especialmente importante devido ao fato de que serão elas a suportar os efeitos da decisão judicial. Eis uma boa razão para os Tribunais, por meio de seus Regimentos Internos, consignarem a contestação nesse tipo de ação.

O Regime Interno do Tribunal Regional do Trabalho da 3ª Região, por exemplo, preconiza em seu art. 157, *in verbis*: "Na própria audiência de conciliação e instrução, não havendo acordo, os interessados apresentarão sua defesa, se de outra forma não tiver sido estipulado pelo Magistrado instrutor".

Nota-se que tais disposições regimentais abrem oportunidades às partes para se manifestarem por meio da defesa, considerando a omissão da CLT quanto a essa questão.

Usualmente ela é apresentada em audiência posterior, designada pelo magistrado instrutor, ocasião em que a parte apresenta proposta de conciliação por escrito.

Inexistindo consenso entre os litigantes, naturalmente o demandado, ao resistir às pretensões formuladas na petição inicial e ao se opor ao mérito propriamente, tem a faculdade de apresentar

---

(56) RITST: "art. 221. Para julgamento, o processo será incluído em pauta preferencial, se for caso de urgência, sobretudo na ocorrência ou iminência de paralisação do trabalho. Parágrafo único. Na hipótese de greve em serviços ou atividades essenciais, poderá o Presidente do Tribunal, justificando a urgência, dispensar a inclusão do processo em pauta, convocar sessão para julgamento do dissídio coletivo, notificando as partes, por meio de seus patronos, e cientificando o Ministério Público, tudo com antecedência de, pelo menos, doze horas."

preliminares visando à extinção do processo, sem resolução de mérito, tais como a ausência do comum acordo, a ilegitimidade ativa *ad causam* e falta de interesse processual (§ 2º do art. 114 da CF e incisos IV e VI do art. 267 do CPC).

Em seguida, o demandado contrapõe-se à concessão dos pedidos formulados cláusula a cláusula, fundamentando as razões pelas quais os pleitos devem ser indeferidos.

Como bem observa Melo (2011, p. 128), tratando-se de dissídio coletivo ajuizado por uma categoria profissional, a contestação limita-se a justificar as postulações que resultaram no conflito levado a juízo. Se for promovido pela categoria patronal ou empresa(s), individualmente considerada(s), em geral as alegações na contestação referem-se às razões da inviabilidade de atender às reivindicações feitas pelos trabalhadores a apresentação de propostas possíveis a serem cumpridas para finalizar o conflito.

Em caso de dissídio coletivo de greve, prossegue o citado autor, a matéria de defesa são os motivos que ensejaram o conflito, além da contestação dos argumentos do suscitante pertinentes à abusividade do movimento paredista (MELO, 2011).

4.6.2. RECONVENÇÃO

A reconvenção é uma ação judicial proposta pelo réu em sua defesa, contra o autor, no mesmo processo e juízo em que é demandado. Assim, se ele entender ter motivos para acusar o demandante, passa também a demandar. Dessa forma, no prazo que lhe é concedido para apresentar a sua defesa poderá, se assim o desejar, reconvir.

Esse é um instituto de direito processual instituído no art. 315 do CPC, o qual não é previsto pela legislação referente a dissídios coletivos. Contudo, dado o caráter singular dessa espécie de ação, formaram-se vertentes doutrinárias sobre o cabimento ou não desse instituto nessa ação coletiva.

A primeira corrente, à qual se filia Martins Filho (2009, p. 142), sustenta que essa figura processual é plenamente compatível com o "Processo Coletivo do Trabalho, tendo em vista que, por se tratar de Juízo de Equidade instituidor de norma jurídica, também o suscitado poderá ter interesse na fixação de novas condições de trabalho". Afirma o citado autor que o Colendo TST tem admitido a reconvenção em sede de dissídio coletivo.

Converge, nesse sentido, Andrade (1993, p. 122), ao admitir que a reconvenção poderá ser simultânea à defesa. Sustenta o mencionado autor que, no caso de a defesa ser oral, é possível que a reconvenção também o seja, muito embora não haja óbice de que seja apresentada por escrito, desobrigando assim o suscitado de entregar novas peças processuais para tal.

Percebe-se que os argumentos apresentados pela primeira corrente são pela possibilidade de reconvenção em sede de dissídio coletivo, com aplicação subsidiária do CPC. Assim, o suscitado (réu), ao contestar os pedidos formulados pelo suscitante (autor), propõe a reconvenção, apresentando as suas reivindicações para que sejam analisadas pelo Tribunal juntamente com as da categoria que instaurou a demanda.

Por sua vez, a segunda corrente doutrinária pondera ser incabível tal instituto em dissídio coletivo. É nesse sentido o entendimento de Lima Santos (2012, p. 342), ao defender que essa modalidade de ação não comporta reconvenção, em razão do seu caráter de ação dúplice, pois nessa espécie de demanda o suscitado, ao defender-se, apresenta proposta de conciliação e, na mesma peça, contrapõe os pedidos formulados pelo suscitante na petição inicial, sendo, portanto, desnecessário propor ação incidental com essa finalidade.

Coaduna com essa linha, Melo (2011, p. 129), justificando que, não obstante o suscitado tenha a faculdade de apresentar sua pauta de reivindicações, isso não quer dizer que estas devam ser admitidas como se reconvenção fossem.

Constata-se que não existe consenso doutrinário em relação à viabilidade de o suscitante reconvir nesse tipo de ação.

Todavia, levando-se em conta o princípio da economia[57], é possível admitir a reconvenção em dissídio coletivo de greve.

A representação econômica instaura essa espécie de ação, apenas para requerer a declaração de abusividade do movimento, retorno dos grevistas aos seus postos de trabalho, quando o movimento perdura; nesse último, se for o caso, a ordem é emanada diretamente pelo magistrado que está instruindo o processo e, eventualmente, o desconto nos salários dos empregados referente aos dias não trabalhados, como consignado anteriormente. Analisando-se sob esse ângulo, poder-se-ia considerar que, se o motivo do conflito foi exatamente a resistência do setor econômico a aceitar as pretensões de seus empregados, então, no momento em que a classe profissional for citada para comparecer à audiência de instrução, além de fazer a sua defesa pertinente à abusividade ou não do movimento paredista, é plenamente plausível que apresente o rol das cláusulas que deram origem ao conflito em questão.

Decorre daí, portanto, a oportunidade de o suscitado, no ato da sua defesa, ofertar simultaneamente a reconvenção, justificando juridicamente em sua perspectiva as razões para tal. Sendo assim, em caso de impossibilidade de conciliação, ele poderá mostrar, de forma igualmente fundamentada, seu rol de postulações. Dessa maneira, o Tribunal, no momento em que for julgar o dissídio de greve, deliberará também sobre as pretensões dos trabalhadores.

Essa posição é apontada por Martins Filho (2009, p. 76), ao atribuir aos dissídios coletivos de greve também a natureza mista, porquanto o sindicato suscitado, ao ofertar sua pauta de reivindicações, objeto do dissenso que originou o movimento paredista, caracterizaria uma verdadeira reconvenção, embora assuma feitio de dissídio de natureza econômica.

Vislumbra-se, portanto, nesse caso, que a adoção da reconvenção resultaria em economia processual, celeridade e efetividade na prestação jurisdicional. Dessa maneira, apoia-se a primeira vertente, que reconhece e considera totalmente aplicável a reconvenção no ato da apresentação da defesa pela categoria que figura no polo passivo dessa modalidade de ação coletiva.

4.6.3. Oposição

Como consignado anteriormente, a CLT disciplinou, embora, superficialmente, os dissídios coletivos em capítulo próprio, com disposições procedimentais e processuais específicas, sem, todavia, definir textualmente a oposição. No entanto, como também já foi observado no presente estudo, nem sempre a legislação laboral abrange todos os institutos, e é nesse cenário que se busca a aplicação subsidiária de outras normas pertinentes.

Assim, extrai-se do art. 56 do CPC o conceito desse instituto quando diz que "quem pretender, no todo ou em parte, a coisa ou o direito sobre que controvertem autor e réu, poderá, até ser proferida a sentença, oferecer oposição contra ambos".

Compreende-se, nesse caso, a situação de um terceiro que porventura passe a fazer parte de uma ação já em andamento, postulando total ou parcialmente a coisa ou direito que o autor e o réu discutem. Estes passam a figurar como réus na ação em que o oponente — terceiro — é o autor, e, no caso de ser julgada procedente tal ação, o titular do direito discutido na ação originária passa a ser o então oponente (GRECO FILHO, 1989, p. 141).

---

(57) Princípio da economia: "(...) o qual preconiza o máximo de resultado na atuação do direito com o mínimo de emprego possível de atividades processuais. Típica aplicação desse princípio encontra-se em institutos como a reunião de processos em casos de conexidade ou continência (CPC, art. 10), a própria reconvenção, ação declaratória incidente, litisconsorte etc". (CINTRA; GRINOVER; DINAMARCO, 2013, p. 82).

Há quem sustente que oposição é cabível em dissídio coletivo, pois o Judiciário trabalhista "é competente para decidir a relação entre terceiro e quem é parte no processo", como nas hipóteses de disputa pertinente à base territorial (inciso III do art. 114 CF), tese abraçada por Martins Filho (2008, p. 665).

No entanto, Lima Santos (2012, p. 343) argumenta que a EC n. 45/2004, ao ampliar a competência da Justiça do Trabalho para o julgamento das ações que versam sobre a representação sindical, tal como posto no inciso III do art. 114 da CF/88, não enquadrou essa matéria entre os objetivos principais da figura da oposição.

O referido autor vai além, ao sustentar, ainda, que, nas causas em que o sindicato figurar como oponente, este não age com o objetivo de avocar coisa ou direito sobre os quais controvertem os suscitantes, mas aspira ao reconhecimento de sua legitimação *ad causam* como devido representante da categoria. Portanto, a oposição não se presta à legitimação para agir, uma vez que não constitui meio processual adequado para a discussão da representação sindical.

Decidiu a 8ª Turma do Tribunal Regional do Trabalho da 3ª Região, ao admitir e reavaliar a matéria, objeto do recurso ordinário interposto da sentença prolatada em 1º grau de jurisdição — 40ª Vara do Trabalho de Belo Horizonte — que julgou improcedente a oposição interposta:

> EMENTA: REPRESENTAÇÃO SINDICAL. ESPECIFICIDADE. DESMEMBRAMENTO DA CATEGORIA. É perfeitamente possível o desmembramento de uma categoria mais ampla (outrora representada pela Federação Opoente) para a criação de uma entidade sindical mais específica. Neste sentido, admite-se a fundação de um Sindicato (no caso, o Autor) para representar de forma mais efetiva determinado grupo de trabalhadores, em razão da similitude de suas condições laborais. Tratando-se a Ré de empresa cuja atividade econômica é a gestão florestal, é certo que a categoria dos empregados das "Empresas Interpostas e/ou Empreiteiras que Prestam Serviços nas Atividades Extrativas, de Carvoejamento e de Reflorestamento, Atividades de Silvicultura, em Suas Diversas Formas e/ou que Atuam na Produção de Mudas, Plantio, Cultivo, Tratamento, Manutenção e Manejo de Florestas de Eucalipto, Pinho e Pinus", representada pela entidade sindical Reclamante, possui maior especificidade que a dos empregados rurais, representada pela Opoente. Nestes termos, dada a peculiaridade da atividade, conclui-se que, a partir da criação da entidade sindical Autora, os trabalhadores do ramo da gestão florestal terão uma representatividade mais específica e efetiva, não se vislumbrando qualquer violação ao princípio da unicidade sindical. (Processo 01121-76.2010.5.03.0140 RO — Relator: Desembargador Fernando Antônio Viegas Peixoto. Publicação: DEJT: 7.8.2012).

Dessa forma, apesar do entendimento da vertente a favor do cabimento da oposição no dissídio coletivo para decidir matéria pertinente à representação sindical, os Tribunais reconhecem a viabilidade de discussão da matéria, porém atribuindo a competência às Varas do Trabalho. E isso após a EC n. 45/2004, já que antes a competência para solucionar tal matéria era da Justiça Comum. E, como bem diz Rodolfo Pamplona Filho (2007, p. 113), melhor que sejam "(...) submetidos à Justiça do Trabalho, órgão mais afeto à aplicação da legislação sindical do que à justiça estadual".

Assim, é razoável concluir pela inaplicabilidade da oposição, como meio de defesa de terceiros interessados, no Judiciário trabalhista em processos de competência originária de segundo grau de jurisdição, especialmente quando se tratar de dissídio coletivo.

4.6.4. REVELIA

Configura-se revelia[58] sempre que o demandado (réu) não apresentar defesa na ação contra ele proposta. Sendo assim, os fatos narrados pelo demandante (autor) serão considerados verdadeiros (art. 319 do CPC). Essa regra civilista foi encampada na esfera processual trabalhista, mas é aplicável apenas em dissídios individuais, na forma estabelecida pelo art. 844 da CLT.

Afirma Martins Filho (2009, p. 139) que "o Processo Coletivo não comporta a figura da revelia", pois, nesse tipo de demanda, a controvérsia existente não se pauta em norma preexistente, mas sim

---

(58) Revelia: "Se o réu não contestar a ação, reputar-se-ão verdadeiros os fatos afirmados pelo autor", na forma estabelecida pelo art. 319, do CPC.

na "elaboração originária da norma jurídica", e não a fatos relativos à violação de uma regra existente, mas a mudanças gerais pertinentes à prestação laboral de um determinado setor econômico.

Para Lima Santos (2012, p. 346), o art. 864 da CLT, ao estabelecer que, "não havendo acordo, ou não comparecendo ambas as partes ou uma delas, o Presidente submeterá o processo a julgamento, depois de realizadas as diligências que entender necessárias e ouvida a Procuradoria", demonstra que o legislador, ao disciplinar os dissídios coletivos, não recepcionou o instituto da revelia, porquanto sua aplicação só gera efeitos em relação à ausência da parte adversa na reclamatória trabalhista individual na forma da norma celetista em seu art. 844.

4.7. Audiência de Conciliação

Recebida a petição inicial do dissídio coletivo, após o juízo de sua admissibilidade, o primeiro procedimento consiste na realização de audiência de conciliação e, posteriormente, de instrução. Conforme art. 862 da CLT, daquela audiência participam os representantes das entidades profissional, patronal e do Ministério Público do Trabalho, e ela é dirigida pelo Presidente do Tribunal ou magistrado por ele designado[59]. Tratando-se de ajuizamento da ação perante ao Colendo TST, tal competência é atribuída ao Vice-Presidente da Corte laboral, em consonância com o estabelecido no art. 36 do RITST, nos seguintes termos: "Compete ao Vice-Presidente: (...) "VI — designar e presidir audiências de conciliação e instrução de dissídio coletivo de competência originária do tribunal".

Vale realçar que, embora os dissídios coletivos sejam ações de competência originária dos Tribunais Regionais e do Tribunal Superior do Trabalho, os juízes das Varas do Trabalho, por delegação do Presidente do Tribunal competente, poderão atuar na conciliação e/ou na instrução do processo. Isso se verifica nos casos em que o conflito ocorre fora da Região sede do Tribunal, em conformidade com o art. 866 da CLT. Após a realização do procedimento, o Juiz da Vara do Trabalho determina o retorno do feito à origem, para que se apreciem as provas colhidas e para posterior julgamento da demanda.

Como se expôs anteriormente, a tentativa de composição é continuamente estimulada pelo judiciário trabalhista. Dessa forma, o não comparecimento de qualquer uma das partes à audiência de conciliação prejudicará a possibilidade de celebração de eventual acordo.

Nesse caso, o Tribunal, necessariamente, julgará o processo, apreciando e decidindo as questões preliminares e o mérito da ação, sem que se configure revelia, como visto no tópico anterior.

De qualquer forma, antes da instrução, há a tentativa de entendimento, em audiência específica para tal, como estabelece o art. 860 da norma celetista.

Para Márcio Ribeiro do Valle (2003, p. 335), "não há como se duvidar da importância do ajuste coletivo para uma melhor harmonização entre o capital e o trabalho e mesmo o alcance da paz social, por meio de melhores condições de vida para o trabalhador e maior produtividade para a empresa".

A conciliação remonta à época das Ordenações do Reino e era considerada procedimento processual indispensável, como ensina Batalha (1985, p. 483).

A exemplo, pode-se citar a obra Ordenações Fillipinas (ALMEIDA, 1966, p. 83-84), que, em seu Título XX da "Ordem do Juízo nos Feitos Cíveis", dispõe que "três pessoas são por Direito necessárias em qualquer Juízo: Juiz que julgue, autor que demande e réu que se defenda". Batalha cita o inteiro teor do § 1º, do referido título XX da mesma obra, *in verbis*:

> E no começo da demanda dirá o juiz a ambas as partes, que antes que façam despesas, e sigam entre elas ódios e dissenções, se *devem concordar*, e não gastar suas fazendas por seguirem suas vontades, porque o vencimento

---

[59] Sobre a possibilidade de designação de magistrado para conduzir a instrução de dissídios coletivos, cite-se a Portaria n. 1 de 2.1.2014 (PRT 1/2014) do TRT da 3ª Região que delega tal competência ao 1º Vice-Presidente do mencionando Regional, em conformidade com o art. 1º incisos II ao VII.

da causa sempre é duvidoso. E isto, que dizemos, de reduzirem as partes a concórdia não é de necessidade, mas somente de honestidade nos casos, em que o bem puderem fazer. (BATALHA, 1985, p. 483). (Grifo nosso)

Depreende-se do dispositivo em questão que, naquele período histórico, o consenso entre as partes era judicialmente obrigatório, visando ao fim do litígio e a evitar discórdias futuras provenientes da mesma demanda.

Em uma sinopse sobre a evolução da conciliação, Batalha (1985, p. 483) cita, na ordem jurídica brasileira, especialmente, a sua constitucionalização na Carta de 1824, que dispunha em seu art. 161: "Sem se fazer constar que se tem intentado o meio de reconciliação, não se começará processo algum".

Conceituada como pré-requisito para promover uma ação, ela foi recepcionada pela legislação civilista, e perdurou por longo tempo até a sua derrogação pelo Decreto de n. 359, de 26 de abril de 1890, que suprimiu essa obrigatoriedade por supor que isso era contrário à liberdade e aos interesses garantidos individualmente à época (BATALHA, 1985, p. 483). Esclarece o mesmo autor que, não obstante tal forma de entendimento tenha sido banida da legislação, o Código Civil de 1939, apesar de não a reconhecer como obrigatória em seus dispositivos, permitia que as partes se conciliassem, independentemente da interferência estatal. O aludido autor traz à baila, ainda, entendimentos doutrinários daquela época, citando René Japiot, para quem tal exigência retardava o andamento processual, além de as partes não acreditarem seriamente na adoção de acordos. Carnelutti, por sua vez, entendia o ajuste entre as partes como uma maneira de obstinação inconveniente do magistrado, que se mostrava mais preocupado em pôr fim ao processo do que em realmente promover a paz social (BATALHA, 1985).

Não tardou para que a conciliação fosse novamente admitida, como está consignado na Seção II, "Da Conciliação"[60], no parágrafo único do art. 447 e nos arts. 448 e 449 do CPC.

No processo do trabalho, ela foi recepcionada pela Consolidação das Leis Trabalhistas em seu art. 764, e suas regras norteadoras tanto na esfera de dissídios individuais quanto na dos coletivos estão estabelecidas nos §§ 1º ao 3º do citado artigo. Tornou-se obrigatória na fase de instrução processual, pelo menos em dois momentos distintos: após a apresentação da defesa e antes do julgamento, de acordo com o disposto nos arts. 846 e 847 da CLT.

Ademais, é aceitável que as partes, de própria vontade, celebrem acordo mesmo após a fase de instrução ou de prolatada a sentença. Os preceitos celetistas a reconhecem, não como uma faculdade, mas sim como um dever, do qual o magistrado deve se valer continuamente.

A propósito, Alfredo Ruprecht (1979, p. 200) esclarece que a conciliação é, implicitamente, um "procedimento que as partes efetuam para chegar à solução, mas nunca pode ser obrigatoriamente imposta, pois seria contra sua própria essência, que é concessão recíproca e voluntária que as partes se fazem".

O legislador infraconstitucional privilegiou a autonomia da vontade das partes que, após ser materializada sob a forma de acordo, revestiu-a das garantias jurídicas, pois, uma vez homologado o pacto, este se torna decisão irrecorrível, exceto para a Previdência Social, na forma preconizada pelo parágrafo único do art. 831 da CLT.

Mas essa regra não é absoluta, visto que comporta exceções, considerando-se a possibilidade de interposição de ação rescisória para desconstituir ajustes celebrados em conformidade com o inciso VIII do art. 485 do CPC.

---

(60) CPC: "Art. 447 — Parágrafo único. Em causas relativas à família, terá lugar igualmente a conciliação, nos casos e para os fins em que a lei consente a transação. art. 448. Antes de iniciar a instrução, o juiz tentará conciliar as partes. Chegando a acordo, o juiz mandará tomá-lo por termo. art. 449. O termo de conciliação, assinado pelas partes e homologado pelo juiz, terá valor de sentença."

Em consonância com o citado dispositivo processual civilista, o Colendo TST pacificou esse entendimento por meio da Súmula 259, nos seguintes termos: "TERMO DE CONCILIAÇÃO. AÇÃO RESCISÓRIA. Só por ação rescisória é impugnável o termo de conciliação previsto no parágrafo único do art. 831 da CLT" (Res.121/2003, DJ, 19, 20 e 21.11.2003).

Na esfera laboral, há direitos indisponíveis, os quais não permitem acordo, transação ou renúncia, salvo na ocorrência de flexibilização de alguns, como o da redução salarial, o que só é passível de ocorrer mediante negociação ou acordo coletivo de trabalho (inciso VI do art. 7º da CF).

Ruprecht (1979, p. 201), ao analisar os efeitos da conciliação no campo juslaboral, elucida que, a partir do momento em que as partes chegam a um consenso, imediatamente passa a viger o que restou estabelecido e "as condições de trabalho devem ser exercidas, desde esse momento, na nova forma que estabeleceu a conciliação". Prossegue o mencionado autor, enfrentando o entendimento de Alonso Garcia, para quem tal concordância, nos conflitos de natureza jurídica, é revestida pelo manto da coisa julgada, ao passo que, tratando-se de conflitos de natureza econômica, tal regra torna-se flexível, pois são passíveis de futuro reexame.

Em contraponto a esse argumento, Ruprecht (1979, p. 201) sustenta a sua divergência, acentuando que, em ambas as situações, a conciliação opera coisa julgada, finalizando, dessa maneira, o litígio. No entanto, à ocorrência de variações conjunturais econômicas ou sociais que afetam diretamente as condições laborais, a revisão é possível em dadas circunstâncias, considerando-se que os "efeitos já não podem alcançar o que foi resolvido anteriormente. Dessa forma, então, a solução conciliatória tem os alcances da coisa julgada, processualmente falando, ainda que com características próprias".

Pelo entendimento dessa vertente, apesar de a conciliação surtir efeito de coisa julgada e pôr fim ao conflito, é plausível a sua reavaliação sob outro enfoque, em face de situações econômicas ou sociais que venham a abalar a realização das condições laborais.

É concebível reforçar tal argumento, com base na teoria da imprevisão, já assinalada, cujo fundamento tem amparo no inciso I do art. 471 do CPC:

> Nenhum juiz decidirá novamente as questões já decidas, relativas à mesma lide, salvo: I — se, tratando-se de relação jurídica continuativa, sobreveio modificação no estado de fato ou de direito; caso em que poderá a parte pedir revisão do que foi estudado na sentença.

Como bem observa Russomano (2002, p. 238), no que se refere aos conflitos coletivos de trabalho, poderá ocorrer entendimento diretamente entre os envolvidos no litígio, ou por meio da intervenção de um terceiro ou, ainda, com a interferência de órgãos alheios que os auxiliem, visando a uma composição adequada.

O referido autor aponta duas formas de solução desses embates: a direta, como as negociações coletivas, a greve e *lock-out*[61]; a indireta, com a participação de um terceiro. Neste caso, ao citar Alonso Garcia, ele elucida que o terceiro não apresenta proposta tampouco decide, apenas auxilia as partes a encontrarem uma solução para evitar a possibilidade de uma demanda judicial. Assim, o papel do conciliador, segundo o mencionado autor, se limita a colecionar as reivindicações das partes e incentivá-las a se conciliarem, cabendo-lhes, contudo, a aceitação ou não.

E, como uma segunda alternativa de solução indireta de conflitos coletivos, Russomano (2002, p. 238) apresenta a mediação, elucidando que, por essa modalidade, diferentemente do que ocorre na conciliação, o mediador exerce um papel marcante visto que, além de coordenar as propostas e postulações das partes, também "interfere, diretamente, no conflito, recomendando a solução justa, inclusive avaliando as pretensões dos litigantes".

---

(61) Sobre greve e *lock-out,* conferir o item 3.3.1 no terceiro capítulo da presente obra.

Interessante a distinção doutrinária entre "conciliação e mediação" como exposto, pois o art. 860 da CLT estabelece que, ao receber a petição pertinente ao ajuizamento do dissídio coletivo, o Presidente do Tribunal designará a realização de "audiência de conciliação". Sendo assim, de acordo com o entendimento esposado, é possível aduzir que, muito embora o vocábulo utilizado pela norma celetista seja "conciliação", o magistrado que dirige essa audiência, na realidade, poderia ser considerado como um mediador. Isso porque, no exercício dessas atribuições, incumbe-se-lhe não apenas o papel de incitar as partes a uma solução pacífica, mas, também, o de apresentar propostas com essa mesma finalidade. Há uma interferência direta para ouvir, propor, negociar, sugerir; sempre em busca da melhor solução, frisando-se que, nessa fase, nenhuma proposta é imposta, prevalecendo assim a autonomia de vontade das partes.

O cumprimento voluntário de quaisquer obrigações contraídas no contrato de trabalho seria a conduta desejável. Entretanto, observa-se que, no cotidiano, isso nem sempre é o que acontece. Assim, a conciliação, como tentativa de solucionar os impasses resultantes do desrespeito ao contratualmente estabelecido, mesmo que por imposição legal, é uma forma de evitar a pulverização de conflitos, sejam individuais ou coletivos, e especialmente de manter a harmonia social.

4.7.1. Modalidades Conciliatórias

Insta salientar a missão relevante e significativa do magistrado designado para instruir o dissídio coletivo que, além de despachar a petição inicial, saneando eventuais irregularidades, decide liminarmente as postulações emergenciais em especial no que tange aos dissídios coletivos de greve. Ademais, incube-lhe a difícil tarefa das incansáveis tentativas de negociação, buscando adequar as propostas à realidade das categorias em conflito, ou mesmo formulando-as. Possui uma postura proativa, no sentido de buscar alternativas, de modo a que as partes tenham a possibilidade de chegar a um consenso sobre as controvérsias, ou pelo menos que sejam minimizados os desgastes naturais na relação entre capital e trabalho, maximizados neste momento.

A contribuição do juiz instrutor é fundamental considerando-se que nem sempre tais conciliações são facilmente bem-sucedidas. É por meio de sua sensibilidade para assimilar as tão diferentes particularidades das categorias profissional e econômica que ele impõe, com tranquilidade e equilíbrio, a necessária ordem, de modo que a instrução processual transcorra pautada no espírito da colaboração e do entendimento, sempre em busca de soluções justas. Só após exercido o trabalho do magistrado instrutor, não tendo as partes chegado a um acordo, é que o dissídio coletivo será distribuído ao Órgão competente para julgá-lo.

Nessa fase, as tentativas de composição prosseguem, o que corresponderia a uma espécie de continuação da negociação coletiva, quando se discutem novas possibilidades de ajustes. Mesmo que uma parte ou ambas estejam inflexíveis, o magistrado dirigente da(s) audiência(s) buscará fomentar um acordo entre os litigantes, uma vez que os resultados consensuais poderão ser mais favoráveis a todos os participantes da lide. Isso porque as categorias representadas no litígio têm mais conhecimento da própria realidade econômica e social e, assim, os ajustes por elas firmados tendem a ser mais exitosos e passíveis de serem concretizados.

O que se percebe é que os Tribunais acabam por realizar mais de uma audiência conciliatória, sempre em busca de soluções harmoniosas entre os dissidentes. Isso se dá porque nem sempre as partes de um conflito chegam a um consenso na primeira audiência designada, considerando a exigência de insistentes tentativas de negociação ante o ajuizamento do dissídio coletivo, como já assinalado.

Habitualmente, o ente sindical representante da categoria profissional leva ao conhecimento dos trabalhadores eventuais propostas apresentadas pela categoria patronal, na mencionada audiência, para serem deliberadas em assembleias realizadas para esse fim.

Em algumas circunstâncias, elas se tornam necessárias, especialmente em se tratando de pleitos que envolvam índices de correção salarial. Essas são, em regra, as postulações às quais a categoria econômica apresenta maior resistência à negociação. Quando se chega a um entendimento em relação a outras reivindicações, estas são homologadas e as demais são submetidas ao julgamento pelo Tribunal.

4.7.1.1. Acordo Celebrado Extrajudicialmente

No interregno, entre uma audiência e outra, as categorias têm a liberalidade de se ajustarem e colocarem fim ao impasse estabelecido. Se concretizado o ajuste, caracteriza-se um acordo extrajudicial, cabendo às partes o seu depósito perante o Ministério do Trabalho e Emprego, a fim de que produza seus jurídicos e legais efeitos no âmbito da relação de trabalho entre os empregados e empregadores, representados pelas categorias signatárias, nos termos do art. 614 da CLT.

Em seguida, tal acordo é oficialmente comunicado ao Tribunal, requerendo-se a desistência do processo em curso, o qual será extinto monocraticamente pelo Presidente da Casa, sem resolução de mérito, em conformidade com o art. 267, VIII, do CPC.

Essa prática de autocomposição dispensa a homologação pela Justiça do Trabalho.

Nesse sentido, dispõe a Orientação Jurisprudencial n. 34 da Seção de Dissídios Coletivos do Colendo TST, *in verbis:*

> ACORDO EXTRAJUDICIAL. HOMOLOGAÇÃO. JUSTIÇA DO TRABALHO. PRESCINDIBILIDADE — É desnecessária a homologação, por Tribunal Trabalhista, do acordo extrajudicialmente celebrado, sendo suficiente, para que surta efeitos, sua formalização perante o Ministério do Trabalho (art. 614 da CLT e art. 7º, inciso XXVI, da Constituição Federal). (Inserida em 7.12.1988).

Alternativamente, obtido um consenso no curso do processo de dissídio coletivo, as partes requerem ao Tribunal a sua homologação, caso em que a competência será da Seção de Dissídios Coletivos e não mais do Presidente do Tribunal, como na hipótese anterior.

A exemplo, transcreve-se a seguinte ementa exarada em dissídio coletivo pela Seção Especializada em Dissídios Coletivos do TRT da 3ª Região — Minas Gerais:

> DISSÍDIO COLETIVO. ACORDO. HOMOLOGAÇÃO. Manifestando-se as partes, livremente, a anuência à redação final da contraproposta que lhes foi apresentada para a composição do dissídio coletivo, homologa-se o acordo a fim de que surta seus jurídicos e legais efeitos (art. 867/CLT). (Processo n. 0000889-28-2012-5.03.000 DC — Relator: Desembargador João Bosco Pinto Lara — Publicação: DEJT: 28.9.2012).

4.7.1.2. Acordo Celebrado Judicialmente

Inexistindo aceitação das propostas apresentadas pelas respectivas categorias, caberá ao magistrado instrutor formular sugestões para a solução da contenda, submetendo-as às partes (862 da CLT). Essa prerrogativa é conferida também ao representante do Ministério Público do Trabalho, presente em audiência de conciliação. A atuação do ente ministerial pode ocorrer em conformidade com o inciso XI do art. 83 da Lei Complementar n. 75/93[62].

Havendo acordo entre os litigantes, seja em decorrência de propostas apresentas em audiência de conciliação ou na forma indicada anteriormente, o Ministério Público do Trabalho necessariamente emitirá seu parecer. É a oportunidade em que poderá contestar quaisquer cláusulas que porventura contrariarem o preceito de ordem pública, em conformidade com o inciso IX do art. 83 da citada Lei

---

[62] Lei Complementar n. 75/93 — "art. 83: Compete ao Ministério Público do Trabalho o exercício das seguintes atribuições junto aos órgãos da Justiça do Trabalho. XI — atuar como árbitro, se assim for solicitado pelas partes, nos dissídios de competência da Justiça do Trabalho".

Complementar[63]. Ressalte-se que esse parecer do ente ministerial só não ocorre nos casos de acordos homologados extrajudicialmente e não submetidos à homologação pelo Tribunal do Trabalho.

Após a emissão do parecer do Ministério Público do Trabalho, o processo será distribuído para um dos membros da Seção de Dissídios Coletivos ou de outro órgão julgador competente, de acordo com o Regimento Interno do Tribunal jurisdicionalmente competente. O relator designado levará o entendimento celebrado para apreciação na primeira sessão de julgamento, subsequente ao requerimento (art. 863 da CLT c/c inciso III do art. 222 do RITST).

Nessa oportunidade, o acordo poderá ser convalidado irrestritamente, ou, se constatadas cláusulas que prejudiquem os trabalhadores, a exemplo de concessão de vantagens ou benefícios inferiores ao mínimo estabelecido pela legislação competente, estas serão excluídas do rol de cláusulas do referido acordo.

A sentença homologatória do acordo será lavrada e publicada imediatamente, em forma de acórdão. Cumpre esclarecer que, de tal sentença, não caberá recurso para a Instância Superior, em conformidade com o § 5º do art. 7º da Lei n. 7.701/88, salvo se por iniciativa do Ministério Público do Trabalho que, igualmente, tem legitimidade para propor ação com pedido de nulidade de cláusula constante de instrumento normativo que viole direitos indisponíveis dos trabalhadores ou liberdades individuais bem como coletiva[64].

Sendo assim, nota-se que, no caso de acordo realizado em processo que se encontra em trâmite, as partes têm a faculdade de formalizá-lo perante o Ministério do Trabalho e Emprego ou de requerer ao Estado-Juiz a prestação da tutela final e, nesse caso, a homologação se dará em sessão de julgamento. Em ambas as situações, os efeitos jurídicos são os mesmos. Entretanto, a faculdade conferida pelo art. 614 da CLT (Ministério do Trabalho e Emprego) é mais célere em relação à homologação pelo Tribunal, porque esse caso implica a adoção de atos procedimentais formais, como a inclusão do processo em pauta e a publicação do acórdão pertinente à decisão judicial. Tais procedimentos demandam mais tempo em razão das exigências legais para a sua realização, ao passo que, para formalização de acordo firmado extrajudicialmente, os procedimentos e prazos para sua legalização, como dito anteriormente, são mais ágeis (art. 614 da CLT).

Reafirma-se que, como bem observa Martins Filho (2009, p. 144), mesmo em curso, a composição no dissídio é muito mais benéfica, pois "as partes em litígio conhecem muito melhor as condições de trabalho e econômica do setor do que os Magistrados do Trabalho".

Dessa forma, os anseios dos trabalhadores com certeza são mais prontamente atendidos e, afinal, serão eles os destinatários dos benefícios e vantagens obtidos por meio dos instrumentos normatizadores.

4.7.2. FASE DE INSTRUÇÃO E JULGAMENTO

A fase de instrução não encontra respaldo na norma celetista, diferentemente dos dissídios individuais, cuja tramitação é definida literalmente. Essa omissão não dificulta a sua realização, porque, além da liberdade que tem o Judiciário trabalhista para adaptar a instrução dessa ação coletiva aos moldes das instruções das ações reclamatórias de primeiro grau de jurisdição, o art. 862 da CLT também dá margem à sua realização, ao enunciar que as partes têm a faculdade de oferecer suas propostas de conciliação.

---

(63) Lei Complementar n. 75/93: "art. 83 — Inciso IX: promover ou participar da instrução e conciliação em dissídios decorrentes da paralisação de serviços de qualquer natureza, oficiando obrigatoriamente nos processos, manifestando sua concordância ou discordância, em eventuais acordos firmados antes da homologação, resguardando o direito de recorrer em caso de violação à lei e à Constituição Federal".
(64) LC n. 75/93 — "art. 83 Compete ao Ministério Público do Trabalho o exercício das seguintes atribuições junto aos órgãos da Justiça do Trabalho: (...) IV — propor as ações cabíveis para declaração de nulidade de cláusula de contrato, acordo coletivo ou convenção coletiva que viole as liberdades individuais ou coletivas ou os direitos individuais indisponíveis dos trabalhadores".

Ademais, o art. 864 da CLT determina que, inexistindo acordo ou se as partes não comparecerem em audiência, o processo será submetido a julgamento, após diligências pertinentes e parecer ministerial.

É com base nessa disposição que Santos (2012, p. 346) sustenta que entre as "diligências determináveis pelo Presidente está a realização de instrução processual *ex officio* ou em atendimento aos requerimentos do Ministério Público ou das partes (...)".

No mais das vezes, torna-se necessária a sua instrução, especialmente quando se trata de dissídio de natureza econômica.

Nessa etapa é possível coletar dados fundamentais para que o magistrado instrutor tenha elementos sobre as reais condições de trabalho da categoria profissional suscitante do conflito, bem como dados pertinentes à capacidade econômica da classe empresarial correspondente. Assim, sentenças mais justas e equânimes serão prolatadas.

Em se tratando de dissídios de natureza jurídica ou econômica que visem, respectivamente, à sua interpretação ou à elaboração de regras jurídicas, não existe o ônus da defesa e do probante, sustenta Melo (2011, p. 133). Porém, a ausência de tais fundamentos, que seriam levados aos autos pelos interessados ou pelo magistrado, por meio do poder que lhe confere a lei, poderá favorecer uma parte e lesar a outra, porque, "mesmo atuando o poder normativo com liberdade e informalidade, o juiz não parte do nada". Portanto, conclui o citado autor, para criar ou modificar norma jurídica, serão levados em conta "os subsídios de que dispõe, quer pela experiência da vida ou conhecimento técnico do assunto ou por meio dos elementos constantes nos autos" (MELO, 2011, p. 133).

Para Martins (2008, p. 666), o juiz tem a faculdade de ordenar que as partes envolvidas no conflito apresentem memorial, de forma que as argumentações suscitadas oralmente em audiência sejam registradas nos autos.

Cumpre reafirmar que todas as audiências realizadas contam com a presença de um representante, membro do Ministério Público do Trabalho, com atuação ampla, podendo emitir o seu parecer oralmente, tratando-se de acordo homologado ou de dissídios coletivos de greve, tendo em vista que são processos de menor complexidade para análise, conforme anteriormente consignado. Nos demais casos, os processos são encaminhados ao ente ministerial para que este emita o mencionado parecer por escrito, o qual ficará registrado nos autos.

Encerrada a fase de instrução e perdurando o impasse, o feito será distribuído a um membro do órgão julgador competente, que poderá ser a Seção de Dissídios Coletivos (SDC), ou outro, de acordo com a estrutura do Tribunal competente, no qual a instância foi instaurada. Posteriormente, será incluído em pauta para julgamento, do qual resultará a sentença. No caso de dissídio coletivo de natureza econômica, esta será sentença normativa, como se verá a seguir.

4.8. Instrução e julgamento: dissídios coletivos de greve, jurídico, originário e de revisão

A análise quanto à legitimidade ativa, condições de ação, petição inicial e respostas do réu expostas anteriormente no presente capítulo são aplicáveis no âmbito das demais modalidades dessa ação coletiva. Percebem-se apenas algumas alterações pertinentes à conciliação, à instrução e ao julgamento a serem ressaltadas a seguir.

4.8.1. Dissídio de greve

Para que o Tribunal, por meio de seu Órgão competente, possa analisar o pedido de declaração de abusividade ou não do movimento paredista e suas possíveis consequências na esfera laboral, também se faz necessária a fase de instrução. E é nessa etapa que, inexistindo a composição, a categoria profissional leva ao conhecimento do magistrado instrutor documentos a serem juntados aos autos que comprovem as razões que ensejaram a paralisação do trabalho.

As tentativas de composição se processam nos mesmos moldes da análise feita no item anterior e, igualmente, é possível a ocorrência de acordo entre as partes, só que, no caso, o resultado imediato será o fim do movimento paredista.

No cotidiano forense, o procedimento adotado nesse tipo de ação pode ser assim sintetizado: o dissídio coletivo é ajuizado por iniciativa do Ministério Público do Trabalho ou da representação econômica, por meio de petição escrita.

O Presidente do Tribunal ou magistrado por ele designado, em audiência, com a presença de um membro do Ministério Público do Trabalho, neste caso como *custos legis*[65], apresentará proposta de composição.

A proposta de conciliação é renovada e particularmente estimulada, já que o acordo é possível também nessa fase processual. Ocorrendo o ajuste entre as partes em conflito ou restando frustradas as negociações, os autos do processo de dissídio serão distribuídos, por sorteio, a um dos membros que compõem a Seção de Dissídios Coletivos (SDC), à qual cabe proferir a sentença, seja para homologar o acordo, seja para analisar os pedidos formulados na inicial. Para tanto, o feito é incluído em pauta de julgamento para deliberação em conjunto com os demais membros componentes do órgão julgador[66], que decidirá pela procedência total ou parcial, ou pela improcedência das reivindicações.

Sobre a hipótese de homologação de acordo, pode-se citar o dissídio coletivo de greve suscitado por Manserv Montagem e Manutenção S. A. ante o Sindicato dos Trabalhadores nas Indústrias da Construção Civil e do Mobiliário de Araxá e Tapira (MG), cujo acordo foi homologado pela Seção de Dissídios Coletivos do Tribunal Regional do Trabalho da 3ª Região — Minas Gerais, *in verbis:*

> AÇÃO TÍPICA DO DIREITO PROCESSUAL DO TRABALHO: DISSÍDIO COLETIVO DE GREVE — HOMOLOGAÇÃO POR SEÇÃO ESPECIALIZADA DE DISSÍDIOS COLETIVOS DE TRANSAÇÃO ENCETADA PERANTE AUTORIDADE DELEGADA. Os atos instrutórios de dissídio coletivo são delegáveis a magistrado de primeiro grau, quando sua prática ocorrer fora da sede de Tribunal Regional do Trabalho, com o fito de se facilitar a presença dos envolvidos, como fator de alavancagem da conciliação. Note-se que, além da cobertura normativa no particular, tal regra bem se ajusta aos primados da Constituição da República quanto à indelegabilidade para nobilíssima missão de julgar, porquanto esta remanesce com a Seção Especializada. A teor do disposto no inciso II do art. 39 do Regimento Interno deste Regional, compete à Seção de Dissídios Coletivos homologar as conciliações celebradas nos dissídios coletivos, sendo certo que o ato homologatório imprescinde do cotejo dos termos da avença com o ordenamento jurídico vigente, notadamente com as disposições contidas nas normas que versem sobre as liberdades individuais e coletivas e os direitos individuais indisponíveis dos trabalhadores. Nesse viés, tendo em conta o disposto do art. 7º, XXVI, da Carta Magna, por traduzir a livre vontade das partes, e não se verificando nos termos do pactuado qualquer afronta às preditas normas, impõe-se a homologação do ajuste. Processo extinto com resolução do mérito, nos exatos termos do art. 269, III, do CPC, de cômoda aplicação no campo do Direito Processual do Trabalho (01206-2012-000-03-00-2 DCG — Publicação — DEJT: 28.9.2012. Relator: Juiz Vitor Salino de Moura Eça).

Nesse tipo de dissídio, o procedimento é mais célere, pela sua própria natureza (parágrafo único do art. 860 da CLT), e comporta duas modalidades de sentenças, segundo entendimento de Martins Filho (2009, p. 77): a) condenatória — imposição do pagamento dos dias em que não houve prestação laboral; b) cominatória — impõe a obrigação de fazer, que consiste na determinação do retorno dos grevistas aos postos de trabalho e, na hipótese de descumprimento dessa ordem, há cominação de multa ao sindicato profissional. Esta poderá ser diária, como se constata cotidianamente nos Tribunais laborais.

---

(65) *Custos legis:* fiscal da lei. Atuação do Ministério Público do Trabalho (MPT) poderá ser como fiscal da lei, como parte ou ambas, simultaneamente. O dissídio coletivo de greve ajuizado pelo MPT é um exemplo de atuação simultânea (inciso IX do art. 83 da LC n. 75/1993).
(66) Sobre a competência do Órgão julgador, verificar o item 4.1 no quarto capítulo da presente obra.

É possível, ainda, uma terceira modalidade de sentença: c) declaratória, quando o Tribunal apenas declara a abusividade ou não da greve. Essa é uma possibilidade que ocorre quando não se formula na petição inicial do dissídio o pedido de descontos dos dias não trabalhados ou ainda se, no curso da ação, as partes transigirem acerca dessa pretensão.

No que tange à sentença condenatória, assim decidiu a 4ª Turma do Colendo TST, em sessão ordinária realizada em 22.5.2013, ao julgar o Agravo de Instrumento em Recurso de Revista (AIRR) conforme a ementa que ora se transcreve:

> AGRAVO DE INSTRUMENTO EM RECURSO DE REVISTA. GREVE. DESCONTOS DOS SALÁRIOS REFERENTES AOS DIAS PARADOS. NORMA COLETIVA. Não se vislumbra violação do art. 7º da Lei n. 7.783/1989, visto que, consoante assinalado pelo Regional, foi formalizado no instrumento normativo, que pôs fim ao movimento grevista, que não iria ser descontada a ausência ao trabalho nos dias 28.9.2007 a 9.10.2007. Ora, não tendo os trabalhadores comparecido ao trabalho no dia 10.10.2007, não há como se abonar a ausência ao trabalho, em relação ao referido dia, visto que, primeiro, não foi ele contemplado pela cláusula normativa que vedava o desconto do salário dos dias parados e, segundo, porque ao empregador é autorizado descontar os dias de paralisação em movimento paredista. Precedente da SDC desta Corte. Agravo de Instrumento conhecido e não provido. (Processo n. 91-73.2010.5.05.0035 — Relatora: Desembargadora Maria de Assis Calsing — Publicação: DEJT 24.5.2013).

Pelo teor da ementa a entidade profissional recorreu de sentença condenatória, em razão de descontos efetivados nos salários dos empregados por ela representados. Porém, constata-se, pelos fundamentos do julgado em comento, que a dedução na remuneração dos empregados decorreu de ausência ao trabalho, pois as partes formalizaram *"no instrumento normativo, que pôs fim ao movimento grevista, que não seria descontada a ausência nos dias 28.9.2007 a 9.10.2007"* (grifo nosso). Nesse período, não houve prestação de serviço e sobre o qual se acordou a não dedução do valor salarial correspondente, o que não ocorreu em relação ao dia 10.10.2007, quando ao empregador seria permitido o equivalente desconto, já que não houve a devida prestação laboral.

Acrescenta-se que as sentenças prolatadas nas ações coletivas com caráter condenatório ocorrerão se houver a condenação dos empregadores a pagarem aos empregados os dias não trabalhados, ou se multas forem impostas ao sindicato profissional pelo não retorno da categoria profissional aos postos de trabalho (MARTINS FILHO, 2009, p. 68).

Decidido pelo Órgão competente do Tribunal que a greve foi deflagrada com estrita observância à lei que a regulamenta, a sentença será pela improcedência do pedido de declaração de sua abusividade e, quanto aos descontos dos dias não trabalhados, essa é uma questão que, na realidade, tem sido continuamente remetida à composição entre as partes.

Mas, inexistindo ajustes entre as categorias e considerada abusiva a greve, a determinação de descontos relativos aos dias em que não houve prestação laboral é a prática normalmente adotada pelos Tribunais, levando em conta que seria injusto que as empresas arcassem sozinhas com o ônus referido. Já as custas processuais ficarão a seu cargo.

A publicação no Diário Eletrônico da Justiça do Trabalho (DEJT) da sentença proferida é imediata, sendo ela passível de recurso ordinário ao Tribunal Superior do Trabalho, na forma do inciso II do art. 893 da CLT.

4.8.2. Dissídios coletivos jurídico, originário e de revisão

Os procedimentos de instrução adotados para os dissídios coletivos jurídico, de revisão e originário se assemelham aos do dissídio coletivo de natureza econômica, no que se refere à instauração da ação e às demais questões referentes à legitimidade, às condições de ação e à resposta do suscitado.

Inexistindo composição, essas espécies de dissídios coletivos também estão sujeitas a julgamento pelo Tribunal do Trabalho, obedecendo, para tanto, aos mesmos procedimentos de instrução já traçados.

Cumpre relevar que suas sentenças são publicadas e têm eficácia imediata, sendo passíveis de recurso para o Colendo TST.

Neste capítulo, foi possível verificar a importância da participação dos envolvidos no conflito, pois o diálogo estabelecido entre estes e o magistrado condutor da audiência de conciliação se refletirá no resultado final, razão da relevância de as partes carrearem aos autos elementos que agreguem informações que poderão auxiliar numa solução justa e equilibrada.

Averiguou-se ainda que, tratando-se dessa modalidade de ação, não há de se falar em revelia, todavia o não comparecimento dos interessados às audiências de instrução inviabiliza a possibilidade de composição entre os dissidentes.

Restou consignado que a celebração de acordos poderá corresponder a uma solução mais rápida e eficaz para as categorias em conflito, e ainda que a autonomia da vontade das partes, nesse caso, é sempre levada em consideração.

Apurou-se que nem sempre os procedimentos necessários para viabilizar tal participação são estabelecidos na legislação pertinente. Sendo assim, certificou-se, ainda, o quão importante é a sistematização desse mecanismo processual para possibilitar aos atores sociais a sua adequada utilização, visando à busca de soluções, por meio da interferência estatal, dos embates estabelecidos entre o capital e o trabalho.

Destarte, não sendo possível um ajuste entre os dissidentes, o Estado-Juiz dará continuidade ao exercício da prestação jurisdicional submetendo a ação coletiva a julgamento. Essa etapa também deve ser interpretada como uma forma de pacificação, pois, ao cabo, o que busca a interferência estatal é a harmonização social.

# CAPÍTULO 5

SENTENÇA NORMATIVA

A *priori*, merece destaque o entendimento de Paulo Emílio Ribeiro de Vilhena (2006, p. 155) ao afirmar que "a sentença normativa tem por fim imediato — que é inerente à atividade jurisdicional — resolver um conflito, no caso, coletivo do trabalho". Contudo, se o seu bojo contém peculiaridade de lei, esta foi a maneira pela qual o Estado optou ao solucionar as divergências coletivas, conclui o citado autor.

Assim, tal sentença é a materialização das decisões prolatadas em sede de dissídios coletivos de natureza econômica que, ao solucionar as controvérsias entre capital e trabalho, vislumbram a pacificação social.

5.1. Atos preparatórios para julgamento

Concluída a fase de instrução e persistindo as partes no dissídio, o processo é encaminhado ao Ministério Público do Trabalho para emissão do seu parecer, cuja obrigatoriedade, como fiscal da lei, está estabelecida no inciso IX do art. 83 da Lei Complementar n. 75/1993 e no art. 11 da Lei n. 7.701/1988. Esse parecer é indispensável, considerando que o ente ministerial tem, no caso, como missão, agir em defesa dos direitos coletivos e individuais laborais dos trabalhadores, e isso traz aporte jurídico e especializado para o julgamento do processo, tornando-se, assim, uma forma de zelar para que a ordem jurídica vigente não seja violada.

Ato contínuo, o feito é distribuído a um Desembargador (Tribunais Regionais do Trabalho) ou Ministro (Tribunal Superior do Trabalho) relator, cujo papel é conduzir o processo, de acordo com as disposições arregimentadas, até a redação e publicação do respectivo acórdão.

Se for constatada alguma irregularidade nos autos que possa comprometer ou dificultar o seu julgamento, como a inexistência de comprovação da realização da assembleia que autorizou o ajuizamento do dissídio coletivo, conceder-se-á o prazo para que a parte cumpra tal diligência, sob pena de extinção do processo sem resolução de mérito (art. 264 do CPC).

Essa prática, em particular, tem significado considerável para o trabalhador, especialmente, levando-se em conta o axioma da economia processual, o qual se respalda em auferir a prestação jurisdicional com o "máximo de resultado com o mínimo de atos processuais, evitando-se dispêndios desnecessários de tempo e dinheiro para os jurisdicionado", nas palavras de Bezerra Leite (2010, p. 73).

Tal postulado é traduzido, no cotidiano do Judiciário trabalhista, por meio de diligências a serem realizadas, sempre que verificada a sua necessidade. Nesse contexto, as ponderações de Coqueijo Costa (1984, p. 5) merecem destaque ao assegurar que:

> o processo não é um fim em si mesmo, mas um instrumento de composição de lides, que garante a efetividade do direito material. E como este pode ter natureza diversa, o direito processual, por seu caráter instrumental, deve saber adaptar-se a essa natureza diversa.

É praxe adotada pela Justiça laboral a concessão de prazos para que as partes providenciem o cumprimento de medidas que possam contribuir para a finalização do processo, na averiguação de eventual falha, como a ausência de mandato de procuração, por exemplo. Com esse propósito, é possível garantir uma prestação jurisdicional mais eficaz e menos morosa, salientando-se que a colaboração dos envolvidos no conflito no sentido de cumprir determinações judiciais, sempre que avocados, é indispensável para que sejam atendidas suas postulações.

Superadas essas questões, quando se fizerem presentes, providencia-se a inclusão do processo em pauta de julgamento, oportunidade em que o colegiado, com base no voto elaborado pelo relator, se pronunciará sobre as pretensões formuladas na petição inicial e resultará daí a sentença normativa.

5.2. Julgamento: Sentença Normativa

O percurso processual, no qual se concedem os prazos legais e as devidas oportunidades aos envolvidos no conflito, é essencial antes do pronunciamento judicial já que

> (...) as partes, quando defendem seus direitos, colaboram no funcionamento da justiça, e a lei confia em que o jogo dos interesses individuais opostos, fiscalizado e apreciado imparcialmente pelo juiz, prepare o terreno de modo todo espontâneo para a emanação da sentença que satisfaça o interesse e a aspiração geral da justiça (LIEBMAN, 1981, p. 125).

A participação dos dissidentes no decorrer da instrução processual é salutar, pois as informações prestadas, seja por meio das petições escritas, seja por meio de depoimentos pessoais, ou em ambas conjuntamente, são elementos que contribuem para a prolação das decisões judiciais.

Apesar do contínuo incentivo à conciliação, como consignado no decorrer do presente estudo, em isso não ocorrendo, o processo se sujeitará ao crivo estatal, oportunidade em que se analisarão as questões preliminares suscitadas no curso do feito e as de ofício levantadas pelo relator ou, ainda, por quaisquer outros componentes do Órgão julgador.

Ultrapassadas tais arguições, quanto ao mérito, julga-se cláusula por cláusula, de forma que o resultado final proclamado se traduza em uma sentença, da qual constarão as normas que passarão a valer como comandos que visam a regular as condições de trabalho estipuladas para as categorias que figuram na ação ajuizada.

É nesse momento que a Justiça do Trabalho exerce o poder normativo, a fim de dirimir os conflitos trabalhistas entre a classe profissional e o setor produtivo correspondente, estabelecendo condições de trabalho, compreendendo-se aí as vantagens econômicas e sociais, observado o limite do necessário respeito às mínimas garantias estabelecidas em lei que as regular.

No exercício desse poder, o Judiciário laboral buscará manter um equilíbrio, pois ao mesmo tempo em que defere as pretensões visando a atender às expectativas dos trabalhadores de uma determinada categoria, do outro lado, figura o obrigado que terá o dever de cumprir os comandos da sentença normativa proferida.

Dessa forma, é essencial um sopesamento de tais concessões em face da capacidade econômica do empregador correspondente, caso contrário se estaria contribuindo para eventual desemprego, quiçá para a própria insolvência empresarial. Nesse sentido, corrobora Marcus Moura Ferreira (2004) ao afirmar que

> o poder normativo não é incondicionado. O editar normas é função que deve atender a critérios realistas e de razoabilidade. Uma ínsita pretensão de eficácia da sentença normativa depende de que esta se ajuste à realidade das partes que a postulam.

Quer dizer que o dissídio coletivo de natureza econômica é uma ação singular. Desde o momento em que é instaurado, percebe-se seu diferencial, pois as partes, ao recorrerem ao Judiciário trabalhista em busca do seu pronunciamento, apresentam suas pretensões no intuito de obter do Estado soluções para as controvérsias estabelecidas entre trabalhadores de uma determinada categoria em face do seu empregador.

Ao deliberar sobre as questões apresentadas pelas partes, o Poder Judiciário laboral emana normas de caráter geral, que se destinam a uma parcela de trabalhadores previamente definida e que, se violadas, o empregado individualmente considerado poderá demandar via reclamação trabalhista ou, ainda, utilizando-se do instituto da substituição processual, promover uma ação de cumprimento.

Ademais, essas regras visam a regulamentar situações futuras que, materializadas na sentença normativa, "(...) não traduzem a vontade da lei na sua aplicação à espécie decidida. Ela é a Lei", afirma Andrade (1993, p. 161). Sendo assim, ela passa a fazer parte do arcabouço jurídico destinado a reger os contratos individuais de trabalho, no âmbito das categorias que tenham figurado no conflito coletivo.

Muito elucidativa é a afirmação de Romita (2005, p. 14), a qual merece a transcrição, na íntegra:

> É nos dissídios coletivos de natureza econômica, que versam sobre uma reivindicação tendente a modificar um direito preexistente ou a criar um direito novo, que se surpreende o exercício do poder normativo da JT. Esse poder, no entanto, não tem como ser exercido no âmbito do dissídio coletivo de natureza jurídica, pois nesta classe de conflitos coletivos, o Judiciário do Trabalho se submete, como órgão judicante despido de singularidades, às normas que presidem a prestação jurisdicional em sentido amplo.

Assim, no exercício do poder normativo, o Judiciário trabalhista cria situações mais favoráveis ou mais vantajosas que as previstas na legislação pertinente, em favor dos trabalhadores da categoria figurantes na ação coletiva.

Como já explicitado, esse poder tão específico foi conferido à Justiça do Trabalho para que seja desempenhado na ocorrência de dissídios coletivos de natureza econômica. Porém, algumas diretrizes são fixadas pela Lei n. 10.192, de 14 de fevereiro de 2001, e os julgadores trabalhistas as adotam como parâmetros, ao decidirem o mérito da ação. Tais critérios encontram-se enunciados no art. 12 da referida lei, que estipula a necessidade de as partes fundamentarem suas pretensões que serão objeto de apreciação para a prolação da sentença.

Além disso, o parágrafo único do mesmo artigo impõe a motivação da sentença normativa que finaliza a lide, a qual deverá demonstrar que a solução do conflito perquiriu por uma composição justa e equilibrada, adequando-a ao interesse da coletividade. Já o art. 13 da mesma norma, textualmente, veda a "estipulação ou fixação de cláusula de reajuste ou correção salarial automática vinculada a índice de preços", e ressalta em seu § 2º que o aumento salarial concedido a título de produtividade deverá ter como base indicadores objetivos.

Assim sendo, uma vez submetidas as postulações dos suscitantes ao Colegiado, após serem avaliadas, estas passarão a compor a estrutura da sentença normativa, a qual mencionará as cláusulas em ordem numérica, com o seu título e o inteiro teor dos pedidos, seguidos da decisão, que poderá ser total ou parcialmente favorável aos trabalhadores, como também poderão ser indeferidas as pretensões.

É oportuno evidenciar que fundamentar a sentença normativa consiste em dizer as razões do deferimento ou indeferimento de cada pleito, em conformidade com os motivos de conveniência e de oportunidade. Portanto, a sua motivação é essencial. As disposições contidas no art. 458 do CPC[67] orientam nesse sentido, além de a Lei Maior[68] estabelecer a obrigatoriedade de fundamentação de todas as decisões do Poder Judiciário, sob pena de nulidade.

A sentença não se traduz em ato de imposição autoritária, muito embora seja ato de vontade do magistrado que tem poder discricionário para deliberar sobre as controvérsias que lhe são apresentadas. Além das partes, a sociedade também deverá ser convencida, motivo pelo qual todos têm o direito de saber as razões de decidir, exigindo-se, dessa forma, análise criteriosa e cuidadosa do juiz sobre os fatos e o direito, e de atenção especial em sua decisão. Outrossim, para que ela seja questionada, "(...) o recorrente terá que atacá-la por incidir em erro de fato (sentença injusta) ou de direito (sentença errada), donde ter necessidade de mostrar onde o erro se encontra", assevera Moacyr Amaral dos Santos (2001, p. 19).

---

(67) CPC — "art. 458. São requisitos essenciais da sentença: I — o relatório, que conterá os nomes das partes, a suma do pedido e da resposta do réu, bem como o registro das principais ocorrências havidas no andamento do processo. II — os fundamentos, em que o juiz analisará as questões de fato e de direito. III — o dispositivo, em que o juiz resolverá as questões, que as partes lhe submetem".

(68) CF — "art. 93. Lei complementar, de iniciativa do Supremo Tribunal Federal, disporá sobre o Estatuto da Magistratura, observados os seguintes princípios. (...) IX todos os julgamentos dos órgãos do Poder Judiciário serão públicos, e fundamentadas todas as decisões, sob pena de nulidade, podendo a lei limitar a presença, em determinados atos, às próprias partes e a seus advogados, ou somente a estes, em casos nos quais a preservação do direito à intimidade do interessado no sigilo não prejudique o interesse público à informação".

Em sua análise sobre as cláusulas que fazem parte do rol apresentado pelo suscitante, no ato do ajuizamento do dissídio coletivo, Martins Filho (2009, p. 158) as classifica basicamente em três espécies: econômicas, sociais e sindicais:

I — As cláusulas de natureza econômica, segundo o citado autor, relacionam-se aos benefícios remuneratórios. Entre elas, podem ser mencionadas as de reajuste e piso salarial, aumento real, participação nos lucros e resultados do empregador. Essas pretensões são amplamente debatidas e a elas a representação patronal, geralmente, apresenta mais resistência no processo de negociação.

Atualmente o Tribunal Regional do Trabalho da 3ª Região (MG) utiliza-se do seguinte critério: "aplicação do índice de recomposição salarial próximo àquele aferido pelo IBGE para a variação inflacionária — Índice Nacional de Preços ao Consumidor" (PORTAL BRASIL, 2014). Para isso, observa-se a "data-base da categoria, aplicando-se o índice de reajuste relativo ao acúmulo dos doze meses antecedentes àquele marco". Essa é parte da fundamentação contida no acórdão do processo n. 001573-50.2012.5.03.00 DC, no qual as categorias econômica e profissional eram, respectivamente, CEMIG e SINDIELETRO/MG, quando do deferimento do pleito atinente à recomposição de perdas salariais, ficando a cláusula assim redigida:

> Cláusula 1ª — REAJUSTE SALARIAL — As Empresas reajustarão, a partir de 1º.11.2012, os salários de seus empregados, vigentes em 31.10.2012, em 6,00% (seis inteiros por cento). Parágrafo único: São compensáveis todos os aumentos ou reajustes salariais espontâneos ou compulsórios concedidos para o mesmo período, salvo os decorrentes de término de aprendizagem, implemento de idade, promoção, transferência e equiparação salarial. (TRT 3ª Região/MG. Proc. n. 0001573-50.2012.5.03.000 DC — Relatora Desembargadora Emília Facchini — Publicação — DEJT: 4.7.2013).

Considera-se como data-base da categoria profissional o início de vigência dos instrumentos coletivos, seja acordo, convenção coletiva do trabalho ou sentença normativa.

Cumpre esclarecer que o piso salarial profissional está assegurado no inciso V do art. 7º da Constituição Federal[69], e este poderá ser compreendido como a menor remuneração que o trabalhador de uma categoria determinada deve perceber. Algumas classes têm esse direito estabelecido por lei federal, como a dos engenheiros, cuja previsão é de seis salários mínimos[70]. A Lei Complementar n. 103, de 14 de julho de 2000, conferiu aos Estados-Membros e ao Distrito Federal autonomia para instituir os pisos salariais para aqueles trabalhadores cuja remuneração mínima não esteja fixada por legislação específica, acordo ou convenção coletiva de trabalho, muito embora a maioria negocie o piso e os ajustes por meio dos instrumentos coletivos extrajudiciais. Saliente-se que se trata de salário mínimo da categoria e não de salário mínimo profissional, como afirma Batalha (1985, p. 459).

Ainda de acordo com a classificação proposta por Martins Filho (2009, p. 158):

II — As cláusulas de natureza social, em geral, são as pertinentes aos abonos de faltas (não previstas em lei), estabelecimento de ambientes mais propícios para exercer as atividades laborais.

De acordo com essa classificação, é possível considerar, ainda, as postulações relativas à concessão de plano de saúde em benefício dos trabalhadores da categoria. Nesse sentido, a SDC do Tribunal Regional do Trabalho da 3ª Região, em 21.6.2011, decidiu o dissídio coletivo ajuizado pelo Sindicato dos Trabalhadores em Transportes Rodoviários de Pouso Alegre, deferindo tal pleito, nos seguintes termos:

> Cláusula Oitava — Plano de Saúde: A empresa contratará Plano de Saúde para todos os seus empregados, extensivo aos dependentes, com cobertura ambulatorial e obstétrica, respeitadas as carências impostas pela Operadora,

---

(69) CF/88 — "art. 5º São direitos dos trabalhadores urbanos rurais, além de outros que visem à melhoria de sua condição social. (...) V — piso salarial proporcional à extensão e à complexidade do trabalho."
(70) Lei n. 4.950-A, de 22 de abril de 1966, dispõe sobre a remuneração de engenheiros, químicos, arquitetos, agrônomos e veterinários. "art. 5º Para a execução das atividades e tarefas classificadas na alínea a do art. 3º, fica fixado o salário-base mínimo de 6 (seis) vezes o salário mínimo comum vigente no País, para os relacionados na alínea a do art. 4º, e de 5 (cinco) vezes o maior salário mínimo comum vigente no País, para os profissionais da alínea b do art. 4º".

ficando acordado que os funcionários apenas arcarão com as despesas advindas de co-participação, em caso de uso do plano. (Processo n. 0351900-91.2010.5.03.0000 DC — Relator Juiz Milton Vasques Thibau de Almeida. Publicação: 29.7.2011 — Divulgação: 28.7.2011 — DEJT)

III — Já as cláusulas sindicais, terceira espécie de cláusula apontada pelo mesmo autor, têm por objetivo regular o elo entre os entes profissionais e o empregador. São as que asseguram quotas a serem deduzidas dos salários dos empregados da categoria profissional e repassadas aos que os representam. Essa contribuição objetiva custear as atividades do sindicato, como a assistência jurídica prestada aos associados, bem como propicia um aporte financeiro visando às garantias dos dirigentes sindicais, que lhes permitam a efetiva atuação perante as empresas.

A aludida contribuição não deve ser confundida com a contribuição confederativa, estabelecida pelo inciso IV do art. 8º da CF. O entendimento jurisprudencial pacificado por meio do Precedente Normativo 119 do Colendo TST, assim dispõe:

> CONTRIBUIÇÕES SINDICAIS — INOBSERVÂNCIA DE PRECEITOS CONSTITUCIONAIS — A Constituição da República, em seus arts. 5º, XX e 8º, V, assegura o direito de livre associação e sindicalização. É ofensiva a essa modalidade de liberdade cláusula constante de acordo, convenção coletiva ou sentença normativa estabelecendo contribuição em favor de entidade sindical a título de taxa para custeio do sistema confederativo, assistencial, revigoramento ou fortalecimento sindical e outras da mesma espécie, obrigando trabalhadores não sindicalizados. Sendo nulas as estipulações que inobservem tal restrição, tornam-se passíveis de devolução os valores irregularmente descontados. (Nova redação dada pela SDC em sessão de 2.6.1998 — homologação Res. 82/1998, DJ 20.8.1998).

Os Tribunais, no julgamento dos dissídios coletivos, frequentemente aplicam seus respectivos Precedentes Normativos ou os da Superior Corte Trabalhista, como se depreende da ementa citada. São matérias já pacificadas segundo o entendimento do Judiciário trabalhista.

As decisões proferidas em dissídios coletivos são oponíveis por meio de recurso ordinário tal como previsto no art. 895 da CLT[71] e na alínea "a"[72] do inciso II da já citada Lei n. 7.701, exceto tratando-se de homologação de acordo celebrado entre as partes como já analisado anteriormente[73].

Nesse caso, não há de se falar em depósito recursal[74], em conformidade com a disposição contida no inciso V da Instrução Normativa n. 3 do Colendo TST de 5.3.1993, que afirma ser dispensável tal depósito, pela sua própria natureza, que tem por fim garantir determinada execução, o que não é o caso, pelas razões já discutidas anteriormente. A citada instrução trata também da observância do que se refere ao cálculo das custas processuais, cujo percentual é de 2% (dois por cento) sobre o valor atribuído na petição inicial, na forma dos §§ 1º e 4º do art. 789 da CLT.

O *quantum* correspondente ao valor a ser recolhido é parte do dispositivo constante da sentença prolatada em sede de dissídio coletivo ou decisão proferida pelo Presidente do Tribunal, como no caso de homologação de acordo celebrado extrajudicialmente[75].

A obrigatoriedade do seu recolhimento é indiscutível já que se trata de pré-requisito para a admissibilidade de eventual recurso ordinário a ser interposto. Nesse sentido, a Orientação Jurisprudencial n. 27 da Seção de Dissídios Coletivos do Colendo TST, *in verbis*:

---

(71) CLT — "Art. 895. Cabe recurso ordinário para a instância superior: (...) II — das decisões definitivas ou terminativas dos Tribunais Regionais, em processos de sua competência originária, no prazo de 8 dias, quer nos dissídios individuais, quer nos dissídios coletivos."
(72) Lei n. 7.701 — "II — em última instância julgar: a) os recursos ordinários interpostos contra as decisões proferidas pelos Tribunais Regionais do Trabalho em dissídios coletivos de natureza econômica ou jurídica."
(73) Acerca da possibilidade de recorrer de decisão homologatória de acordo, conferir item 4.7.2 no quarto capítulo da presente obra.
(74) Depósito Recursal: Os depósitos recursais "(...) não têm natureza jurídica de recurso, mas de garantia recursal, que pressupõe decisão condenatória ou executória de obrigação de pagamento em pecúnia, com valor líquido arbitrado (...)" Instrução Normativa n. 3 — TST.
(75) No que se refere a homologação de acordo celebrado extrajudicialmente durante o curso do processo, verificar o item 4.7.2 do quarto capítulo da presente obra.

27. CUSTAS. AUSÊNCIA DE INTIMAÇÃO. DESERÇÃO. CARACTERIZAÇÃO — A deserção se impõe mesmo não tendo havido intimação, pois incumbe à parte, na defesa do próprio interesse, obter os cálculos necessários para efetivar o preparo. (Inserida em 19.8.1998).

Não se pode olvidar que a missão do Judiciário trabalhista é especialmente a de dirimir lides laborais, *stricto sensu*. Contudo, isso não implica a vedação de exercer o poder normativo, o qual é afirmado a partir do momento em que passa a criar, extinguir ou confirmar as regras que irão reger os contratos individuais de trabalho dos membros de uma categoria profissional em face do seu empregador, ambos representados no dissídio a ser analisado.

Também não se pode negar que, particularmente no caso de dissídio coletivo de natureza econômica, a Justiça laboral exerce ao mesmo tempo sua função principal de julgar juntamente a uma espécie *sui generis* de legislar que, nesse caso, não é acessória, mas sim, essencial. Porém, deve-se, mais uma vez, ressaltar que se trata de uma Justiça especializada no ramo laboral e, portanto, que cuida exclusivamente de lides no âmbito de sua esfera. Assim, pode-se dizer que o constituinte, ao conferir tal poder atípico, acertadamente, o concedeu à Justiça do Trabalho.

Torna-se valiosa a afirmação de Russomano (2002, p. 293): (...) "a sentença normativa, no entanto, tem, a par de seu sabor jurídico totalmente original, a significação de pautar suas conclusões por um espírito de verdadeira Justiça Social". O mesmo autor prossegue de modo quase poético que: "A sentença, sempre, é página arrancada da vida de algum homem. A sentença coletiva é página arrancada da história de um povo. Nela se reflete ou dela resulta o drama que chega ao último ato ou a tragédia, de final desesperador".

Importante reiterar que, inexistindo composição entre as categorias profissionais e econômicas, instaura-se oficialmente o conflito perante o Estado, a quem as partes confiam a solução do litígio. As tentativas de conciliação prosseguem, como anteriormente registrado. Porém, persistindo as controvérsias, cabe ao Tribunal a missão outorgada pela Carta Magna de dirimir o dissídio, estabelecendo normas e condições de trabalho aplicáveis a um grupo de trabalhadores pertencentes a uma determinada categoria.

Assim, quando as partes deixarem de celebrar acordo, a sentença normativa representará a via por elas eleita para preencher esse espaço, pois ela tem o mesmo objetivo, o mesmo fim, qual seja, a solução do conflito e, uma vez prolatada, torna-se norma jurídica a ser cumprida imediatamente.

5.3. EFEITOS E VIGÊNCIA

A coletividade, considerada formalmente como parte no dissídio coletivo, é titular dos interesses discutidos, assim essa ação se caracteriza pela indeterminação dos indivíduos cujo resultado a sentença normativa vai alcançar (MARANHÃO, 1977, p. 339).

As conquistas obtidas beneficiam todos os trabalhadores, membros da categoria representada no processo do dissídio coletivo, incluídos os empregados admitidos após a prolação da sentença, independentemente de serem ou não associados à entidade sindical que foi parte do dissídio.

Elucida Luiz Otávio Linhares Renault (2009, p. 60) que,

> embora o dissídio ou a ação coletiva de trabalho de natureza econômica tenha por objetivo a criação da norma jurídica, a sua outra grande característica é o efeito para os membros das respectivas categorias envolvidas na lide, isto é, tanto econômica quanto a profissional, independentemente de filiação.

Decorre daí a eficácia *erga omnes*[76] da sentença normativa, como expõe Lima Santos (2012, p. 359):

---

(76) Código de Defesa do Consumidor (SDC) — Lei n. 8.078, de 1º.9.1990 "Art. 103. Nas ações coletivas de que trata este código, a sentença fará coisa julgada. I — *erga omnes*, exceto se o pedido for julgado improcedente por insuficiência de provas, hipótese em que qualquer legitimado poderá intentar outra ação, com idêntico fundamento valendo-se de nova prova, na hipótese do inciso I do parágrafo único do art. 81; III — *erga omnes*, apenas no caso de procedência do pedido, para beneficiar todas as vítimas e seus sucessores, na hipótese do inciso III do parágrafo único do art. 81."

(...) não abrange somente os associados das entidades representantes, mas todos aqueles pertencentes à categoria ou à coletividade de trabalhadores interessada e, até mesmo, aqueles que não mais pertencem a essas coletividades, mas que podem sofrer os efeitos da coisa julgada coletiva, como os efeitos *ex tunc*, bem como abrange os futuros integrantes da categoria ou da coletividade representada, cujas relações de trabalho serão regidas pela norma coletiva em vigor.

Há uma similaridade entre tais efeitos produzidos pela sentença normativa, pela convenção coletiva de trabalho e pelo acordo coletivo de trabalho, especialmente no que se refere ao seu objeto, qual seja, regular as condições laborais entre as partes envolvidas no litígio.

A sentença normativa gera os mesmos efeitos das regras jurídicas cujas características ela contém e é considerada "(...) ato legislativo em sentido material", segundo entendimento de Romita (2005, p. 16).

Uma de suas características, segundo o mesmo autor, é a inexistência de eficácia executiva e, por essa razão, o seu conteúdo é reputado como meramente constitutivo. Quando da sua execução, esta poderá ser individual, como objeto de reclamações individuais propostas pelos trabalhadores alcançados por ela, oportunidade em que o juiz responsável a aplicará do mesmo modo que aplicaria a lei, interpretando-a como se assim a sentença o fosse (ROMITA, 2005).

No que tange a vigência, varia de acordo com a data do ajuizamento da ação. Esta se dará a partir da publicação da decisão do colegiado, se o dissídio coletivo não for instaurado no prazo de sessenta dias que antecede ao termo final de instrumento coletivo anterior. Existindo ACT, CCT ou sentença em vigor, se o dissídio for instaurado dentro do referido prazo, os efeitos da sentença normativa fluirão a partir do dia seguinte à expiração dos citados instrumentos coletivos (§ 3º do art. 616 e 867 e parágrafo único do art. 616, todos da CLT).

Ultrapassado tal prazo, se a data-base tiver sido assegurada por meio de protesto judicial, os efeitos da sentença normativa retornarão ao dia subsequente ao vencimento do instrumento anterior.

Para os dissídios de extensão e de revisão, a vigência começará a fluir a partir da data fixada pelo Tribunal competente, em conformidade com os arts. 868 a 871 e 873 a 875 da CLT, respectivamente.

Se se tratar de dissídio coletivo originário, os efeitos da sentença normativa se darão a partir da data do seu ajuizamento (letra "a" do parágrafo único do art. 867 da CLT).

Em relação ao período de vigência da sentença normativa, a legislação celetista estabelece em seu art. 873 o prazo de um ano, facultada ao colegiado, no momento do julgamento, a possibilidade de prorrogar esse prazo por até quatro anos, conforme dispõe o art. 868 do mesmo diploma legal.

Na prática forense, os Tribunais têm fixado o prazo de um ano para as cláusulas de natureza econômica, em decorrência das variações inflacionárias e, para as demais, o limite máximo previsto, qual seja, quatro anos.

Nesse sentido, o Tribunal Superior do Trabalho pacificou entendimento por meio do Precedente Normativo (PN) n. 120, nos seguintes termos:

SENTENÇA NORMATIVA. DURAÇÃO. POSSIBILIDADE E LIMITES (positivo) — A sentença normativa vigora, desde seu termo inicial até que sentença normativa, convenção coletiva de trabalho ou acordo coletivo de trabalho superveniente produza sua revogação, expressa ou tácita, respeitado, porém, o prazo máximo legal de quatro anos de vigência. (BRASIL, 2011).

Registra-se que a eficácia das sentenças normativas ocorre independentemente do transcurso do prazo recursal, sendo que elas só serão oponíveis por meio de recurso ordinário perante o Tribunal Superior do Trabalho.

Mas poderão ser modificadas se aviados e providos embargos de declaração, em grau originário, na eventualidade de contradição, resultando daí uma sentença com efeito modificativo. Nesse caso, necessariamente, confere-se prazo à parte adversa para sua defesa em respeito aos princípios do contraditório e da ampla defesa, em conformidade com o art. 243 do RITST.

No que tange à coisa julgada, tem característica especial, porque o seu prazo de vigência, conforme antes assinalado, é de, no máximo, quatro anos,

> apesar de decidir a relação jurídica continuativa, ter prazo de vigência e estar sujeita a revisão, a sentença normativa produz coisa julgada material até a extinção do seu prazo de vigência ou a prolação de sentença normativa em dissídio coletivo de revisão (LIMA SANTOS, 2012, p. 361).

Prossegue o citado autor esclarecendo que, nesse período, a eficácia da coisa julgada ampara a sentença normativa, visto que nem mesmo convenção ou acordo coletivo de trabalho ajustado entre as categorias profissional e econômica poderá dispor contrariamente ao seu conteúdo, muito embora possam estas estabelecer entre si condições mais benéficas, com fundamento na aplicação do princípio da norma mais favorável.

Sobre essa questão, Andrade (1993, p. 173) afirma que a coisa julgada se dá de duas maneiras, quais sejam: — formal, quando ocorre imediatamente com o julgamento do dissídio coletivo; — material, quando se opera a partir da publicação da sentença e enquanto perdurar a sua vigência.

Destarte, prolatada a sentença normativa, ela é considerada como fonte formal heterônoma de direito laboral, cuja aplicação alcança os trabalhadores representados pela entidade sindical, envolvida na lide, no âmbito de sua base territorial (ROMITA, 2005, p. 15).

São assim definidas, pois se constituem de regras jurídicas que emergem do poder estatal (Judiciário trabalhista), em contraponto às convenções e acordos coletivos de trabalho, em que há participação direta das partes do litígio, assim reputadas de fontes formais autônomas, conclui o citado autor.

É possível inferir que, no lapso temporal, apenas enquanto viger a sentença e, após transcurso de seu prazo recursal, ressalvada a hipótese do ajuizamento de dissídio de revisão[77], a sentença normativa torna-se imutável e indiscutível, sendo, pois, acobertada pela proteção constitucional inscrita no inciso XXXVI do art. 5º da CF/88, que preconiza que "a lei não prejudicará o direito adquirido, o ato jurídico perfeito e a coisa julgada".

5.4. CONTEMPORANEIDADE: AS REPERCUSSÕES DA EC N. 45/2004 E A EXIGÊNCIA DO COMUM ACORDO

É certo que o direito deve ser renovado como uma forma de dar resposta às constantes alterações por que passa gradativamente a sociedade. Dessa forma, o Brasil, no percurso de seus ciclos históricos, segue adequando suas legislações, objetivando atender às expectativas desta sociedade mutante.

Nesse cenário, após o período de regime militar, o nosso Estado renasce com a sua nova Lei Maior de 1988. Esta já sofreu vicissitudes em seus dispositivos por meio de Emendas Constitucionais, que introduziram transformações, adequações ou novas regras.

Não se excluem dessa perspectiva matérias referentes às relações laborais. Em 31 de dezembro de 2004, com a publicação da Emenda Constitucional n. 45, o art. 114 da Constituição passou a ter uma nova redação que elasteceu a competência da Justiça do Trabalho, com consequentes alterações significativas no âmbito juslaboral.

Essa Emenda reformulou também as bases do dissídio coletivo ao estabelecer, *in verbis*:

Art. 114. Compete à Justiça do Trabalho processar e julgar: (...) § 1º Frustrada a negociação coletiva, as partes poderão eleger árbitros. § 2º Recusando-se qualquer das partes à negociação coletiva ou à arbitragem, é facultado às mesmas, de comum acordo, ajuizar Dissídio Coletivo de natureza econômica, podendo a Justiça do Trabalho decidir o conflito, respeitadas as disposições mínimas legais de proteção ao trabalho, bem como as convencionadas anteriormente.

---

(77) Sobre o dissídio coletivo de revisão, verificar o item 3.2.2 do terceiro capítulo desta obra.

§ 3º Em caso de greve em atividade essencial, com possibilidade de lesão do interesse público, o Ministério Público do Trabalho poderá ajuizar Dissídio Coletivo, competindo à Justiça do Trabalho decidir o conflito. (BRASIL, 2004).

Destaca-se que, além de esgotar todas as possibilidades de negociação coletiva, regra contida também na redação originária do referido artigo, ampliaram-se, consideravelmente, as condições para ajuizar a ação, tendo em vista a necessidade de consentimento mútuo das partes para tal iniciativa.

Nessa conjuntura, surgiram várias teses jurídicas doutrinárias, objetivando analisar e questionar as alterações inseridas pela nova Emenda.

Interessante explicitar o propósito de se exigir o comum acordo para o ajuizamento do dissídio coletivo de natureza econômica. Essa idealização, segundo Romita (2014), originariamente partiu da Organização Internacional do Trabalho (OIT), cuja finalidade seria afastar algumas críticas direcionadas ao poder normativo do Judiciário trabalhista no Brasil. O citado autor afirma que, apesar de a sugestão sobre o mútuo consenso para se ajuizar o dissídio ser interessante, tal iniciativa evidenciou um desconhecimento das práticas adotadas no Brasil objetivando elucidar os conflitos coletivos de trabalho. Todavia, segundo o seu entendimento, a decisão unilateral de provocar a interferência estatal para solucionar as lides coletivas remete ao autoritarismo do governo de outrora, que necessita ser retirado da ordem jurídica pátria.

Nascimento (2012, p. 936) esclarece essa questão em sua averiguação sobre a origem histórica[78] da exigência do comum acordo consagrada no § 2º do art. 114 da Constituição de 1988.

Nessa mesma linha, Pisco (2010, p. 37), ao examinar detidamente o relatório do Comitê de Liberdade Sindical, elaborado por ocasião do julgamento da Denúncia apresentada pela CUT à Organização Internacional do Trabalho, em 17.5.1995, elucida que tal Denúncia tratava do fato de a prática de demandar unilateralmente gerar prejuízos ao exercício do direito de greve, além de abalar as negociações coletivas.

Esse episódio ocorreu após a deflagração do movimento paredista pela categoria de petroleiros, tendo a Petrobras à época instaurado o dissídio coletivo de greve perante o Colendo TST que, ao declarar a sua abusividade, também suprimiu várias conquistas obtidas anteriormente por essa classe de trabalhadores. A OIT criticou a decisão da Corte Superior Trabalhista e recomendou[79], então, a adoção de mecanismos que permitissem que essa atividade ocorresse apenas por deliberação conjunta das partes em conflito, restringindo, dessa forma, a interferência do Judiciário trabalhista, ou nas hipóteses em que estivessem em risco a saúde, a segurança e a vida dos indivíduos.

O governo brasileiro, por sua vez, por meio da Emenda Constitucional n. 45, acatou tal sugestão exigindo a anuência das partes para ajuizamento de dissídio coletivo de natureza econômica, porém, não estipulou ressalva para os casos de eventual risco, como sugerido pela OIT.

Ao suprimir essa exigência para a instauração do dissídio coletivo de greve, permitiu-se ao Judiciário laboral julgar as pretensões apresentas pela categoria profissional, no ato de sua defesa, e sem a concordância da parte adversa.

Assim, se a Justiça do Trabalho está apta para analisar a abusividade ou não da greve, estará também para julgar o rol das postulações apresentadas pela categoria profissional que, nesse caso, não necessita de consentimento da parte contrária. A recomendação da OIT não foi de todo atendida, mas, no que foi, não impede o que outrora aconteceu no caso da Petrobras. Entretanto, pode-se dizer que não há qualquer irregularidade na atividade normativa do Judiciário especializado, visto que, desencadeada a greve, o direito de outrem também está sendo violado e, nesse caso, torna-se necessário o estabelecimento de limites para o seu exercício, como um contraponto à referida violação. Distorções, no entanto, são passíveis de ocorrer como consequência de eventual decisão

---

(78) A respeito do esboço histórico do "comum acordo", traçado por Amauri Mascaro Nascimento, conferir item 2.3.2 do segundo capítulo desta obra.
(79) Acerca de tal Recomendação da OIT, verificar o caso 1839 no Boletim Oficial no anexo "B" desta obra.

judicial, mas isso não veda a utilização desse tipo de ação coletiva, inviabilizando o papel que tem a Justiça do Trabalho de dirimir lides de interesse coletivo da forma mais apropriada (PISCO, 2010).

Esses são os motivos elencados pela doutrina como sendo os ensejadores da inclusão da expressão "comum acordo" no § 2º do art. 114 da Constituição Federal, como exigência para a instauração do dissídio coletivo de natureza econômica. O momento histórico fez nascer a ideia da inserção de tal condição. As polêmicas doutrinárias e jurisprudenciais, que decorreram dessa imposição constitucional, ainda subsistem, aguardando pronunciamento do Supremo Tribunal Federal.

No que tange aos questionamentos doutrinários acerca da extinção ou não do poder normativo conferido à Justiça Especializada, sustenta Antônio Nicácio (2005, p. 25) que a inserção do "comum acordo" ao texto constitucional seria uma maneira de forçar as negociações coletivas, pois, se frustradas, torna-se muito mais difícil para as partes, consensualmente, ajuizarem o dissídio, "transferindo para a Justiça do Trabalho o julgamento de suas pretensões, ainda mais agora que o Poder Normativo foi eliminado pela reforma".

Em outra linha, posiciona-se Lima Santos (2012, p. 323), ao argumentar que a Emenda não extinguiu nem sequer ao menos modificou a essência do poder normativo da Justiça do Trabalho. Enfatiza, ainda, o aludido autor que a nova redação foi determinante ao referir-se sobre o "(...) dissídio coletivo de natureza econômica, cujo conceito de poder normativo lhe é inerente", e que seu núcleo é constituído pelo estabelecimento de normas e condições de trabalho.

A imposição da anuência das partes para o ajuizamento do dissídio coletivo de natureza econômica poderá trazer resultados indesejáveis como a motivação à "litigiosidade contida", afirma Nascimento (2012, p. 934), alegando que o direito de propor essa ação coletiva será afetado, caso seja esta condicionada à necessidade de permissão do suscitado.

De acordo com os argumentos apresentados por Pedro Paulo Teixeira Manus (2006, p. 244), a exigência do comum acordo previsto no § 2º do art. 114 da Constituição não deve ser entendida como uma obrigatoriedade de a parte contrária ajuizar conjuntamente a ação coletiva, mas apenas que ela concorde com o ajuizamento do dissídio.

Para Ribeiro dos Santos (2013, p. 193), a Emenda, nesse particular, não apresentou inovações, apenas repetiu a disposição contida na legislação infraconstitucional, tendo em vista que o mencionado termo se encontra expresso no art. 11 da Lei n. 7.783/89 — que regulamenta o exercício do direito de greve, *in verbis*:

> Art. 11. Nos serviços ou atividades essenciais, os sindicatos, os empregadores e os trabalhadores ficam obrigados, de comum acordo, a garantir, durante a greve, a prestação dos serviços indispensáveis ao atendimento das necessidades inadiáveis da comunidade.

A Lei em comento passou a viger em 28 de junho de 1989, na mesma data de sua publicação, ou seja, anterior à promulgação da Emenda Constitucional n. 45/2004, editada no mês de dezembro desse mesmo ano.

É bem verdade que a prática forense tem mostrado que inexiste uma unanimidade entre os Tribunais Regionais e o Superior Tribunal do Trabalho sobre tal condição imposta pela EC n. 45/2004.

O Colendo TST tem sinalizado o seu entendimento, por meio de suas decisões, pela necessidade da concordância mútua das partes para o ajuizamento do dissídio, como se depreende da ementa do Recurso Ordinário julgado pela Seção de Dissídios Coletivos, que ora se transcreve:

> RECURSO ORDINÁRIO interposto PELO SINDICATO DAS INDÚSTRIAS GRÁFICAS DA REGIÃO NORDESTE DO RIO GRANDE DO SUL E OUTROS. DISSÍDIO COLETIVO DE NATUREZA ECONÔMICA. EXIGÊNCIA DE COMUM ACORDO. PRESSUPOSTO PROCESSUAL. EXTINÇÃO DO PROCESSO. É pacífico o entendimento desta Corte Superior segundo o qual, em face do disposto no § 2º do art. 114 da Constituição da República, introduzido pela Emenda Constitucional n. 45/04, o requisito do "comum acordo" constitui pressuposto de constituição e de desenvolvimento válido e regular do Dissídio Coletivo de natureza econômica. Por conseguinte, a exigência de comum acordo não viola o inciso XXXV do art. 5º da Constituição da República, haja vista que, em dissídio

coletivo de natureza econômica, não se examina a ocorrência de lesão ou ameaça a direito, mas profere-se decisão normativa que deverá traduzir a justa composição do conflito de interesses das partes. Preliminar acolhida. Processo extinto, sem resolução de mérito. (TST-RO-253300-42.2009.5.04.0000 — Relator: Ministro Walmir Oliveira da Costa — Publicação: DEJT — 15.4.2013).

Constata-se que, para a Corte Superior laboral, a aquiescência expressa das partes é requisito para o regular processamento da ação coletiva, pois a inexistência de tal anuência enseja a extinção do processo, sem resolução de mérito, em conformidade com inciso IV do art. 267 do CPC, como se depreende da leitura da ementa em análise.

Essa chancela de que trata a norma constitucional não se traduz em necessidade de uma petição conjunta, mas no consentimento da parte adversa para ajuizar a ação, esclarece Hinz (2009, p. 156). Sendo assim, apesar de a negociação coletiva ser vista como o melhor caminho para solucionar conflitos laborais, quando assim não for possível, o dissídio não poderá ser ajuizado, enquanto não houver concordância dos litigantes, conclui o citado autor.

Contrário é o entendimento do Tribunal Regional do Trabalho da 3ª Região (MG) cuja Seção de Dissídios Coletivos, em 17.5.2012, assim decidiu a ação coletiva em que figuravam como partes o Sindicato dos Professores do Estado de Minas Gerais — SINPRO (suscitante) e o Sinepe Norte de Minas — Sindicato das Entidades Mantenedoras de Estabelecimentos Particulares do Ensino do Norte de Minas Gerais (suscitada):

> EMENTA: DISSÍDIO COLETIVO — "MÚTUO CONSENSO" — DESNECESSIDADE. O ajuizamento de dissídio coletivo de natureza econômica constitui forma de acesso à Justiça. O próprio texto constitucional (§ 2º do art. 114) alude a uma "faculdade" e a sua redação não pode levar ao raciocínio de ser entendida como vedação absoluta da via judicial. Extinguir o feito, sem investigação meritória, por eventual ausência de possível pressuposto processual ("comum acordo"), acabaria por premiar o comportamento do Suscitado, principalmente quando se verifica que, dentre outros nevrálgicos aspectos, ele concorda com a maioria das cláusulas trazidas a exame. Demais disso, há disposição do Estatuto do próprio Suscitado sobre a convocação de Assembleia Geral "...quando se tratar de decisão sobre convenção ou dissídio coletivo...", requisito não atendido pelo Sindicato-suscitado. (0000411-54.2011.5.03.0000 DC — Relatora Desembargadora Camilla G. Pereira Zeidler. Publicação: 30.5.2012 — Divulgação: 29.5.2012 — DEJT.p. 55)

Não obstante as decisões no âmbito da Justiça Laboral sejam em relação a essa exigência constitucional, Martins Filho (2008, p. 60) defende que:

> Enquanto mantida a jurisprudência da SDC-TST, a oposição patronal à instauração da instância continuará a afastar o conflito da intervenção estatal, propiciando o aprofundamento na negociação coletiva, sabendo-se que a solução de consenso é melhor do que a imposta pelo Estado-Juiz ou Estado-Legislador.

Além disso, ao proferir o julgamento do dissídio coletivo de natureza econômica, o Tribunal deverá levar em consideração as disposições "convencionadas anteriormente" (§ 2º do art. 114 da CF). Todavia, não se quer dizer com isso que esteja caracterizada a constitucionalidade da ultra--atividade das normas coletivas, pois tais disposições só serão mantidas pelo Judiciário trabalhista, se os envolvidos no conflito anuírem expressamente com o ajuizamento da ação dissidial, segundo entendimento de Hinz (2009, p. 157).

No que se refere à constitucionalidade ou não de tal exigência para o ajuizamento desta ação de natureza econômica, Ribeiro dos Santos (2013, p. 195) defende a tese de que essa condição estaria sedimentada no fato de o suscitante carecer da autorização do suscitado para ter o direito de demandar em juízo, realçando que isso "indubitavelmente não faz qualquer sentido em sede de Direito Processual".

Além disso, prossegue o mencionado autor, tal exigência contraria literalmente o art. 5º, inciso XXXV, da Constituição Federal, segundo o qual "a lei não excluirá da apreciação do Poder Judiciário lesão ou ameaça a direito", por condicionar o direito de ação, assegurado constitucionalmente a todos, à permissão de outrem, no caso, o suscitado (polo passivo da ação).

Nesse sentido, coaduna Mauro Schiavi (2010, p. 1042), ao reafirmar que tal exigência tem sido contestada pela doutrina ao fundamento de que a necessidade de anuência, para ingressar com a ação coletiva, violaria o direito constitucionalmente consagrado de acesso ao Judiciário na forma preconizada pela Magna Carta.

Contudo, há quem sustente que a necessidade do mútuo consentimento não fere o citado princípio constitucional. Nesta linha se posiciona Antônio Álvares da Silva (2005, p. 87), em sua análise sobre a exigência contida no § 2º do art. 114 da CF, defendendo que tal parágrafo nada tem de inconstitucional, tampouco limita o acesso dos sindicatos à Justiça laboral, mas unicamente estabelece uma condição de ação. Afirma, ainda, o citado autor que "a EC n. 45/2004 não feriu o direito de ação, não violentou o direito de acesso ao Judiciário, não violou direitos fundamentais, não restringiu nada. Apenas condicionou o direito de ação de dissídio coletivo a peculiariedades inerentes à sua própria natureza".

Percebe-se que as controvérsias relativas à inconstitucionalidade ou não de tal exigência para a propositura do dissídio coletivo de natureza econômica perduram por mais de uma década.

Foi, porém, por meio de Ações Diretas de Inconstitucionalidade (ADIn) e de Ações Declaratórias de Inconstitucionalidade (ADI), ajuizadas perante o Supremo Tribunal Federal (STF), que se questionou a inconstitucionalidade da redação do § 2º do art. 114 da Constituição Federal, alterada pela Emenda Constitucional 45/2004.

Tais ações cujas numerações são ADIs n. 3.392, n. 3.431, n. 3.432 e n. 3.520 foram reunidas à de n. 3.423, em razão da identidade de objeto, para processamento e julgamento pelo STF.

Essas ações encontram-se pendentes de decisão meritória da matéria e, consequentemente, o entendimento dos Tribunais Regionais e o do Tribunal Superior do Trabalho, por meio de seus órgãos julgadores, certamente prosseguirão em sentidos divergentes até que a Suprema Corte pacifique a questão.

É provável que um dos aspectos mais polêmicos introduzidos pela Emenda 45, notadamente, é o pertinente à exigência do comum acordo. Daí emerge a necessidade de que seja o mais célere possível o julgamento do mérito das aludidas ADIns e ADIs interpostas ao STF de cujo resultado poderá depender o surgimento de alternativas à solução de novos conflitos coletivos.

Vale sublinhar que o texto constitucional também ostenta como direito fundamental a garantia de uma razoável duração do processo e de meios que assegurem a celeridade de sua tramitação para que exista, de fato, garantia para todo cidadão de acesso pleno e efetivo à tutela jurisdicional.

5.5. A SÚMULA N. 277 DO TST COM SUA ATUAL REDAÇÃO

No desenvolvimento do presente estudo sobre os instrumentos coletivos normatizados — ACT, CCT e sentença normativa —, buscaram-se conceituações doutrinárias, entendimentos jurisprudenciais, bem como outros aspectos relevantes, com o propósito de se avaliar cada um desses instrumentos como meios de se efetivarem direitos laborais dos trabalhadores.

Nessa perspectiva, os efeitos por eles produzidos, bem como a respectiva vigência, foram itens que mereceram destaque com escopo de demonstrar os benefícios de cada instrumento coletivo.

Igualmente, tratou-se da eficácia das aludidas normatizações coletivas, em conformidade com a legislação pertinente em vigor. Contudo, em voga a nova redação da Súmula n. 277 do Colendo TST, tornar-se-ão necessárias algumas ponderações, especialmente uma detida reflexão sobre o tema para que, ao final desta análise, se possa também concluir quais são os possíveis efeitos e repercussões decorrentes da orientação contida nesse verbete jurisprudencial.

Nesse contexto, serão trazidas à colação as vertentes doutrinárias que surgiram após a publicação da redação da Súmula em questão.

Antes, porém, é essencial que se trace um esboço relativo à teoria da ultra-atividade, qual seja da incorporação das normas coletivas e, para tal, valeu-se dos ensinamentos de Márcio Túlio Viana (2001, p. 49), para quem essa teoria se trata de um procedimento no qual as cláusulas de uma convenção coletiva de trabalho se "desgarram dela e se agarram nos contratos individuais". Assim, mesmo transcorrido o lapso temporal de vigência de tais instrumentos coletivos, as cláusulas nele consignadas "continuam, lá agarradas" aos contratos individuais de trabalho, até então firmados. Na realidade, é uma transmutação de cláusula convencionada para cláusula contratual.

Por essa teoria, os efeitos emergentes das normas coletivas subsistem, mesmo após o seu termo final.

Essa tese é sustentada por Maranhão (1977, p. 330), ao afirmar que, finda a vigência da convenção,

> no que se refere aos contratos individuais por ela modificados, automaticamente, ou celebrados durante o período de vigência da norma, não parece que, em nosso direito positivo do trabalho, possa haver outra solução: continuam regidos pelas normas da convenção extinta.

Assim, com base nessas elucidações, pode-se considerar que as normas constantes dos instrumentos coletivos revestem-se de ultra-atividade, já que estas permanecem eficazes mesmo após o término de sua vigência. Os seus efeitos se projetam, pois, para além do seu termo final.

A jurisprudência da Superior Corte Trabalhista, no entanto, ao tratar dessa questão, inclinou-se em sentido oposto ao da ultra-atividade quando da adoção da Súmula n. 277, com a seguinte orientação em sua redação originária:

> SENTENÇA NORMATIVA. VIGÊNCIA. REPERCUSSÃO NOS CONTRATOS DE TRABALHO. As condições de trabalho alcançadas por força de sentença normativa vigoram no prazo assinado, não integrando, de forma definitiva, os contratos. (Res. 10/1988. DJ 1, 2 e 3.3.1988)

Naquele momento, a Superior Corte laboral cristalizou o seu entendimento sobre a transitoriedade da normatização coletiva, deixando claro que tal norma não integraria definitivamente os contratos de trabalho.

Posteriormente, o verbete sumulado sofreu adequações, excluindo-se dele apenas cláusulas constantes das negociações relativas ao período apontado pelo inciso II constante da redação sumulada. Tal norte passou a alcançar também as convenções e os acordos coletivos de trabalho, ficando redigida da seguinte forma:

> SENTENÇA NORMATIVA. CONVENÇÃO OU ACORDO COLETIVOS. VIGÊNCIA. REPERCUSSÃO NOS CONTRATOS DE TRABALHO. I — As condições de trabalho alcançadas por força de sentença normativa, convenção ou acordos coletivos vigoram no prazo assinado, não integrando, de forma definitiva, os contratos individuais de trabalho. II — Ressalva-se da regra enunciada no item I o período compreendido entre 23.12.1992 e 28.07.1995, em que vigorou a Lei n. 8.542, revogada pela Medida Provisória n. 1.709, convertida na Lei n. 10.192, de 14.2.2001. (Res. 161/2009, DEJT 23, 24 e 25.11.2009).

Verifica-se que o Colendo TST prosseguiu reafirmando o seu posicionamento, qual seja: ao final do prazo estipulado para os instrumentos coletivos de trabalho, isto é, de, no máximo, dois anos para ACT, CCT e de, no máximo, quatro anos para a sentença normativa, o que houvera sido estabelecido em tais normatizações coletivas regularia os contratos individuais dos trabalhadores de determinada categoria, apenas durante o período de vigência destes.

Esse critério perdurou até que a Corte Trabalhista, em setembro de 2012, durante a realização da "II Semana do TST", evento com objetivo de examinar e reavaliar sua jurisprudência, ao encerrar as atividades propostas para aquele evento jurídico, publicou a Resolução que trouxe mudança significativa na Súmula n. 277, pois reformulou a orientação primária nela pacificada, reeditando-a com a seguinte redação:

Súmula n. 277 — CONVENÇÃO COLETIVA DE TRABALHO OU ACORDO COLETIVO DE TRABALHO. EFICÁCIA. ULTRA-ATIVIDADE. As cláusulas normativas dos acordos coletivos ou convenções coletivas integram os contratos individuais de trabalho e somente poderão ser modificadas ou suprimidas mediante negociação coletiva de trabalho. (Res. 185/2012. DEJT divulgado em 25, 26 e 27.9.2012)

Compreende-se que o Colendo TST inverteu o sentido da Súmula, ao consagrar que os pactos ajustados por acordo coletivo de trabalho (ACT) ou convenção coletiva de trabalho (CCT), a partir de então, não estarão limitados pela vigência do instrumento coletivo, sendo, portanto, suprimidos ou alterados apenas por meio de nova negociação coletiva de trabalho. Dessa forma, restou consignada pela Superior Corte Trabalhista a ultra-atividade de tais instrumentos.

Verifica-se, ainda, que a redação sumulada em questão excluiu o vocábulo "sentença normativa" constante da redação originária, permanecendo apenas a indicação de acordos e convenções coletivas de trabalho, cujos efeitos subsistirão para além de seu termo final, podendo ser alterados somente por novos instrumentos, ajustados entre as próprias partes.

Outrora, o reconhecimento da ultra-atividade das normas constantes de convenções coletivas fora por Maranhão (1977, p. 330) apoiada, ao fundamento de que os contratos alterados por convenção coletiva continuam sendo por ela regidos, mesmo que expirada a sua vigência, uma vez que, incorporados ao contrato individual, este não pode ser modificado, em conformidade com o art. 468 da CLT.

Todavia, a recogniçâo da ultra-atividade das normas inscritas nos instrumentos coletivos, tal como posto pela atual redação da Súmula n. 277 do Colendo TST, suscitou uma verdadeira celeuma doutrinária, formando-se vertentes em defesa e contrariamente ao então entendimento pacificado pelo Colendo TST.

A disposição contida na redação da Súmula em questão é sobremaneira mais benéfica para os trabalhadores porque lhes garante as conquistas das negociações anteriores com a classe patronal. Esse é o entendimento de Augusto César Leite Carvalho, Kátia Magalhães Arruda e Mauricio Godinho Delgado (2012), ao defenderem que

> se uma categoria profissional e a representação patronal definem quais os direitos que devem ser assegurados a certos trabalhadores a partir da data inicial de vigência de uma convenção ou acordo coletivo, o advento da data derradeira de vigência dessa norma não lhe retirará a eficácia.

Afirmam ainda os citados autores que:

> (...) se é certo que a jurisprudência consagrou o comum acordo como requisito para o ajuizamento do dissídio coletivo, baseado no texto constitucional (art. 114, § 2º), também é certo que não deixou os trabalhadores ao desabrigo da norma coletiva, vez que o pacto anterior persistirá valendo no mundo jurídico-laboral. De modo contrário, não haveria a "paridade de armas", absolutamente essencial ao equilíbrio das forças no processo de negociação coletiva.
>
> (...)
>
> A ultra-atividade condicional, ou seja, aquela que faz a norma coletiva prevalecer até que a cláusula de interesse seja eventualmente derrogada por norma coletiva posterior, promove a harmonia entre os atores coletivos da relação laboral, impondo a negociação coletiva de trabalho como um modo necessário de rever conquistas obreiras, sem o artifício de tê-las suprimidas pela mera passagem do tempo (CARVALHO; ARRUDA; DELGADO, 2012).

Por ocasião da realização do "LTr — 53º Congresso Brasileiro de Direito do Trabalho"[80], realizado nos dias 24, 25 e 26 de junho de 2013, na cidade de São Paulo (SP), ao apresentar o

---

(80) Palestra proferida por Kátia Magalhães Arruda, no LTr — 53º — Congresso Brasileiro de Direito do Trabalho, São Paulo: LTr, 24 a 26 jun. 2013.

tema "Súmula n. 277 do TST: Convenção Coletiva de Trabalho ou Acordo Coletivo de Trabalho. Eficácia. Ultra-atividade", Kátia Magalhães Arruda reiterou o seu entendimento[81], ao esclarecer que o Tribunal Superior do Trabalho não inovou sobre a ultra-atividade, já que alguns países a adotam de forma plena, ou seja, as conquistas obreiras obtidas em negociações, uma vez incorporadas, não poderão ser suprimidas.

Em outros países, como aduz a Ministra, ocorre de maneira condicionada à inexistência de norma coletiva posterior que a revogue, citando como exemplos a ordem jurídica alemã, a francesa, a italiana, entre outras.

Sustentou, ainda, que, nesse caso, a ultra-atividade da norma em questão fomenta as negociações coletivas e ressaltou a sua importância como ato de respeito e reconhecimento, uma vez que os envolvidos conhecem as realidades das respectivas categorias.

Nesse sentido, Ribeiro dos Santos (2013, p. 199) posiciona-se em defesa de que as cláusulas inseridas em acordo ou convenção coletiva nos contratos individuais surtirão efeito até que outro instrumento normativo as altere, modifique ou revogue. Prossegue o mencionado autor asseverando que, em razão da ultra-atividade das normas, estas não poderão ser simplesmente retiradas ou eliminadas por ocasião de seu vencimento.

Daí decorre a necessidade de os atores sociais promoverem negociações coletivas e firmarem acordo ou convenção, anualmente ou, no máximo, a cada dois anos, a fim de regular as condições de trabalho e remuneração, afirma o doutrinador em questão.

Nota-se que as correntes favoráveis ao conteúdo da Súmula n. 277 assim o são muito porque esta acaba por estimular as negociações coletivas, visto ser esse o único meio de alterar condições que regerão os contratos individuais antes incorporadas a partir das normas coletivas. Ademais, a orientação sumular é um contraponto à exigência constitucional do mútuo consentimento para se ajuizar dissídio coletivo de natureza econômica. Sendo assim, a categoria profissional terá a seu favor as condições ajustadas em convenções anteriores até que outra venha a substituí-la, de modo a resultar maior equilíbrio entre capital e trabalho.

Opõe-se a essa vertente Júlio Bernardo do Carmo (2012, p. 83), ao defender a ideia de que, para a realização de acordos e convenções coletivas de trabalho, é indispensável a intervenção do ente sindical, então "(...) como explicar a ultra-atividade condicionada das normas coletivas, ainda que em períodos transitórios, sem a participação de seus atores essenciais?". Conclui o citado autor que a nova orientação sumulada, em vez de otimizar, poderá se tornar em óbice para a criação de outras cláusulas por meio de instrumentos coletivos que sejam mais favoráveis aos trabalhadores. Se tais cláusulas aderirem aos contratos individuais de trabalho, isso pode resultar em grande oneração do setor econômico, o que acarretaria impeditivos à concessão de novos benefícios, que, porventura, seriam adquiridos em novas negociações.

Como parênteses para que se prossiga essa discussão, vale lembrar que, sobre a edição de Súmulas, o Regimento Interno do Colendo TST estabeleceu em seus arts. 159 ao 166 as diretrizes e alguns critérios para a sua aprovação, fixando o procedimento formal a ser seguido, como as publicações de acórdãos de decisões reiteradas sobre determinada matéria cujo entendimento será posteriormente pacificado por meio de Orientação Jurisprudencial, Precedente Normativo ou Súmula[82].

---

(81) Entendimento consignado no artigo de coautoria com os Ministros do Colendo TST Augusto César Leite Carvalho, e Mauricio Godinho Delgado, já mencionado no presente item desta obra.
(82) RITST — "art. 165. O projeto de edição de Súmula deverá atender a um dos seguintes pressupostos: I — três acórdãos da Subseção Especializada em Dissídios Individuais, reveladores de unanimidade sobre a tese, desde que presentes aos julgamentos pelo menos 2/3 (dois terços) dos membros efetivos do órgão; II — cinco acórdãos da Subseção Especializada em Dissídios Individuais, prolatados por maioria simples, desde que presentes aos julgamentos pelo menos 2/3 (dois terços) dos membros efetivos do órgão; III — quinze acórdãos de cinco Turmas do Tribunal, sendo três de cada, prolatados por unanimidade; ou IV — dois acórdãos de cada uma das Turmas do Tribunal, prolatados por maioria simples.

A mudança de opinião sobre o conteúdo da redação do verbete jurisprudencial pelo Colendo TST deixou a comunidade jurídica surpresa. Na verdade não houve uma prévia sinalização, como sempre ocorre nessas circunstâncias, manifestada por meio de publicações sobre o tema, na forma do dispositivo anteriormente indicado.

Nesse sentido, a validade dos atos praticados pela Corte trabalhista, para a edição da Súmula em comento, foi questionada por João de Lima Teixeira Filho (2013), ao afirmar que tais procedimentos não foram observados antecipadamente à implementação da reportada Súmula, já que inexistem publicações anteriores de precedentes que a fundamentem, conquanto oriunda de discussões no decorrer da referida "Semana do TST 2012". Além disso, estaria em desacordo com o comando constitucional,[83] estabelecido no inciso IX do art. 93.

A segurança jurídica e a proteção à confiança são princípios constitucionais tão elementares quanto essenciais, cujo objetivo é exatamente impedir que a sociedade em geral seja surpreendida por mudanças repentinas do direito positivado, razão pela qual as alterações abruptas merecem ser consideradas com uma certa cautela.

Nesse diapasão, Almiro do Couto e Silva (2004, p. 276-277), ao discorrer sobre essa questão, preleciona que o futuro não é eterno prisioneiro do passado, tampouco os princípios da segurança jurídica e a proteção à confiança poderão converter-se em valores absolutos,

> (...) capazes de petrificar a ordem jurídica, imobilizando o Estado e impedindo-o de realizar mudanças que o interesse público estaria a reclamar. Mas, de outra parte, não é igualmente admissível que o Estado esteja autorizado, em todas as circunstâncias, a adotar novas providências em contradição com as que foram por ele próprio impostas, surpreendendo os que acreditaram nos atos do Poder Público.

Outro aspecto aventado concerne à consequente permanência nos contratos individuais, também de condições negativas para os trabalhadores, porventura pactuados em convenções anteriores, questão levantada por José Carlos Arouca (2012). Sobre essa matéria, podemos exemplificar com uma eventual redução salarial, ocorrida de acordo com o art. 7º, VI da CF. O que seria uma flexibilização temporal, por uma fragilidade ocasional da empresa, só poderia ser retirado dos contratos após novo acordo ou nova convenção coletiva de trabalho.

Para o referido autor, tais cláusulas não devem prevalecer nos contratos, pelo menos por ora, porquanto não foram legitimadas amplamente as flexibilizações das condições de trabalho.

Assevera, ainda, que assim a ultra-atividade dos instrumentos coletivos não poderia permitir a *reformatio se in peius*[84] e, por essa razão, as cláusulas "(...) negativas não se incorporam aos contratos de trabalho" por se caracterizarem como transitórias (AROUCA, 2012).

As circunstâncias econômicas em que as negociações coletivas se realizam também são apontadas como fator preocupante por Maurício de Figueiredo C. da Veiga (2012), ao aduzir que muitas vantagens e benefícios conquistados pela categoria profissional são concedidos levando-se em conta o momento em que as negociações se realizam. No decorrer do tempo, o cenário econômico

---

§ 1º Os acórdãos catalogados para fim de edição de Súmula deverão ser de relatores diversos, proferidos em sessões distintas. § 2º Na hipótese de matéria revestida de relevante interesse público e já decidida por Colegiado do Tribunal, poderá qualquer dos órgãos judicantes, a Comissão de Jurisprudência e Precedentes Normativos, a Procuradoria-Geral do Trabalho, o Conselho Federal da Ordem dos Advogados do Brasil ou Confederação Sindical, de âmbito nacional, suscitar ou requerer ao Presidente do Tribunal apreciação, pelo Tribunal Pleno, de proposta de edição de Súmula. Nesse caso, serão dispensados os pressupostos dos incisos I a IV deste artigo, e deliberada, preliminarmente, por dois terços dos votos, a existência de relevante interesse público. Art. 166. A edição, revisão ou cancelamento de Súmula serão objeto de apreciação pelo Tribunal Pleno, considerando-se aprovado o projeto quando a ele anuir a maioria absoluta de seus membros".
(83) CF — "art. 93, IX: Todos os julgamentos dos órgãos do Poder Judiciário serão públicos, e fundamentadas todas as decisões, sob pena de nulidade".
(84) *Reformatio in peius:* "Reforma para pior — diz-se da sentença recorrida e reformada". (CARLETTI, 1988, p. 343).

poderá ser diverso, tornando-se necessários que as discussões tenham início no mesmo nível de igualdade e não em um patamar mais vantajoso para os trabalhadores, aos quais, em razão da ultra-atividade da norma coletiva, já se asseguravam benefícios previstos em instrumento normativo anterior.

Já Antônio Carlos Aguiar (2013, p. 4) pondera que, a partir do momento em que as condições negociadas que, até então, tinham prazo de vigência, passam a integrar os contratos individuais, isso acaba por se traduzir em uma modalidade de direito adquirido que, embora seja uma situação adequada para as condições previstas em lei, não o seriam para as previstas em acordo ou convenção coletiva de trabalho.

Em que pesem aos questionamentos apresentados, faz-se necessário ressaltar que a aplicação da orientação contida na nova redação da Súmula n. 277 do Tribunal Superior do Trabalho é, sem dúvida, um meio de conferir maior efetividade aos direitos sociais de todos os trabalhadores cujo contrato individual de trabalho passará, então, a ser regido por instrumentos coletivos com vigência expirada, até que outro o substitua e, consequentemente, tal fato acabará por ser estímulo para que novas conciliações se realizem.

Ademais, a nova orientação sumulada condiz com o princípio da continuidade ou da permanência cujo objetivo principal é o de dar segurança econômica ao trabalhador. Será em face das concessões das vantagens ajustadas em acordo ou em convenções coletivas que decorrerá a sua incorporação ao contrato de trabalho. Daí se infere que a nova redação da Súmula em análise projeta-se na busca do equilíbrio que deve permear a relação entre capital e trabalho.

Assim sendo, é necessário repensar e vislumbrar alternativas de se enfrentarem as crises e incertezas que ocorrem periodicamente, até que, por meio de negociações coletivas, sejam produzidos novos instrumentos para reger os contratos individuais de trabalho; os efeitos da ultra-atividade da norma acabam por ser uma maneira de proteger a classe obreira, representada pela entidade sindical nas negociações.

É oportuno considerar a necessidade de sempre se estimularem as negociações coletivas a fim de que se realize a autocomposição, instrumento fundamental de pacificação social. Como dito em passagens anteriores, o constituinte a privilegiou ao contemplá-la em vários dispositivos constitucionais. E com a atual redação da Súmula n. 277, é possível notar que a Corte Trabalhista também se orienta nesse sentido, levando em conta que os acordos e as convenções coletivas, como consequência, produzirão efeitos mesmo após seu prazo de vigência e que, somente por meio de novas negociações, isso pode ser modificado.

CAPÍTULO 6

AÇÃO DE CUMPRIMENTO — PRESSUPOSTOS E SUA PECULIAR PROCEDIMENTALIDADE

Não é de nossa tradição o cumprimento voluntário de sentenças, inclusive as normativas. Poder-se-ia dizer que, nesse campo, falta-nos ética.

Isso dá ensejo à busca da realização do que ficou judicialmente ajustado. Esse é o contexto em que se desenvolve a ação de cumprimento. Paradoxalmente, ela é pouco doutrinada e utilizada e, no afã de suprir essa importante lacuna, serão discutidas algumas reflexões.

Felizmente, não só as sentenças normativas, mas também as convenções coletivas de trabalho (CCT) e os acordos coletivos de trabalho (ACT) estão englobados por essa possibilidade processual. Torna-se frequentemente necessária a utilização desse mecanismo judicial coercitivo para fazer valer o que foi decidido ou acordado.

Nesse sentido, a ação de cumprimento, prevista no art. 872 e em seu parágrafo único da Consolidação das Leis Trabalhistas (CLT), é a medida apta a ser utilizada nas hipóteses de descumprimento das obrigações atribuídas aos empregadores, especificamente as emergentes dos comandos constantes dos instrumentos coletivos.

Tal é o procedimento processual adotado pelo ordenamento jurídico pátrio, na ocorrência do inadimplemento das obrigações por parte de seus destinatários, para aplicar-se, em qualquer cenário de violação dos direitos resultantes de ajustes oriundos de negociações coletivas, estabelecidos em acordo homologado judicialmente ou em sentença normativa prolatada em sede de dissídio coletivo, o remédio processual atinente: a ação de cumprimento.

São essas as controvérsias que o presente capítulo procurará levantar, realçando a importância da ação mencionada no panorama jurídico e social como forma de obtenção de um provimento judicial condenatório, para assegurar a satisfação das obrigações do empregador quanto aos direitos e vantagens outorgados aos empregados, originários das normatizações coletivas aqui mencionadas.

6.1. Objeto

Consoante determinava a redação original da norma celetista, recorria-se à ação de cumprimento apenas como meio processual para compelir o devedor a cumprir a decisão prolatada em sede de dissídio coletivo pelo Tribunal Regional do Trabalho (TRT) ou Tribunal Superior do Trabalho (TST) ou acordo homologado judicialmente, segundo previsão no *caput* e parágrafo único do art. 872 da CLT, *in verbis*:

> Celebrado o acordo, ou transitada em julgado a decisão, seguir-se-á o seu cumprimento, sob as penas estabelecidas neste título. Parágrafo único: Quando os empregadores deixarem de satisfazer o pagamento de salários, na conformidade da decisão proferida, poderão os empregados ou os seus sindicatos, independente de outorga de poderes de seus associados, juntando certidão de tal decisão, apresentar reclamação à Vara ou Juízo competente, observado o processo previsto no Capítulo II deste Título, sendo vedado, porém, questionar a matéria de fato e de direito já apreciada na decisão.

Nota-se que o preceito supracitado contemplava essa modalidade de ação apenas para sentença normativa[85] e acordo homologado judicialmente[86].

---

(85) Sentença normativa: Constitui uma decisão judicial proferida pelos Tribunais do Trabalho ou Tribunal Superior do Trabalho, por ocasião do julgamento de dissídio coletivo — art. 114, § 2º da CF/88.
(86) Acordo coletivo homologado judicialmente — art. 863, *caput* / CLT: "Havendo acordo, o Presidente o submeterá à homologação do Tribunal na primeira sessão."

No entanto, com o advento da Lei n. 8.984/95, ampliaram-se as atribuições da Justiça Laboral, estabelecendo a predita lei em seu art. 1º:

> Compete à Justiça do Trabalho conciliar e julgar os dissídios que tenham origem no cumprimento de convenções coletivas ou acordos coletivos de trabalho, mesmo quando ocorram entre sindicatos ou entre sindicato de trabalhadores e empregador.

Elucida Vitor Salino de Moura Eça (2007, p. 219-234) que "a jurisprudência inclusive tratou de ampliar o espectro da referida norma" e aponta a Súmula n. 286 do Tribunal Superior do Trabalho, que, visando a harmonizar-se com o teor dessa lei, alterou a sua redação nos seguintes termos:

> Legitimidade — Substituto Processual — Demanda — Convenção e Acordo Coletivo — Sindicato: A legitimidade do sindicato para propor ação de cumprimento estende-se também à observância de acordo ou de convenção coletivos. (Res. 19/1988, DJ 18.3.1988 — Nova redação — Res. 98/2000, DJ 18.9.2000 — Mantida — Res. 121/2003, DJ 19, 20 e 21.11.2003).

A partir de então, com fundamento na mencionada lei, estendeu-se o âmbito de utilização da ação de cumprimento, pois, além da sentença normativa e do acordo judicial, esse mecanismo passou a ser utilizado para as hipóteses de descumprimento de cláusulas dos demais instrumentos coletivos[87] (CLT, art. 611, *caput* e § 1º).

Ao analisar o art. 872 e seu parágrafo único da CLT, depreende-se que, das cláusulas que compõem a decisão judicial, somente aquelas atinentes ao pagamento de salários são passíveis de ação de cumprimento. Contudo, a inobservância de quaisquer benefícios constante de tais instrumentos é relevante, uma vez que o empregado deixa de receber as vantagens daí decorrentes.

Na prática forense, a interpretação do dispositivo não se limita ao seu cunho econômico, tais como reajuste salarial, piso salarial, participação nos lucros e resultados, mas alcança todas as demais cláusulas de natureza social e sindical.

A doutrina e a jurisprudência firmaram entendimento de que o termo "salários", contido no aludido dispositivo, tem sentido amplo, portanto é possível pleitear por meio desse mecanismo, perante a Justiça do Trabalho, qualquer direito violado constante de norma coletiva em vigor, compreendendo-se aí inclusive obrigação de fazer, de não fazer, de suportar ou de pagar. Essa é a concepção de Raimundo Simão de Melo (2011, p. 203) ao inferir ainda que, se assim não o fosse, essa ação se tornaria imprestável, ante a diversidade e a natureza das cláusulas que compõem os instrumentos coletivos.

Nesse diapasão, afirma Amauri Mascaro Nascimento (2012, p. 953) que, embora "a norma celetista refira-se apenas a salários, na prática tornou-se um meio de execução da sentença normativa na sua totalidade".

Note-se que essa é a lógica mais plausível, considerando que tanto as sentenças normativas e acordos homologados judicialmente quanto os acordos (ACT) e convenções coletivas do trabalho (CCT) firmam condições que abarcam direitos, vantagens e benefícios de caráter distinto.

As elucidações apresentadas por Lima Santos (2012, p. 391) ratificam que o balizamento fixado pela norma celetista no art. 872 e seu parágrafo único tornaram-se obsoletos ao fundamento de que "a evolução legislativa e a doutrinária, aliadas a uma interpretação sistemática de preceitos pertinentes à matéria, demonstram que ação de cumprimento se presta a ver satisfeitos quaisquer direitos previstos em instrumentos normativos da categoria".

---

(87) CLT: Art. 611. *Caput*: Convenção Coletiva de Trabalho: "É o acordo de caráter normativo, pelo qual dois ou mais Sindicatos representativos de categorias econômicas e profissionais estipulam condições de trabalho aplicáveis, no âmbito das respectivas representações, às relações individuais do trabalho".
§ 1º "É facultado aos Sindicatos representativos de categorias profissionais celebrar Acordos Coletivos com uma ou mais empresas da correspondente categoria econômica, que estipulem condições de trabalho, aplicáveis no âmbito da empresa ou das empresas acordantes às respectivas relações de trabalho".

É patente o entendimento doutrinário nesse aspecto, ao interpretar o citado dispositivo, de forma irrestrita, e apontar a utilização do meio processual nele previsto sempre que houver violação de quaisquer direitos constantes dos instrumentos coletivos de caráter normativo ora mencionados.

Para Martins Filho (2009, 221), com o advento da Lei n. 8.984/95, as cláusulas atinentes à contribuição sindical estabelecidas em acordo extrajudicial ou em convenção coletiva também passaram a ser questionadas em ação de cumprimento no Judiciário trabalhista, realçando que anteriormente essa matéria era da alçada da Justiça comum.

Já Lima Santos (2012, p. 408), ao analisar essa possibilidade, prefere atribuir a denominação de ação para cobrança, uma vez que se trata de demanda proposta, visando à cobrança de contribuições sindicais, tais como a assistencial e confederativa, face aos empregadores. Prossegue, afirmando que, nesse caso, não se configura substituição processual, visto que as ações são ajuizadas pelos sindicatos em nome próprio e em defesa de direito próprio.

Não obstante a disposição contida na CLT delimite as possibilidades do ajuizamento da ação de cumprimento, as dinâmicas doutrinária e jurisprudencial, com suporte na legislação ordinária, foram capazes de reunir elementos contundentes para afirmá-la como um mecanismo processual para satisfazer direitos oriundos das decisões judiciais e demais instrumentos coletivos.

6.2. Natureza Jurídica

Inexiste um consenso sobre a natureza jurídica da ação de cumprimento. No plano doutrinário, predomina o entendimento de que se trata de ação de cunho condenatório, uma vez que ela visa a efetivar determinada decisão contida em uma sentença normativa. Essa é a argumentação de Francisco Ferreira Jorge Neto e Jouberto de Quadros Pessoa Cavalcante (2007, p. 1558).

Importante esclarecer que as ações condenatórias conferem ao vencedor o poder de requerer a seu favor a imposição da satisfação do direito nelas declarado pelo sujeito passivo da obrigação.

Perfilha esse entendimento Manoel Antonio Teixeira Filho (s.d., p. 27), mediante os seguintes argumentos:

> Ação de cumprimento é, pois, de natureza condenatória, por visar a um pronunciamento jurisdicional que imponha ao réu acatamento de cláusulas constantes de acórdão normativo, podendo essa condenação implicar obrigação de pagar quantia certa, de fazer ou de não fazer. Consequentemente, a sentença emitida na causa converter-se-á em um título judicial, assim que se submeter ao fenômeno da coisa julgada material (CLT, art. 876: CPC, art. 467, nessa ordem). Com base nela, o autor formulará uma nova pretensão, desta feita de índole executiva, cujo objetivo será o de conduzir o réu a realizar, de maneira coacta, forçada, a prestação correspondente à obrigação contida no título executivo, inclusive, mediante equivalente expropriação patrimonial, se necessário.

Melo (2011, p. 201), ao discorrer sobre esse tema, preleciona que a natureza de uma ação é definida conforme a tutela jurisdicional pretendida pelo demandante. Tratando-se de ação de cumprimento, o que se pretende é forçar o devedor a satisfazer o que restou determinado na norma coletiva, seja obrigação de fazer ou não fazer algo ou pagar quantia determinada.

O autor assegura, ainda, que tal regra coletiva fundamenta essa espécie de ação, tem força de lei e a ela se assemelha, sendo o que a distingue da lei formal unicamente o modo de seu estabelecimento, podendo a norma coletiva ter origem no poder normativo da Justiça do Trabalho; da sentença arbitral ou ainda de convenção coletiva de trabalho.

Assevera, também, que a sentença nela proferida é que tem natureza executiva, pois é nesse momento que o autor da ação pleiteará novo pedido a fim de submeter o réu ao cumprimento da obrigação imposta no título. Conclui afirmando que a ação de cumprimento tem natureza de ação condenatória face à efetivação dos comandos contidos nos mencionados instrumentos normativos.

Na esteira desse posicionamento, Lima Santos (2012, p. 385-386) sustenta que "a ação de cumprimento busca a satisfação da disposição contida em regra coletiva judicial ou extrajudicial". Alega ainda que, em razão da natureza constitutiva ou declaratória da sentença normativa, relativamente às cláusulas nela inseridas, se faz necessária a fase de execução. Contudo, a ação a que ele se refere processa-se como qualquer outra ação trabalhista cuja finalidade é a condenação do devedor, esta sim executável.

Para Garcia (2012, p. 831), a sentença normativa estipula as circunstâncias de trabalho de maneira comum e abstrata, extensiva a várias relações individuais de trabalho e, por essa razão, é tida como fonte formal do Direito do Trabalho. Pondera ainda que, face a essa particularidade, o descumprimento da sentença normativa não enseja diretamente o processo executório.

Conclui afirmando que é a "ação de cumprimento, na realidade, que dá origem a processo de conhecimento, tendo natureza de ação condenatória", com fundamento na própria disposição do art. 872 da CLT.

Verifica-se que, na prática trabalhista, os comandos constantes nos instrumentos normativos, quando inadimplidos, não são exequíveis diretamente, pois dependem de sentença a ser proferida em ação própria, com o propósito de concretizar os direitos delas emergentes.

Apesar de muitos autores defenderem que a natureza jurídica da ação de cumprimento é condenatória, consoante os entendimentos até aqui expostos, há aqueles que se posicionam em sentido diverso.

Desse modo, não sendo uniforme esse pensamento, há corrente que defende ter essa ação natureza jurídica executória, pois visa a concretizar coercitivamente um direito reconhecido e, assim, trata-se de um verdadeiro processo de execução diferenciado. Esse é o entendimento abraçado por Thereza Cristina Nahas (2011, p. 114), ao assegurar que "essa ação é destinada ao cumprimento do que foi estabelecido nos dissídios coletivos, tem natureza de ação de execução especial, que não encontra similar no direito comum (...)".

Constata-se que essa não é uma posição doutrinária isolada, pois existem outras análogas, que se ajustam na mesma vertente. São concepções interligadas que se fortalecem à medida que são reeditadas.

Nesse contexto, Russomano (2002, p. 941) defende que, a rigor, não se trata de ação individual ordinária. Embora seja assim tratada pela lei, sua natureza jurídica seria de ação especial, de caráter executório.

Vale sublinhar que as ações de execuções trabalhistas visam à realização coativa de um direito legalmente certo. A sua finalidade é a obtenção do cumprimento, mediante o auxílio da força jurisdicional, de uma obrigação imposta por uma sentença judicial, acordo homologado judicialmente ou por outro título extrajudicial em conformidade com a norma celetista (art. 876).

Partilha dessa ideologia, de forma contundente, Nascimento (2012, p. 952), ressaltando que a ação de cumprimento é o "dissídio individual executório de sentença normativa".

É incontestável que a aplicação do conteúdo dos instrumentos normativos deverá ser imediata. Essa afirmação compatibiliza-se também com o princípio da boa-fé, segundo as palavras de Rodriguez (2000, p. 420): "(...) a boa-fé alcança, ainda assim, o empregador, que também deve cumprir lealmente suas obrigações".

Destarte, isso nos leva a crer que, embora a posição doutrinária majoritária a classifique como ação de natureza jurídica condenatória, para maior brevidade e consequente realização dos direitos trabalhistas, a ação de cumprimento deve ser vista como de natureza executória, com a finalidade de pôr em prática o que outrora foi estabelecido em sentença normativa, acordo judicialmente homologado, ACT ou CCT.

Em vista disso, ante a ausência de outro meio processual executório com essa finalidade, utilizar-se-ia, então, da Ação de Cumprimento tão somente para averiguação da transgressão, por parte do empregador, do já determinado nesses instrumentos, executando-se diretamente, com prontidão, buscando-se o alcance da efetividade dos direitos laborais aí previstos.

Desse modo, não seria utópico considerar a possibilidade de esses instrumentos normativos também serem reconhecidos pela legislação laboral como títulos executivos judiciais (sentença normativa e acordo homologado judicialmente) e extrajudiciais (CCT e ACT), tais como os já elencados no art. 876, CLT.

Não há, como se percebe, forma de se olvidar que são incontáveis as posições em que se colocam os doutrinadores acerca da natureza jurídica da ação de cumprimento. Contudo, de uma maneira ou de outra, apura-se que o objetivo perseguido é sempre a satisfação dos direitos resultantes dos instrumentos normativos.

6.3. COMPETÊNCIA

A competência para o julgamento da ação de cumprimento é das varas do trabalho, em virtude do que restou estabelecido pelo art. 652 da CLT.

Essa norma caracteriza-se como uma ressalva ao que dispõem os incisos I e II do art. 575 do CPC. Segundo Russomano (2002, p. 952), "abre-se, aqui, exceção ao princípio de que o juízo que prolatou a sentença é o órgão competente para executá-la", pois nessa contingência a decisão que se pretende fazer cumprir é proferida exclusivamente pelo Tribunal Regional do Trabalho ou pelo Tribunal Superior do Trabalho.

A CLT não contempla regra exclusiva especificando o foro competente para processar e julgar essa espécie de ação. Portanto, aplica-se o previsto no *caput* do seu art. 651, segundo o qual a competência da Vara do Trabalho é determinada pelo lugar onde o empregado prestar serviços ao empregador.

É o caso de se colocar em evidência que, nessa modalidade de ação, o ente sindical autor, na qualidade de substituto processual, defende o interesse de vários empregados da categoria que representa. O empregador desses trabalhadores tem de ser o mesmo que, por sua vez, poderá oferecer numerosos postos de prestação de serviço, em matriz e em sucursais. Nessa conjuntura, considerando-se que o empregador tenha empregados prestando serviços em regiões distintas, a regra geral de foro se tornará descabida para o caso.

É nesse sentido que Pisco (2010, p. 209) argumenta que o foro geral é inoportuno quando se está diante de uma norma coletiva que beneficia inúmeros empregados cuja prestação de serviço ocorre em vários locais, como acontece na eventualidade de essa norma ser ajustada por sindicatos de base territorial nacional ou estadual. Prossegue afirmando que, na ocorrência dessa hipótese,

> seria atentatório ao princípio da facilitação do acesso à Justiça impor o ajuizamento de inúmeras ações de cumprimento por um sindicato de classe, cada uma relativa a um grupo de trabalhadores, reunidos pelos respectivos locais de prestação de serviços. (PISCO, 2010, p. 210).

É possível vislumbrar que, de fato, a adoção do foro geral na sistemática apontada pela citada autora seria inoperante e morosa, pois uma ordem jurídica justa compreende não somente o acesso ao judiciário, mas também a correspondente prestação jurisdicional adequada e tempestiva.

Dessa maneira, torna-se essencial que a efetividade do sistema processual, enquanto instrumento de ingresso à Justiça, seja diligente para a concretização dos preceitos jurídicos. Só é possível garantir a aplicabilidade dos direitos materiais do cidadão se o processo jurisdicional ofertado pelo Estado for eficaz. Por isso, é importante que os preceitos jurídicos processuais e procedimentais sejam elucidativos e adequados, pois assim será possível produzir resultados proveitosos.

Sugere ainda Pisco (2010, p. 210) que seria mais apropriado instituir

> (...) uma regra especial de foro, considerando as características dessa ação, levando em consideração dados como a extensão da representatividade do sindicato ou do conflito e o local onde se encontra o maior número de trabalhadores substituídos, ou mesmo o local dos serviços, mas estabelecendo foros concorrentes entre todos esses, para o julgamento de uma única ação coletiva, beneficiando todos os titulares, adotando-se um critério similar ao estabelecido no Código de Defesa do Consumidor para as ações coletivas, por corresponder ao local da ocorrência do 'dano'. Com essa regra evitar-se-ia que o mesmo réu tivesse que responder a várias ações de cumprimento ajuizadas por um mesmo sindicato com o mesmo objeto.

Conclui a autora argumentando que, na hipótese de eventual norma a ser cumprida ocorrer em âmbito estatal, isso resultará em inúmeros benefícios, porque o sindicato de representação nessa esfera poderá propor uma só ação em qualquer lugar, preferencialmente no local onde houver maior concentração de trabalhadores substituídos na mesma ação.

Nesse diapasão, cumpre salientar que essa solução harmoniza-se com as garantias constitucionais previstas no art. 5º, LXXVIII, da vigente Carta Magna, da razoável duração do processo e os meios que assegurem a celeridade de sua tramitação, sempre tão almejados.

6.4. LEGITIMAÇÃO

6.4.1. ATIVA

A legitimidade ativa para ajuizamento da ação de cumprimento na esfera trabalhista é exclusiva do ente sindical, na qualidade de substituto processual[88].

O art. 872 da CLT, em seu parágrafo único, faz referência expressa ao "sindicato", porém essa expressão deverá ser ampliada para acrescer ao rol desses legitimados as federações e confederações. Tal afirmação está amparada pela Lei n. 8.073/90, que estabelece em seu art. 3º: "As entidades sindicais poderão atuar como substitutos processuais dos integrantes da categoria".

Ademais, quando os trabalhadores não estão organizados em sindicatos, as confederações e federações podem instaurar a instância[89] mediante representação[90] escrita e dirigida ao Presidente do Tribunal, conforme preceituam os arts. 856 e 857 da CLT. Sabidamente, as confederações e federações também participam das negociações coletivas e celebram convenções e acordos coletivos do trabalho, alicerçadas no § 2º do art. 612 da CLT. Conclui-se, então, que têm também a faculdade de atuar como substitutos processuais em defesa dos interesses dos integrantes de determinada categoria.

Vale lembrar que a Súmula n. 359 do TST negava a legitimidade das federações para ajuizarem a ação de cumprimento prevista no art. 872 da CLT, na condição de substituto processual. Todavia, tal verbete jurisprudencial foi cancelado pela Resolução n. 121/03 — DJU 21.11.2003.

Uma das características dessa espécie de ação é a possibilidade de o ente sindical promovê-la sem aquiescência dos substituídos. Presume-se tal autorização em face do que dispõe o inciso III do art. 8º da CF/88, segundo o qual: "É livre a associação profissional ou sindical, observado o seguinte: [...] III — ao sindicato cabe a defesa dos direitos e interesses coletivos ou individuais da categoria, inclusive em questões judiciais ou administrativas".

O citado preceito assegura às entidades sindicais, de forma ampla, a possibilidade de atuação em juízo em nome próprio, porém em defesa de direitos dos integrantes da categoria profissional

---

(88) Substituição processual: "É um instituto que se funda no interesse de terceiro, pessoa que diversa daquela do litígio, nas hipóteses em que se trata de desfecho e uma determinada contenda. Na substituição o terceiro torna-se o sujeito principal da ação, uma vez que é admitido para atuar no lugar do titular do direito". (CARNELUTTI, 2000, p. 75).
(89) Instauração da Instância: termo utilizado no art. 856 CLT. Traduz-se no ajuizamento do Dissídio Coletivo em um Tribunal Regional do Trabalho ou Tribunal Superior do Trabalho.
(90) Representação: expressão utilizada pela CLT para denominar a petição inicial do Dissídio Coletivo (art. 856 da CLT).

que representam, possibilitando-lhes o exercício efetivo e com autonomia absoluta da substituição processual, elemento fundamental para se promover a ação de cumprimento.

Ademais, nessa modalidade de demanda, o papel da entidade sindical, como substituto processual, é mais benéfico por possibilitar que uma única ação centralize a defesa de vários trabalhadores, além do que, muitas vezes, faculta ao empregado que ainda se mantém vinculado ao empregador a obtenção judicial de seus direitos, já que autonomamente o medo de eventual revanche poderia silenciá-lo. E nessa circunstância, ele poderá ser substituído, com a probabilidade de obter os benefícios que lhe são devidos e inadimplidos pelo seu empregador.

Ao discorrer sobre o instituto da substituição processual, Vitor Salino de Moura Eça (2007, p 221) assinala que se trata de "legitimação extraordinária, caracterizada pela imprescindibilidade de autorização legislativa". Evidencia, ainda, o autor o quão importante é "notar que a legitimação extraordinária é o gênero do qual a substituição processual é uma espécie, e que a doutrina a classifica, com o fito de motivar sua compreensão".

Essa legitimação tão peculiar para litigar é considerada pela doutrina também como concorrente, ou seja, poderá reivindicá-la em juízo o ente sindical, na qualidade de substituto processual, ou o empregado. Essa especificação é reafirmada por Bezerra Leite (2010, p. 1142) ao alegar que "tanto o sindicato quanto os empregados poderão propô-la".

Assim, o empregado individualmente ou um grupo de empregados têm a prerrogativa de postular em juízo a satisfação das verbas e vantagens previstas em instrumentos coletivos, desde que o empregador seja o mesmo e que haja identidade da matéria. Porém, essa será uma ação de natureza individual, porque o titular do direito material é o mesmo do direito da ação, não caracterizando, nesse caso, a ação de cumprimento. Esse é o entendimento de Santos (2012, p. 392), ao assegurar que, nessa hipótese, "trata-se de simples ações trabalhistas, sem a presença do instituto da substituição processual".

Nesse compasso, torna-se salutar enfatizar o acolhimento do instituto da substituição processual, cuja origem tem inspiração no direito italiano (CALAMANDREI, 1943, p. 243-244), que foi recepcionado pelo Código de Processo Civil[91] e, posteriormente, mitigado para o Processo do Trabalho. Sua adoção nessa seara após amparo constitucional (art. 8º III) motivou o seu fortalecimento como instrumento hábil de cunho satisfatório, possibilitando o atendimento de um maior número de trabalhadores da mesma categoria em uma única ação, culminando na simplificação de demandas e na satisfação de direitos descumpridos por seus obrigados.

6.4.2. PASSIVA

A ação de cumprimento visa à condenação dos empregadores que, representados pelos entes sindicais da categoria econômica, tenham participado de dissídio coletivo ou celebrado convenção coletiva do trabalho ou, ainda, tenham ajustado diretamente com o sindicato profissional, ACT, inadimplentes das obrigações originárias dessas normas coletivas.

Assim sendo, a legitimidade passiva é do empregador, que tem a incumbência de cumprir os comandos contidos nos instrumentos normativos, cuja satisfação é postulada em juízo, de acordo com a opinião de Lima Santos (2012, p. 396).

Corroboram esse entendimento Jorge Neto e Cavalcante (2013, p. 1385), ao afirmarem que a ação de cumprimento "terá no polo passivo o empregador".

Dessa maneira, a rigor, o que é ordenado em sentença normativa, acordo homologado judicialmente ou ajustados em ACT e CCT deverá ser efetuado voluntariamente pelo obrigado. No entanto, quando esses preceitos são infringidos pelo devedor dessa obrigação, ou seja, o empregador, que não os cumpre espontaneamente, este será o sujeito passivo desse tipo de ação.

---

(91) Art. 6º CPC. "Ninguém poderá pleitear, em nome próprio, direito alheio, salvo quando autorizado por lei."

6.5. Petição Inicial

6.5.1. Requisitos

Para o ajuizamento da ação de cumprimento, além dos requisitos da petição inicial (art. 282 do CPC c/c 840 da CLT), esta deverá ser instruída com a cópia da sentença normativa ou da certidão de julgamento do dissídio coletivo, do acordo homologado judicialmente ou do acordo coletivo de trabalho ou, ainda, da convenção coletiva de trabalho. Essa exigência se justifica, já que o dever do magistrado é conhecer apenas a norma legal federal.

Cabe assinalar que, verificada a ausência da juntada dos documentos essenciais para a propositura da demanda, resultando desse fato dificuldades para o deslinde da controvérsia, o juiz concederá o prazo de 10 (dez) dias para que o autor tome as providências cabíveis, sob pena de extinção do processo sem resolução do mérito (arts. 267, I e IV e 284 do CPC).

A Lei n. 7.701/88 autoriza a propositura da ação com base no acórdão ou na certidão de julgamento, a partir do 20º dia subsequente ao julgamento do dissídio coletivo, conforme preceitua o § 6º do art. 7º, *in verbis*:

A sentença normativa poderá ser objeto de ação de cumprimento a partir do 20º dia subsequente ao julgamento, fundada no acórdão ou na certidão de julgamento, salvo se concedido efeito suspensivo pelo presidente do Tribunal Superior do Trabalho.

Essa possibilidade promove maior celeridade e efetividade no cumprimento das decisões judiciais. Corrobora nesse sentido o art. 55 da Consolidação dos Provimentos da Corregedoria Geral da Justiça do Trabalho (TST), segundo o qual: "A certidão de julgamento será publicada de imediato, independentemente da redação da ata final dos trabalhos e da lavratura do acórdão".

Considera-se oportuno evidenciar que, por causa da Lei n. 11.419, de 19 de dezembro de 2006, que disciplina a informatização do processo judicial como sistema de processamento de informações, combinado com a Resolução 94 do Conselho Superior de Justiça do Trabalho (CSJT), de 23 de março de 2012, a Justiça do Trabalho começou a se aparelhar para efetivar o manejo do processo judicial em meio eletrônico.

Em decorrência desse novo sistema, as decisões proferidas pelo colegiado em sede de dissídio coletivo, a partir daí, prescindirão de certidão de julgamento. Essas decisões se materializarão tão somente no acórdão que, por sua vez, traduz-se em sentença normativa.

Trata-se ainda de um momento de limitada duração na esfera trabalhista, visto que, enquanto houver autos físicos, os procedimentos serão distintos dos praticados em meio eletrônico. No entanto, em curto espaço de tempo, o § 6º do art. 7º da Lei n. 7.701/88 estará fadado à revogação parcial e tácita.

6.5.2. Rol dos Substituídos: Prescindibilidade

A apresentação do rol dos substituídos no momento do ajuizamento da ação de cumprimento, como previa a Súmula n. 310 do TST, foi dispensada devido ao cancelamento do verbete jurisprudencial.

Por se tratar de instrumento processual que visa à tutela de direitos individuais homogêneos, o instituto da substituição processual sindical e a Ação de Cumprimento são igualmente regulados pelas mesmas normas das ações coletivas estabelecidas no Código de Defesa do Consumidor (CDC), que dispensa a identificação dos substituídos para demandar a ação coletiva, que é ajuizada de forma vaga e despersonalizada pelo autor. Esse é o entendimento de Lima Santos (2012, p. 388).

É certo que o direito deve ser modificado, para adequar e atender às expectativas da sociedade. A propósito, preleciona Maria Helena Diniz (2011, p. 466) que "o direito é uma realidade dinâmica, que está em perpétuo movimento, acompanhando as relações humanas, modificando-as, adaptando-as às novas exigências e necessidades da vida".

Nessa vertente, encontra-se Giglio (2003, p. 123) ao admitir posicionamento contrário ao anteriormente adotado em relação à necessidade de apresentar o rol de substituídos no momento do ajuizamento da ação de cumprimento, sob pena de indeferimento da inicial. Assevera que, em razão da inevitável evolução do Direito, o direito processual igualmente deverá acompanhar as mudanças a fim de possibilitar a instrumentalização operacional com o fito de concretizar o direito material. Argumenta que até mesmo o Direito Processual Civil, mais tradicionalista, admitiu direitos materiais genéricos que se aplicam e favorecem uma parte incerta da sociedade, sem demarcação definida ou mesmo personalidade admitida pelo Direito, os chamados "interesses difusos", e que os aceitando confere "direito instrumental de ação a um conjunto populacional composto de elementos não identificados por nome, endereço ou outro qualificador".

Prossegue o mencionado autor, afirmando que o Direito Processual do Trabalho deve ser flexível e dispor de meios processuais adequados de maneira que possa atuar atendendo às finalidades primordiais para bem efetivar a justiça.

Nesse compasso, aponta Ben-Hur Claus (2003, p. 119) que a inexistência do rol de substituídos não implica cerceamento de defesa do réu, uma vez que os empregadores (polo passivo da demanda) têm meios de individualizar os empregados que foram contemplados com os benefícios postulados, sendo desnecessário, portanto, que o ente sindical lhes informe dados de que eles próprios dispõem.

No ordenamento jurídico pátrio, por força do que dispõe o art. 769 da CLT, é possível a aplicação das normas do CDC destinadas a regulamentar as ações coletivas.

Portanto, com o intuito de assegurar a efetivação dos direitos inadimplidos pelos empregadores, é possível recorrer às normas do CDC[92] como fundamento jurídico para a dispensa da apresentação e individualização do rol dos substituídos no momento do aforamento da ação de cumprimento, e, dessa forma, a entidade atuar plenamente em defesa da categoria profissional que representar.

6.5.3. Do prazo — Problema da Prescrição

Na ação de cumprimento, a prescrição se sujeita às mesmas regras estabelecidas para os direitos trabalhistas previstos constitucionalmente[93], segundo posicionamento de Emílio Gonçalves (1997, p. 74).

Nessa ação, as pretensões sujeitas à prescrição são os direitos definidos nos instrumentos normativos cuja aplicação alcança um grupo de empregados de dada categoria profissional. Assim, violado esse direito, mas se o seu beneficiário deixar de reivindicá-lo por meio de ação judicial, ele se extinguirá em determinado lapso temporal.

No que tange a direitos ou vantagens decorrentes de sentença normativa, no que se refere à contagem do prazo inicial para postulação em juízo, o Tribunal Superior do Trabalho consolidou entendimento por meio da Súmula n. 350, que diz:

PRESCRIÇÃO. TERMO INICIAL. AÇÃO DE CUMPRIMENTO. SENTENÇA NORMATIVA (mantida) — Res. 121/2003, DJ 19, 20 e 21.11.2003: O prazo de prescrição com relação à ação de cumprimento de decisão normativa flui apenas da data de seu trânsito em julgado.

---

(92) CDC — Art. 82. "Para fins do art. 81, parágrafo único, são legitimados concorrentemente: IV — as associações legalmente constituídas há pelo menos um ano e que incluam entre seus fins institucionais a defesa dos interesses e direitos protegidos por este código, dispensada a autorização assemblear".
(93) CF/88 — Art. 7º (...) Inciso XXIX — "ação, quanto aos créditos resultantes das relações de trabalho, com prazo prescricional de cinco anos para os trabalhadores urbanos e rurais, até o limite de dois anos após a extinção do contrato de trabalho."

Todavia, é possível promover a ação antes da ocorrência do trânsito em julgado da sentença normativa com suporte no § 6º do art. 7º da Lei n. 7.701/88, *in verbis*:

A sentença normativa poderá ser objeto de ação de cumprimento a partir do 20º (vigésimo) dia subsequente ao do julgamento, fundada no acórdão ou na certidão de julgamento, salvo se concedido efeito suspensivo pelo Presidente do Tribunal Superior do Trabalho.

Ou ainda, em conformidade com o disposto na Súmula n. 246 TST:

AÇÃO DE CUMPRIMENTO. TRÂNSITO EM JULGADO DA SENTENÇA NORMATIVA — É dispensável o trânsito em julgado da sentença normativa para a propositura da ação de cumprimento. (Res. 15/1985, DJ 9.12.1985 — **Mantida** — Res. 121/2003, DJ 19, 20 e 21.11.2003).

Dessa maneira, deixando o empregador de solver as obrigações estabelecidas na sentença normativa, independentemente do trânsito em julgado, a ação de cumprimento poderá desde logo ser ajuizada, ou, ainda, poder-se-á aguardá-lo para promovê-la. Contudo, o prazo prescricional só terá início após a certificação do trânsito em julgado da decisão proferida em sede de dissídio coletivo.

Tratando-se de direitos provenientes de convenções ou acordos coletivos de trabalho, segundo o entendimento de Leite (2010, p. 1145), "(...) O marco inicial da prescrição coincide com o término do prazo de vigência desses instrumentos coletivos".

Sustenta o autor que o lapso temporal "deve ser de dois anos da data da extinção do contrato de trabalho ou cinco anos da data da extinção do prazo de vigência da norma coletiva criadora do direito, incidindo, em ambos os casos, a prescrição total". (LEITE, 2010, p. 1145). Lembrando do estipulado pelo § 3º do art. 614 da CLT, que para a duração desses instrumentos coletivos tal prazo é de, no máximo, dois anos.

Portanto, para se promover a ação de cumprimento embasada em lesão de direitos decorrentes de sentença normativa, CCT ou ACT, deverão ser observados os prazos bienal e quinquenal previstos constitucionalmente (art. 7º, XXIX, da CF/88).

6.5.4. Trânsito em Julgado da Sentença Normativa

Toda interpretação de norma baseia-se na compreensão de seu conteúdo. Por essa razão, é necessária uma abordagem sobre parte do que prescreve o *caput* do art. 872 da CLT, que diz respeito à declaração formal do trânsito em julgado da decisão.

A aludida exigência tornou-se desnecessária, ante o entendimento cristalizado pela Corte Superior Trabalhista, por meio da Súmula 246, que autoriza a propositura da ação de cumprimento antes da declaração formal de ocorrência do trânsito em julgado da sentença normativa.

Ademais, de acordo com o art. 7º, §§ 6º e 7º, da Lei n. 7.701/88, essa ação poderá ser promovida tão somente com base no acórdão ou na certidão de julgamento do dissídio coletivo, salvo na eventualidade de efeito suspensivo pelo TST.

Vale lembrar, também, que os direitos e as condições ajustados nas convenções coletivas de trabalho (CCT) e no acordo coletivo de trabalho (ACT) constituem ato jurídico perfeito, extrajudicial, produzido pelos partícipes das negociações coletivas, cuja eficácia surge a partir do momento da assinatura pelas partes convenentes e seu respectivo depósito (art. 614 da CLT).

Nesses pactos inexiste espaço para atestar trânsito em julgado, visto que essa é uma expressão utilizada exclusivamente para atos de decisões judiciais das quais não se pode mais recorrer.

Partindo dessa premissa e com respaldo na legislação e na orientação sumular anteriormente assinalados, no sentido da não exigibilidade da certificação do trânsito em julgado para promover a ação de cumprimento, presume-se a revogação tácita e parcial do *caput* ora citado no que se refere a essa especificidade.

6.5.5. Rito Processual

A ação de cumprimento é considerada pela doutrina uma espécie de ação bem peculiar e diferenciada no Judiciário trabalhista.

Para Lima Santos (2012, p. 407), essa modalidade de ação tem procedimento especial e não deve ser adequada à possibilidade elencada no rol do art. 852-A da CLT, visto que o rito sumaríssimo é bem simplificado, não comportando, portanto, as complexidades desse tipo de demanda.

Aponta o autor o procedimento ordinário como o mais viável, pois nele o trâmite da ação permite um amplo debate e dilação de prazos probantes tão essenciais em ações de natureza coletiva. Ressalta ainda que a pertinência dos direitos deduzidos em juízo e sua disseminação exigem maior conhecimento em razão do número de indivíduos que os efeitos da decisão judicial poderão afetar. (SANTOS, 2012).

Desse modo, em se tratando de ação de cumprimento, o rito ordinário do processo laboral é o mais indicado. Nesse caso, o valor da alçada não é determinante para a escolha do procedimento a que a ação deve se submeter, tendo em vista a complexidade dos direitos e multiciplicidade de sujeitos envolvidos nessa espécie de lide coletiva.

Isso nos leva a crer que ao magistrado cabe a tarefa de designar o rito processual ao qual a ação de cumprimento se sujeitará.

6.6. Da Resposta do Réu

Ao ser demandado, o réu tem a prerrogativa de participar do processo, impugnar as decisões contrárias aos seus interesses, apresentando a defesa de seus direitos. Essa regra é aplicável em qualquer espécie de ação, com base nos princípios do contraditório e da ampla defesa[94] previstos no art. 5º, LV, da CF/88.

Na ação de cumprimento, todavia, o autor está adstrito às limitações contidas no art. 872 e em seu parágrafo da CLT, que veda a discussão de matéria de fato ou de direito que foram objeto de debate no âmbito do dissídio coletivo, pois foi nesse momento que as partes tiveram a faculdade de apresentar defesa, provas e demais elementos que serviram de base para a prolação da sentença normativa.

Essa restrição se justifica em prol do instituto da coisa julgada, previsto na Carta Magna, segundo o qual: "A lei não prejudicará o direito adquirido, o ato jurídico perfeito e a coisa julgada" (inciso XXXVI do art. 5º da CF/88). Robustece essa assertiva a afirmação de Cléber Lúcio de Almeida (2006, p. 824), para quem, em sede de ação de cumprimento, não é possível que a decisão a cujo efetivo cumprimento se aspira seja modificada.

Nesse sentido também se posiciona Gonçalves (1997, p. 67), ao afirmar que

> a lei processual trabalhista restringe o âmbito de cognição da ação de cumprimento. Tal não significa, entretanto, que se interdite ao reclamado apresentar resposta, a qual, consequentemente, deve-se conter aos limites firmados pela lei.

Assim, é possível verificar que o art. 872 e seu parágrafo único da CLT, ao delimitar o conteúdo da defesa, evitam a rediscussão de questões já apreciadas, bem como a alteração do teor da sentença normativa proferida, observando-se com rigor a coisa julgada. Desse modo, a resposta do réu está abalizada em parâmetros estabelecidos pela norma celetista, momento em que impugnará os pedidos deduzidos pelo autor.

---

(94) Art. 5º LV da CF/88: "Aos litigantes, em processo judicial ou administrativo, e aos acusados em geral são assegurados o contraditório e ampla defesa, com os meios e recursos a ela inerentes."

Para Lima Santos (2012, p. 398), essa contenção não impede a discussão de matéria de fato, "cuja ocorrência seja pressuposto para a aquisição de determinado direito previsto na sentença normativa". Assevera, ainda, que, se na sentença normativa há previsão de um abono por aumento de produção, o empregador (réu) tem a faculdade de discutir o mencionado aumento, e não a existência do abono.

Acrescente-se que, ressalvadas as citadas restrições, o empregador ainda poderá aduzir na defesa a compensação do que tenha sido pago relativamente a salários, em razão da determinação contida na sentença normativa, objeto da ação de cumprimento, com suporte no art. 767 da CLT c/c com a Súmula n. 48 do TST, segundo a qual: "Compensação de Salários — Arguição: A compensação só poderá ser arguida com a contestação". (RA 41/1973, DJ 14.6. 1973 — Mantida — 121/2003, DJ 19, 20 e 21.11.2003).

Ademais, o réu poderá suscitar, em defesa, a sua insuficiência econômica para suportar o pagamento do reajuste salarial atribuído pela sentença normativa ou convencionado entre as partes, comprovando a sua impossibilidade financeira para atender ao que foi estipulado, segundo preleciona Almeida (2006, p. 824).

De igual modo, dispõe o art. 5º do Decreto-Lei n. 15, de 29 de julho de 1966:

> o acordo coletivo de trabalho ou a decisão da Justiça do Trabalho que tenha reajustado ou aumentado salários não será aplicado, no todo ou em parte, à Empresa que demonstrar, perante a mesma Justiça, a incapacidade econômica ou financeira de atender o aumento de despesa decorrente.

Dessa maneira, o empregador poderá aduzir em sua defesa a impossibilidade de atender no todo ou parcialmente o aumento de despesa decorrente do que restou estabelecido na sentença normativa, ACT ou ACT.

Corroboram esse entendimento, Jorge Neto e Cavalcante (2013, p. 1387), os quais, apontando Wilson de Souza Campos, dizem que é perfeitamente possível discutir em sede de ação de cumprimento a incapacidade econômica ou financeira da empresa, na hipótese de a sentença normativa não ter apreciado essa questão.

Se por ventura for constatada incapacidade da empresa, esta ficará impedida de: a) distribuir lucros ou dividendos aos titulares, sócios ou acionistas; b) atribuir gratificações a diretores e gerentes ou aumentar honorários destes, na forma estabelecida nos §§ 1º e 2º do art. 5º do Decreto-Lei n. 65, de 29 de julho de 1966.

Tratando-se de ação de cumprimento, é importante ressaltar a impossibilidade da reconvenção[95], outra modalidade de resposta do réu, com esteio no § 1º do art. 315 do CPC. Esse é o entendimento assinalado por Eça (2007, p. 222).

Da mesma forma, Lima Santos (2012, p. 397) também explica que

> a qualidade de substituto processual do autor da ação coletiva obsta que ele figure em nome próprio em eventual lide reconvencional. As partes, autor e réu, não possuem a mesma qualidade jurídica, tendo em vista que o autor da ação de cumprimento, na condição de substituto processual de terceiros — detentor, assim, de legitimidade extraordinária —, está litigando em nome próprio, mas na defesa de interesse alheio, o que retira o cabimento da reconvenção por ausência de identidade bilateral entre autor e réu.

Compartilham dessa opinião Jorge Neto e Cavalcante (2013, p. 1386), ao afirmarem que a reconvenção "(...) na ação de cumprimento deve ser conexa com a ação principal, ou com o fundamento da defesa, sendo vedado ao réu, em nome próprio, reconvir ao autor, quando este demandar em nome de outrem (art. 315 CPC)".

Pontuam, ainda, que uma vez atendidos tais requisitos a reconvenção só será possível se for por iniciativa direta do empregado, e não do sindicato, na qualidade de substituto processual. Entretanto, vale ressaltar que, se for considerado esse entendimento, a ação será individual e não de cumprimento.

---

(95) Reconvenção, previsão contida no art. 315. "O réu pode reconvir ao autor no mesmo processo, toda vez que a reconvenção seja conexa com a ação principal ou com o fundamento da defesa".

Constata-se assim, segundo posições doutrinárias aqui expostas, que embora a reconvenção seja uma forma de a parte adversária da ação formular a sua pretensão contra o autor da lide, simultaneamente com a contestação, tratando-se de ação de cumprimento, esse instituto processual, previsto no art. 315 do CPC, é incabível.

É possível concluir que a resposta do réu (empregador) está circunscrita aos critérios estabelecidos pelo art. 872 e seu parágrafo único da CLT, que possibilitam impugnar pleitos do autor (ente sindical).

6.6.1. Litispendência: Ação de Cumprimento e Ação Individual

A rigor, a disposição contida no art. 872 e seu parágrafo único da CLT autoriza a promoção da ação de cumprimento, ao explicitar que: "Quando os empregadores deixarem de satisfazer o pagamento, na conformidade da decisão proferida, poderão os *empregados* ou seus sindicatos (...)" (grifo nosso).

Todavia, face ao que dispõe a OJ n. 188 da SDI 1 do TST, segundo a qual: "Falta interesse de agir para a ação individual, singular ou plúrima, quando o direito já foi reconhecido através de decisão normativa, cabendo, no caso, ação de cumprimento". (Inserida em 8.11.2000). Contudo, tal verbete não impede o empregado de propor diretamente a ação e, nesse caso, ter-se-á uma reclamação trabalhista individual. Corrobora Bezerra Leite (2010, p. 1142), ao afirmar que, "se for o empregado (ou empregados em litisconsórcio) autor da ação, teremos uma autêntica ação (reclamação) individual, pois o titular do direito material é o mesmo do direito da ação".

É possível, tal qual antes elucidado, a promoção de ação reivindicando direito reconhecido em instrumento coletivo, tanto pela entidade sindical quanto pelo empregado individualmente considerado. Contudo, o aspecto a ser pontuado é se a ocorrência de duas ações postulando direito idêntico em prol do mesmo sujeito em face do mesmo empregador caracterizaria litispendência.

Nesse caso, ao discorrer sobre tal instituto na ação individual, preleciona Lima Santos (2012, p. 404) que o entendimento jurisprudencial e doutrinário era no sentido de acolhê-lo na eventualidade de promoção concomitante de demandas individuais ou que envolvessem substituição processual, postulando o cumprimento do mesmo objeto. Assevera ainda que, "com vistas a driblar a dificuldade formal, os séquitos desse pensamento reconheciam a existência da litispendência com base na titularidade da pretensão material deduzida em juízo".

Esse, porém, não é mais o entendimento da Corte Superior Trabalhista. A posição atual baseia-se nas disposições contidas no Código de Defesa do Consumidor (CDC), ressaltando-se o princípio da intangibilidade da via individual, previsto no art. 104. Nesse sentido, decidiu a SDI 1 do TST, de acordo com o seguinte julgado:

> **RECURSO DE REVISTA. LITISPENDÊNCIA. AÇÃO COLETIVA. AÇÃO INDIVIDUAL. INEXISTÊNCIA.** 1. Hipótese em que o Tribunal Regional entendeu, com base no art. 104 do CDC, inexistente litispendência entre a ação coletiva ajuizada por sindicato profissional, na qualidade de substituto processual, e a ação individual proposta pelos substituídos elencados pelo reclamado. 2. Decisão em consonância com o atual entendimento da SDI-I do TST que, por ocasião do julgamento dos Embargos em Recurso de Revista n. 18800-55.2008.5.22.0003, de relatoria do Ministro Augusto César Leite de Carvalho, passou a se manifestar no sentido de que a ação coletiva não induz litispendência para a ação individual, tendo em vista a ausência de necessária identidade subjetiva. Precedentes. (Tribunal Superior do Trabalho — Processo: RR-1086-02.2012.5.09.0069. Relator: Ministro Hugo Carlos Scheuermann, 1ª Turma. Julgamento: 30.10.2013. Publicação *DEJT*, 14.11.2013).

Prossegue Lima Santos (2012, p. 406) em sua análise sobre essa questão, argumentando que o CDC[96] trata da litispendência entre a ação individual e a ação coletiva (art. 104), de maneira

---

(96) CDC — Art. 104: "As ações coletivas, previstas nos incisos I e II do parágrafo único do art. 81, não induzem a litispendência para as ações individuais, mas os efeitos da coisa julgada *erga omnes* ou ultra partes que aludem os incisos II e III do artigo anterior não beneficiarão os autores das ações individuais, se não for requerida sua suspensão no prazo de 30 (trinta) dias, a contar da ciência dos autos do ajuizamento da ação coletiva."

que a proposição das duas demandas concomitantes não configura litispendência. Aduz ainda que, se o autor da ação individual deixar de manifestar-se no prazo de 30 (trinta) dias, solicitando a sua suspensão, deixará de ser contemplado por eventuais benefícios concedidos na ação de cumprimento.

Logo, pode-se concluir que as normas do CDC são plenamente compatíveis com o processo do trabalho, por força do que dispõe o art. 769 da CLT e, portanto, a litispendência, na ocorrência de demandas de caráter coletivo e individual, deve ser afastada, na esteira do atual e pacífico entendimento do Colendo TST.

6.7. Instrução

A audiência de instrução e julgamento da ação de cumprimento se assemelha às das reclamações trabalhistas, pois constitui ação comum. Todavia, há algumas particularidades que a diferem das demais, quais sejam: em razão da substituição processual, torna-se dispensável a presença em audiência dos empregados representados pela entidade sindical, na forma estabelecida pelo *caput* do art. 843 da CLT.

Além disso, são estabelecidas algumas restrições em relação ao alcance das matérias que poderão ser discutidas no seu âmbito, como já assinalado anteriormente. Elas encontram respaldo no parágrafo único do art. 872 da CLT.

Ao discorrer sobre os limites impostos pela norma celetista, Gonçalves (1997, p. 70) ressalta que há matéria de fato cuja discussão e prova se fazem necessárias. Não é bastante a alegação da existência da normatização coletiva, é essencial também comprovar que o empregado pertence à categoria por ela alcançada. O referido autor argumenta ainda ser fundamental averiguar, em sede de ação de cumprimento, se a situação de cada empregado singularmente considerado equivale ao direito estabelecido na sentença normativa. A instrução processual, nesse caso, é importante, visto que apura e identifica o titular do direito pleiteado, bem como comprova o atendimento dos requisitos estabelecidos na decisão que gerou o direito postulado. Registra ainda os ensinamentos de Hugo G. Bernardes *(apud* GONÇALVES, 1997, p. 70), o qual afirma que

> a ação de cumprimento se assemelha, em sua instrução, ao inquérito policial: neste sabe-se que existiu uma lesão de direito e busca-se apenas identificar o infrator; quando a própria existência da lesão é duvidosa, a absolvição do réu é bastante provável; quando a existência da lesão é controversa, como é habitual, então todo o esforço probatório está comprometido com o vínculo de causalidade entre a ação ou omissão do infrator e a lesão do direito. Ora na ação de cumprimento, é preciso, antes de tudo, provar a existência da norma coletiva, o que é um ônus a mais para o autor, e não uma vantagem. Contudo, a compensação, o juízo é interessado na obediência da norma, que é sua, vale dizer: na Justiça do Trabalho a norma tem a finalidade de pôr fim a conflitos, e não suscitá-los.

Ressalvadas essas particularidades, os demais procedimentos adotados para a instrução processual são os mesmos aplicados nas reclamações trabalhistas, previstos no art. 843 e seguintes da CLT.

Durante a realização da audiência de instrução, a defesa apresentada pelo réu poderá ser oral, em vinte minutos, ou escrita na forma estabelecida no art. 847 da CLT, como elucidam Jorge Neto e Cavalvante (2013, p. 1386).

O acordo na Justiça do Trabalho tem prioridade e a sua tentativa é continuamente estimulada, pois possibilita melhores resultados, além de uma prestação jurisdicional mais célere.

A norma celetista estabelece ainda como obrigatoriedade, por iniciativa judicial, pelo menos dois momentos diversos para a tentativa conciliatória, quais sejam: ao iniciar a audiência de instrução e julgamento — art. 846 — e após a apresentação das razões finais pelas partes — art. 850.

Além desses momentos, a conciliação poderá ser proposta em qualquer fase em que se encontrar o processo. Verifica-se dessa maneira a importância da tentativa da conciliação, exigência a qual o magistrado condutor da ação não deverá preterir, sob pena de nulidade do processo, na forma preconizada pelo art. 850 da CLT.

O *caput* do art. 843 da CLT exige a presença do reclamante e do reclamado, contudo ressalva os casos de reclamações plúrimas ou ação de cumprimento, oportunidade em que os empregados poderão fazer-se representar pelo sindicato de sua categoria. Essa exigência tem por objetivo possibilitar às partes a conciliação.

No entanto, indaga Gonçalves (1997, p. 66) se o ente sindical, na qualidade de substituto processual, teria legitimidade para firmar acordo. Ao discorrer sobre essa questão, o autor ressalta o entendimento de Elimar Szaniawsky (*apud* GONÇALVES, 1997, p. 66), para quem

> ao sindicato, na qualidade de substituto processual, embora investido de poderes inseridos na cláusula *ad judicia,* em relação aos seus associados, é vedada a renúncia de direitos, bem com como não é permitida a transação ou a quitação sobre os direitos dos substituídos.

Nesse sentido, Santos (2012, p. 400) elucida que, como o "ente sindical não é o titular da pretensão material deduzida em juízo, em não sendo proprietário desses direitos, não pode efetuar atos que impliquem sua disposição ou alienação". Prossegue o autor afirmando que o ente sindical, como substituto processual, não pode dispor dos direitos postulados em ação de cumprimento.

Portanto, mesmo considerando que, por meio da transação, as partes envolvidas na lide concebem concessões recíprocas, a fim de afastar o litígio entre elas, a transação na ação de cumprimento deverá ser avaliada com cautela, pois o sindicato, na condição de substituto processual, não está legitimado para firmar qualquer espécie de acordo que implique abdicação de direitos dos substituídos.

A propósito, Vitor Salino de Moura Eça (2007, p. 222) esclarece que

> o sindicato na qualidade de substituto processual deverá ter elevadíssimo senso de oportunidade e conveniência ao entabular qualquer conciliação, devendo a controvérsia ser caracterizada pela *res dubia*, porquanto não poderá ele renunciar a direitos dos substituídos.

Essa posição é confirmada pelo TST, ao cancelar o enunciado da Súmula n. 180, que versava sobre a possibilidade de o substituto processual a qualquer tempo desistir da ação, desde que comprovadamente houvesse transação. (Redação cancelada em 21.11.2003).

Sendo assim, ainda que a norma celetista estabeleça a necessidade da conciliação na fase de instrução, tratando-se de ação de cumprimento, tem-se uma situação peculiar, visto que, nessa espécie de ação, não é possível simplesmente se dispor de direitos de terceiros.

6.8. Da Sentença na Ação de Cumprimento

Ao conceituar sentença, Almeida (2006, p. 635) aponta Francesco Carnelutti, para quem o processo

> termina com o juízo: alguém, exatamente o juiz, declara o seu pensamento acerca da razão ou da falta de razão de cada parte. Em seu modo mais simples, o resultado da jurisdição se concretiza justamente em um *dictio,* ou seja, em um dizer: declara-se um juízo do juiz (...) o juízo pronunciado pelo juiz intervém para resolver dissensão entre as partes: a hipótese do litígio de pretensão discutida, que requer a jurisdição, identifica-se precisamente pelas questões sobre as quais opera o juiz declarando sua opinião. Por isso, a decisão recebe o nome de sentença (opinião do juiz).

Destarte, concluída a fase de instrução, o julgador irá deliberar sobre as questões que lhe foram apresentadas no curso da demanda e proferir a sentença.

A atuação do Juiz do Trabalho nesse campo limita-se à determinação do cumprimento do conteúdo das normas coletivas, sendo "vedado, porém, questionar a matéria de fato e de direito já apreciada na decisão" (parágrafo único do art. 872 CLT). No entanto, tratando-se de fatos extintivos e supervenientes à prolação da sentença normativa ensejadora da demanda, é permitida a averiguação dessas circunstâncias pelo juízo onde se processa a ação de cumprimento, segundo ensinamentos de Gonçalves (1997, p. 38).

Não obstante o veto expresso na norma, o magistrado poderá avaliar episódios incidentes e, ao motivar a sua decisão, aproximar-se mais da realidade, resultando daí sentenças condenatórias mais equânimes.

Considerando que a ação de cumprimento, como anteriormente salientado, é proposta com a finalidade de se obter uma decisão judicial para compelir o empregador a satisfazer as obrigações decorrentes dos instrumentos normativos, os efeitos dessa decisão condenatória, nas palavras de Santos (2012, p. 401), alcançam todos os "trabalhadores lesados, sejam todos os membros da categoria (art. 8º, III, CF/88) representada pelo sindicato profissional ou os empregados de um ou mais empregadores, conforme a dimensão do pedido e da causa de pedir".

A decisão judicial, nesse caso, tem eficácia *erga omnes*[97], pois abrange toda a categoria profissional representada pela entidade sindical, na condição de substituto processual.

Há de se frisar que, prolatada a sentença, isso não significa que o processo findou, pois a essa decisão é possível interpor recurso judicial. Esse é o entendimento de Gonçalves (1997, p. 73) ao afirmar que

> da sentença proferida em ação de cumprimento cabe recurso ordinário para o Tribunal Regional do Trabalho, nos termos do art. 895 da CLT, o qual deverá ser interposto no prazo de oito dias. O recurso terá efeito meramente devolutivo, salvo exceções previstas em lei (art. 899 da CLT).

Cabe asseverar com isso que, embora o Estado exerça a sua função jurisdicional, sempre em busca da verdade, com o objetivo de conhecer e atribuir o direito a quem este cabe, as decisões proferidas nem sempre atendem satisfatoriamente o jurisdicionado. Por essa razão, diante de eventual inconformismo, o Judiciário trabalhista oferece ao cidadão a possibilidade de recorrer das decisões judiciais a fim de submeter à instância superior a revisão das decisões proferidas, incumbindo aos julgadores daqueles órgãos a missão de confirmar ou modificar as sentenças, corrigindo possíveis falhas da instância inferior.

Desse modo, os litigantes têm a faculdade de recorrer da sentença da ação de cumprimento, exercendo assim o duplo grau de jurisdição explicado por Luiz Guilherme Marinoni, apontado por Leite (2010, p. 680), que "(...) significa ter direito a um exame do mérito da controvérsia por dois juízes distintos".

6.8.1. Modificação da Sentença Normativa: Repercussões

As sentenças normativas são passíveis de recurso ordinário ao TST, cujo efeito é meramente devolutivo, pois essa é a regra geral, conforme disposto no art. 899 da CLT c/c Súmula n. 393 do TST, segundo a qual:

> RECURSO ORDINÁRIO. EFEITO DEVOLUTIVO EM PROFUNDIDADE. ART. 515, §1º, DO CPC — O efeito devolutivo em profundidade do recurso ordinário, que se extrai do § 1º do art. 515 do CPC, transfere ao Tribunal a apreciação dos fundamentos da inicial ou da defesa, não examinados pela sentença, ainda que não renovados em contrarrazões. Não se aplica, todavia, ao caso de pedido não apreciado na sentença, salvo a hipótese contida no § 3º do art. 515 do CPC. (Redação alterada pelo Tribunal Pleno na sessão realizada em 16.11.2010) — Res. 169/2010, DEJT divulgado em 19, 22 e 23.11.2010).

---

(97) (...) "diz respeito e todos ou em relação a todos." (DE PLÁCIDO E SILVA, 2004, p. 534).

No entanto, essa particularidade comporta exceção, uma vez que a parte legitimada no momento da interposição do recurso tem a faculdade de requerer o efeito suspensivo da decisão prolatada pelo Tribunal Regional, com supedâneo no parágrafo primeiro do art. 6º da Lei n. 4.725, de 13 de junho de 1965 (*Redação dada pela Lei n. 4.903, de 1965*).

Se o Presidente do Tribunal Superior do Trabalho, que é a autoridade competente para apreciar a pretensão, deferir o pleito, a sentença normativa só poderá ser objeto de execução após decisão definitiva do recurso ordinário, pelo TST.

Na hipótese de indeferimento de tal pedido, o ente sindical poderá imediatamente ajuizar a ação de cumprimento perante a Vara do Trabalho competente.

Na eventualidade de a sentença normativa ser totalmente reformada pelo TST durante o trâmite da ação de cumprimento, essa deverá ser extinta, sem resolução de mérito, por falta de interesse processual e pela perda do objeto (art. 267, VI, do CPC).

Todavia, se ela for sentenciada antes do julgamento final do dissídio coletivo pelo TST, poderá sobrevir contradição, porque a sentença normativa é passível de ser modificada pela Corte trabalhista, ensina Nascimento (2012, p. 954).

É possível que se processe a execução da sentença proferida na ação de cumprimento, mas, se o recurso ordinário interposto reformar a sentença normativa, isso não implicará a devolução de valores pagos em execução do julgado (§ 3º do art. 6º da Lei n. 4.725, de 13 de junho de 1965).

Assevera Lima Santos (2012, p. 388) que "tal circunstância ocorre pela ausência de efeito suspensivo no recurso interposto". Pontua ainda que se trata

> de uma peculiaridade do processo trabalhista, pela qual se procede o cumprimento da execução de sentença normativa sem que esta esteja revestida pelo manto da coisa julgada material; a execução provisória, *in casu*, adorna-se com a característica definitiva, dotada de executoriedade plenamente satisfativa, sem o risco de devolução das quantias recebidas.

Francisco Antônio de Oliveira (1995, p. 1343-1344) suscita a possibilidade de uma ação de cumprimento que tenha alcançado a fase executória e a parte apresenta nos autos acórdão do TST com decisão anulatória de todo o julgado ou de exclusão do benefício prestes a ser executado. Argumenta que, nesse caso, a execução perderia seu embasamento jurídico, e indica como alternativa mais razoável o sobrestamento e a extinção da execução, na forma do art. 462 do CPC. Pontua, ainda, que a sentença proferida em sede de ação de cumprimento pendente de recurso recebido no efeito devolutivo submete-se à condição resolutiva:

> OJ 277 — SDI 1 TST AÇÃO DE CUMPRIMENTO FUNDADA EM DECISÃO NORMATIVA QUE SOFREU POSTERIOR REFORMA, QUANDO JÁ TRANSITADA EM JULGADO A SENTENÇA CONDENATÓRIA. COISA JULGADA. NÃO CONFIGURAÇÃO A coisa julgada produzida na ação de cumprimento é atípica, pois dependente de condição resolutiva, ou seja, da não modificação da decisão normativa por eventual recurso. Assim, modificada a sentença normativa pelo TST, com a consequente extinção do processo, sem julgamento do mérito, deve-se extinguir a execução em andamento, uma vez que a norma sobre a qual se apoiava o título exequendo deixou de existir no mundo jurídico. (DJ 11.8.2003).

Sendo assim, se durante a fase executória sobrevier reforma da sentença embasadora da ação de cumprimento, o processo executório perderá o seu objeto.

A Corte Superior Trabalhista também admite mandado de segurança e exceção de pré-executividade visando à extinção da execução da sentença proferida em ação de cumprimento, quando a cláusula da sentença normativa que serviu de fundamento jurídico para promoção da mencionada ação for reformada. Esta é orientação da Súmula n. 397, *in verbis*:

> AÇÃO RESCISÓRIA. ART. 485, IV, DO CPC. AÇÃO DE CUMPRIMENTO. OFENSA À COISA JULGADA EMANADA DE SENTENÇA NORMATIVA MODIFICADA EM GRAU DE RECURSO. INVIABILIDADE. CABIMENTO DE MANDADO DE SEGURANÇA (conversão da Orientação Jurisprudencial n. 116 da SBDI-2) — Res. 137/2005, DJ 22, 23 e 24.8.2005. Não procede ação rescisória calcada em ofensa à coisa julgada perpetrada por decisão proferida em ação de cumprimento, em face de a sentença normativa, na qual se louvava, ter sido modificada em grau de recurso, porque em dissídio coletivo somente se consubstancia coisa julgada formal. Assim, os meios processuais aptos a atacarem a execução da cláusula reformada são a exceção de pré-executividade e o mandado de segurança, no caso de descumprimento do art. 572 do CPC. (ex-OJ n. 116 da SBDI-2 — DJ 11.8.2003)

Todavia, cumpre evidenciar que, ao decidir o dissídio coletivo, a sentença normativa nele prolatada deve ser cumprida desde logo, do mesmo modo como o que foi ajustado nos acordos e convenções coletivas de trabalho, caso contrário não será cumprida a missão social de pacificação do conflito coletivo.

Apesar disso, é inegável que nem sempre esses comandos são realizados voluntariamente por parte dos empregadores, embora a ocorrência da violação dos mencionados preceitos seja abominável.

É fundamental que o Estado atue de forma efetiva que resulte em coibir tais abusos, utilizando-se, para tanto, da ação de cumprimento como mecanismo judicial para fazer valer o que restou estabelecido nos instrumentos normativos. Essa é uma das maneiras de se evitar que as condições de trabalho da categoria profissional representada no litígio evoluam ainda mais para a precariedade e de proteger também o lado hipossuficiente da relação entre o trabalho e o capital: o empregado.

Pode-se concluir que o mecanismo processual adequado para compelir o empregador a dar cumprimento às cláusulas contidas nos instrumentos coletivos, quais sejam, sentença normativa prolatada pelo Tribunal Regional do Trabalho ou Tribunal Superior do Trabalho em sede de dissídio coletivo, convenção coletiva de trabalho (CCT) ou o acordo coletivo de trabalho (ACT), é a ação de cumprimento.

A legitimidade para promovê-la é do ente sindical, na qualidade de substituto processual (inciso III do art. 8º da CF/88).

Para explicar as singularidades dessa ação, fez-se necessário averiguar de forma pormenorizada o art. 872 e seu parágrafo único da CLT, norma que originariamente amparava essa espécie de ação. Em seguida, foi analisada a Lei n. 7.701/88, que ampliou o campo de utilização desse procedimento ao possibilitar seu ajuizamento também em casos de violação de direitos constantes de convenções e acordos coletivos do trabalho.

Outras legislações importantes foram citadas ao longo do estudo como embasamento jurídico fundamental para a melhor compreensão desse instituto processual na esfera juslaboral. De igual forma, percebeu-se ser inevitável trazer à baila os entendimentos doutrinários, nem sempre uníssonos, acerca de sua natureza jurídica.

Para complementar este capítulo, procurou-se contextualizar procedimentos como a dispensa da declaração formal do trânsito em julgado da decisão do Tribunal para propositura da ação; instrução da petição inicial ao julgamento da ação; desoneração da presença em audiência dos empregados substituídos, uma vez que estes se fazem representar pelo ente sindical da respectiva categoria, evidenciando, uma vez mais, que nesse caso o substituto atua em nome próprio, mas na defesa dos direitos dos empregados substituídos.

Trata-se de procedimento processual de suma importância para a concretização dos direitos de trabalhadores, por meio do ente sindical que os representa.

Lamentavelmente fica evidenciado que nem sempre os comandos de uma sentença normativa ou os ajustes pactuados em convenções ou Acordos Coletivos de Trabalho resultam na solução para o deslinde dos conflitos. Isso porque, enquanto não se cumpre o que foi estabelecido nesses instrumentos, a controvérsia se prolongará, não obstante a interferência estatal, no caso de acordo celebrado judicialmente e prolação de sentença normativa pela Justiça do Trabalho.

Assim, neste estudo, apontou-se como possível solução para a concretização dos mencionados direitos e vantagens dos empregados que fizeram parte do dissídio coletivo ou das negociações coletivas o ajuizamento da ação de cumprimento, quando tais direitos não forem satisfeitos espontaneamente pelo empregador.

É valoroso ressaltar que a tutela dos direitos dos trabalhadores, objeto da ação em análise, só se completará quando for possível a integral prestação jurisdicional que, por sua vez, exaurir-se-á na concretização efetiva da execução dos comandos constantes dos instrumentos coletivos.

CAPÍTULO 7

DIREITO COLETIVO NO DIREITO ESTRANGEIRO

Alguns legisladores inspiram-se, em geral, no Direito estrangeiro, para propor o aperfeiçoamento e o avanço de suas respectivas normas jurídicas. Por essa razão, a análise aqui apresentada, ainda que genérica, torna-se importante para que se conheçam aspectos dos diferentes direitos coletivos que, de certa forma, podem ser intercambiados entre os diversos ordenamentos jurídicos existentes nesta aldeia global.

Especialmente no Direito Processual do Trabalho, as lides coletivas despertam maior atenção, uma vez que abrangem um número superior de interessados, ao contrário do dissídio individual, cujo proveito se restringe ao reclamante.

As soluções de tais conflitos são diversificadas. Alguns países priorizam as negociações coletivas, de modo que estas se realizem diretamente entre as partes envolvidas na lide, e a intervenção do Estado se dará somente para chancelar a autonomia da vontade dos atores sociais. Outros possuem uma estrutura judiciária que contém Órgãos exclusivamente para atuarem como intervenientes, prestando auxílio aos jurisdicionados que a eles se socorrem, solucionando as controvérsias, quando impossível a autocomposição, e, no caso da existência de uma Justiça laboral, proferindo decisões judiciais ou, tratando-se de dissídios coletivos de natureza econômica, exercendo o poder normativo.

Cabe destacar que, no Brasil, se pode contar com uma Justiça especializada em matérias trabalhistas e as negociações coletivas são permanentemente incentivadas. Tais negociações são garantidas por dispositivos constitucionais e por regulamentações infraconstitucionais.

A interferência estatal ocorre apenas se elas restarem frustradas, e quando as partes o requererem, salvo nos casos dos dissídios coletivos de greve entre os quais o Ministério Público do Trabalho tem autonomia para, de ofício, instaurar a ação, se o movimento paredista se relacionar a atividades consideradas essenciais à sociedade[98].

No plano supranacional, insta salientar a Convenção n. 154 da Organização Internacional do Trabalho (OIT), ratificada pelo Brasil em 10 de julho de 1994 e promulgada por meio do Decreto n. 1.256, de 29 de setembro de 1994. Tal Convenção, concluída em Genebra em 19.6.1981, realça a importância de existirem, em "(...) todas as nações do mundo, programas que permitam (...) alcançar o reconhecimento efetivo do direito de negociação coletiva". As regras da citada Convenção foram fixadas de modo a permitir que cada país as adote, levando em conta suas próprias legislações.

Suas diretrizes tratam especialmente da relevância da liberdade sindical, cujo papel é fundamental no procedimento de negociação visando aos necessários ajustes entre o capital e o trabalho.

Assim, neste capítulo, pretende-se incursionar pelo direito estrangeiro a fim de se verificar, sinteticamente, que meios são adotados pelas diferentes ordens jurídicas na busca da solução dos impasses que porventura ocorram entre empregados e empregadores e, ao final, confrontá-los com o sistema legitimado pelo ordenamento jurídico pátrio.

7.1. ALEMANHA

Na Alemanha, o sistema jurídico que regulamenta os mecanismos para o deslinde dos conflitos coletivos laborais atribuiu a cada unidade da federação "Land" a missão de criar órgãos com objetivo de solucionar tais conflitos por meio de negociações coletivas.

---

(98) Sobre dissídio de greve, verificar item 4.8.1 no capítulo quarto desta obra.

A lei de organização empresarial também faculta a criação de comissões permanentes com objetivo de conciliação e, de igual forma, essa competência é estendida aos conselhos das empresas[99] para interferir nas hipóteses de controvérsias. Tais conselhos têm ainda função fiscalizatória, pois controlam o cumprimento das normas estabelecidas nos acordos e nas convenções coletivas de trabalho (ARESE, 2008, p. 89).

Segundo Vito Palo Neto (2009, p. 8), tais negociações têm um papel fundamental, pois, dessa forma, dispensam a interferência estatal. Por inexistir um salário mínimo legal, os valores remuneratórios são, então, resultantes de negociações coletivas entre sindicatos e associações patronais ou em negociações diretas, ainda de acordo com o mesmo autor.

Aos Tribunais do Trabalho, na Alemanha, resta a competência para julgar os conflitos entre empregados e empregadores individualmente considerados, bem como matérias ligadas à liberdade sindical e ao direito de atuação de tais entidades. Assim, no que tange aos conflitos coletivos laborais de natureza econômica, estes geralmente se solucionam via negociação coletiva, conciliação ou arbitragem, admitindo-se a greve, ensina Garcia (2012, p. 3).

Martins (2010, p. 49-50) afirma que, no direito alemão, o conteúdo da norma coletiva subsiste até que outro o substitua e aponta Kalkel e Dersch, os quais esclarecem que, se o novo instrumento não tratar das mesmas matérias contidas no instrumento coletivo anterior, elas permanecem em vigor, podendo ser derrogadas pois, nesse caso, são consideradas como direito dispositivo.

No sistema em comento, conserva-se a eficácia da norma coletiva após expirado o prazo de sua vigência, podendo-se, então, inferir que tal característica é, de certa forma, análoga ao conceito da ultra-atividade das normas coletivas na ordem jurídica brasileira. É possível dizer que, quanto a esse aspecto, há semelhança com o entendimento jurisprudencial consagrado pela Súmula n. 277 de 2012 do Colendo TST[100].

7.2. ARGENTINA

O sistema jurídico laboral na Argentina caracteriza-se por ser híbrido. Cada província (divisão geopolítica argentina) tem autonomia para disciplinar a matéria e, como consequência, existem vários procedimentos distintos, correspondentes ao número de províncias que formam o Estado, além do que é adotado na capital federal, ensina Manoel Carlos Toledo Filho (2012, p. 19-20). Exemplificando essa questão, o aludido autor aponta que tal sistema se utiliza de duas linhas estruturais, quais sejam, o procedimento da oralidade e o da escrita.

Com tamanha autonomia e diversidade relativamente aos meios procedimentais, é conferido àquele país o insofismável privilégio de ser um "laboratório do direito instrumental nas suas diferentes dimensões civil, penal e trabalhista", conclui o citado autor.

Quanto à aplicação da legislação infraconstitucional, há variações advindas, por exemplo, como as das Leis ns. 14.786, 16.936 e 20.639 que regulam a composição dos conflitos coletivos laborais. Elas permitem que tal composição se dê ora por meio da arbitragem facultativa, ora pela arbitragem obrigatória, e estabelecem ainda normas especiais para a conciliação e a mediação. É permitido que as categorias, por meio de convenção coletiva, elejam o modo de resolução do conflito e o respectivo procedimento. Porém, nas hipóteses de movimento grevista, é possível que o Ministério Público do Trabalho atue por meio da arbitragem obrigatória, como ensina Wolney de Macedo Cordeiro (2000, p. 160).

Como singularidade das arbitragens voluntária e obrigatória, em ambas as modalidades, poderão atuar como árbitros apenas o juiz e o secretário do juizado por onde tramita a causa, esclarecem Miguel Ángel Pirolo, Cecília M. Murray e Ana Maria Otero (2006, p. 345).

---

(99) Os conselhos das empresas são regulamentados pela "Lei de Constituição do Conselho de Empresas" — regulamenta o direito de os trabalhadores participarem das decisões da empresa. (PALO NETO, 2009, p. 4).
(100) Sobre a Súmula n. 277 do Colendo TST, verificar o item 5.5 do quinto capítulo desta obra.

Sobre as normas ajustadas por meio das convenções coletivas de trabalho, a Lei n. 14.250, sancionada em 29.9.1953, permanece em vigor, porém, com alterações posteriores por meio da Lei n. 25.877 de 2004. A citada norma, em seu art. 6º, estabelece que, mesmo expirado o prazo de vigência de uma convenção coletiva, manter-se-ão vigentes todas as suas cláusulas até que outro instrumento coletivo o substitua, salvo se o instrumento anterior dispuser em contrário[101].

Percebe-se que, embora o sistema argentino regulamente a arbitragem para solucionar os conflitos coletivos, como forma facultativa ou obrigatória, o ordenamento jurídico brasileiro tem como característica uma maior liberalidade, pois a Constituição Federal em seu § 2º do art. 114, ao dispor sobre a questão, atribui às partes dissidentes a tarefa de eleger a arbitragem, e a Lei n. 9.307/96 que regulamenta esse instituto estabelece que tais árbitros serão livremente escolhidos pelas partes, se assim o desejarem.

Ademais, no Brasil, após alterações na legislação que regulamenta as convenções coletivas de trabalho, nota-se o reconhecimento da ultra-atividade de tais normas, o que culmina em uma maior proteção dos trabalhadores da categoria por elas alcançada, visto que, a partir dessa interpretação, estes não perderão os benefícios e vantagens nelas previstos até que novo instrumento seja convencionado.

7.3. AUSTRÁLIA

Sobre a Austrália, é indispensável anotar que esse país possui Cortes Trabalhistas dotadas de poder normativo para solucionar as lides coletivas, assemelhando-se, nesse aspecto, ao sistema brasileiro. Tal modelo é alvo de críticas por parte dos jurisdicionados australianos, em razão de, pelo rigor excessivo empregado nos procedimentos jurídicos, gerar-se inaptidão para solucionar de forma adequada as lides coletivas, resultando em morosidade, devido aos prazos excessivos necessários, aclara Martins Filho (2009, p. 31).

7.4. ÁUSTRIA

Já na Áustria não há uma legislação específica laboral, a qual está inserida no campo do direito privado. Seu sistema jurídico conta com o instituto do "conselho de empresa", formado por empregados e empregadores. Seu objetivo é negociar os direitos que serão aplicados no âmbito da empresa. Os resultados são positivos, pois várias contendas relacionadas a capital e trabalho se resolvem por meio destes. Os acordos daí resultantes não podem ser contrários aos estabelecidos via negociações coletivas que se operam entre as entidades sindicais, segundo Cláudio Jannotti da Rocha (2012, p. 27-28).

O sistema jurídico em análise é reconhecido pela Lei de Organização do Trabalho desde 1974. Esta faculta às partes o estabelecimento do prazo de duração das convenções. Na eventualidade de inexistir cláusula fixando tal prazo, poderão as partes interessadas apresentar denúncia, vigendo o teor do instrumento por mais três meses a partir de então, preleciona Romita (1991, p. 282).

O instituto da *nachwirkung* das normas coletivas é consagrado pelo direito austríaco, ou seja, a ultra-atividade ou eficácia posterior à expiração da normatização convencionada até que seja celebrado um novo contrato coletivo.

Observa-se que, mesmo inexistindo uma Justiça especializada para solucionar os conflitos laborais, o sistema jurídico austríaco instituiu mecanismos para estimular soluções práticas, como

---

(101) Ley n. 14.250 — CCT — Argentina: "Artículo — 6º Una convención colectiva de trabajo, cuyo término estuviere vencido, mantendrá la plena vigencia de todas sus cláusulas hasta que una nueva convención colectiva la sustituya, salvo que en la convención colectiva vencida se hubiese acordado lo contrario. Las partes podrán establecer diferentes plazos de vigencia de las cláusulas convencionales" — Modificado pela Ley n. 25.877, publicada boletín oficial 19.3.2004. Centro de Documentación e Información — Ministerio de Economia y Finanzas Públicas.

o conselho de empresa, além das convenções coletivas como instrumentos normatizadores para reger os contratos individuais de trabalho, assegurando a ordem social.

Como bem ressalta Vitor Salino de Moura Eça (2012, p. 18), muito embora a Áustria seja um país pouco citado "nas pesquisas nacionais, teve o seu sistema iluminado (...) com suas peculiaridades que nos estimulam a seguir".

Percebe-se a importância do direito comparado, especialmente quando envolve modelos de sistemas que apresentam soluções pacíficas para os conflitos sociais, os quais são possíveis de serem também abraçados pela ordem jurídica pátria.

7.5. BÉLGICA

A Bélgica possui um sistema de jurisdição trabalhista autônomo, sendo o Tribunal do Trabalho o órgão que compõe o seu Poder Judiciário. Tal Tribunal está apto a solucionar lides trabalhistas e questões de seguridade social, segundo Pinho Pedreira (1999, p. 883).

No que diz respeito à regulamentação das convenções coletivas de trabalho, estas podem prever determinado prazo de vigência, indeterminá-lo, ou poderão conter cláusulas de recondução, afirma Romita (1991, p. 283). Tais convenções coletivas apresentam especificidade quanto aos seus efeitos, pois, restando expirada a sua vigência, o contrato individual de trabalho que foi por ela modificado permanece inalterado, exceto se houver cláusula em contrário no instrumento coletivo que deixou de produzir efeitos, conclui o aludido autor.

Verifica-se que os efeitos produzidos pelas convenções coletivas de trabalho belgas perduram apenas em relação aos contratos de trabalho que tenham sido por ela modificados, ou seja, só permanecerão vigendo para os contratos em curso quando de sua cessação. Pode-se inferir que essa é uma norma protetiva a esses trabalhadores, já que eventualmente eles podem não ser contemplados por nova convenção coletiva que lhes assegurem vantagens laborais.

7.6. BURUNDI

Burundi, oficialmente República do Burundi, país geograficamente localizado no continente Africano, também possui um sistema jurídico no qual o poder normativo é exercido para solucionar matérias que envolvam conflitos laborais, após restarem infrutíferas as negociações coletivas. Estabelece o seu Código do Trabalho que o conselho de arbitragem apreciará os recursos e a mediação se sujeitará ao Ministro do Trabalho. Ao Tribunal laboral incumbe interpretar as leis, convenções, regimentos internos das empresas e instituir normas relativas a condições de trabalho bem como a remuneração, ensina Martins Filho (2009, p. 30).

Verifica-se que, no sistema jurídico burundiano, há imposição das formas de solução dos conflitos coletivos relacionados à matéria trabalhista, embora as negociações coletivas sejam consideradas prioridade no país, já que as demais alternativas a elas se sucedem. Infere-se daí que tal sistema, apesar de impositivo, preserva a autonomia das partes, assemelhando-se ao modelo brasileiro.

7.7. COLÔMBIA

Na Colômbia, a celebração das convenções coletivas do trabalho se dá de várias formas e as normas decorrentes poderão viger por um lapso temporal determinado ou com previsão de ajuste, levando-se em conta o período de duração de um contrato de empreitada. Todavia, não se estipulando expressamente a sua vigência, presumidamente, esta será renovada por períodos sucessivos, a cada seis meses. Haverá, então, prorrogação automática da vigência da convenção, nas hipóteses de inexistência de manifestação expressa das partes no período de sessenta dias antecedentes a esse termo. Assim a prorrogação se dará por períodos semestrais sucessivos, segundo ensinamentos de Domingo Campos Rivera (1977, p. 322).

Tal regulação evita que os direitos dos trabalhadores desapareçam, caso expire a vigência da convenção, pois suas cláusulas não se incorporam automaticamente ao contrato individual de trabalho, segundo Guilhermo Guerrero Figueroa (*apud* ROMITA, 1991, p. 285).

Percebe-se, então, que, no modelo colombiano, a adoção de normas de convenção coletiva, com objetivo de reger os contratos individuais de trabalho, poderá ser transitória, desde que as partes assim se manifestem. Ao contrário, subsistirá, visto que sua prorrogação se dará automaticamente sempre que não houver manifestação em contrário.

7.8. ESPANHA

Na Espanha, atualmente, *La Ley Reguladora de La Jurisdicción Social* n. 36, de 10 de outubro de 2011, disciplina os direitos sociais atribuindo aos órgãos jurisdicionais competentes conhecer as diversas postulações em seus aspectos individual e coletivo, incluindo-se aí as matérias laborais e de Seguridade Social. (CRESPO; MOLINA; ASTABURUAGA, 2011).

Inexistindo a autocomposição e sendo necessário o pronunciamento do Estado, este não se dará em caráter impositivo.

O procedimento poderá ser ajuizado por uma das partes envolvidas perante o órgão estatal competente, quais sejam, "Direção Provincial do Trabalho e da Seguridade Social" ou "Direção Geral do Trabalho", tratando-se de dissídio com base territorial nacional. Comparecerá à audiência de conciliação o árbitro escolhido livremente pelas partes dissidentes na busca da solução do impasse. Estimulam-se as negociações coletivas, privilegiando-se assim a autonomia de vontade dos atores sociais, salvo nas hipóteses de greve, quando se torna possível que o conflito seja submetido à arbitragem obrigatória (MARTINS FILHO, 2009, p. 29).

Em vigor desde junho de 2011, o Real Decreto Lei n. 7 apresentou algumas modificações no sistema de negociações coletivas, levando em consideração, especialmente, a autonomia das partes.

A nova regulamentação implementou alterações em tais procedimentos, vislumbrando a possibilidade de consecução de melhores acordos, de modo que se possa cumprir de maneira mais eficaz o objetivo precípuo de regular as relações e condições de trabalho bem como o de contribuir para o progresso da economia, pelo aumento da competitividade e da produtividade das empresas e, igualmente, de ofertar mais postos de trabalho e, em contrapartida, reduzir a taxa de desemprego, em conformidade com as disposições gerais do mencionado Decreto[102].

Ademais, com base no princípio da boa-fé, requisito fundamental para a realização das negociações coletivas, exigindo-se de ambas as partes tal obrigatoriedade no ato das negociações, os resultados obtidos serão certamente satisfatórios, segundo as lições de Nascimento (2000, p. 291).

Percebe-se que o novo regulamento adota premissas que darão suporte para que as negociações ocorram de modo equilibrado, visando a composições justas e que colaborem para o progresso da nação espanhola.

7.9. ESTADOS UNIDOS

No sistema norte-americano, as negociações coletivas têm papel fundamental para a pacificação dos conflitos entre capital e trabalho, pois ao empregador incumbe a missão de ajustar as convenções coletivas mediante negociação frente aos representantes do sindicato profissional, eleitos pelos empregados especialmente para essa finalidade, ensina Maranhão (1977, p. 348).

---

(102) Real Decreto-ley n. 7/2011 — Boletín Oficial Del Estado. n. 129, 11/06/2011. Sec. 1. p. 60073.

Nesse sentido, elucida Martins Filho (2009, p. 29) que, nos Estados Unidos, *a ordem jurídica carece de legislações específicas*, em razão da adoção do *common law*[103] e, portanto, as decisões estão amparadas especialmente na jurisprudência.

Os princípios básicos trabalhistas emergem da Constituição e da "National Labor Relationns Act"[104], supedâneos para solucionar conflitos laborais, cuja competência material é da esfera administrativa.

Tratando-se de conflitos coletivos trabalhistas, estes geralmente se resolvem por meio de negociação direta entre as partes envolvidas. Contudo, o Estado coloca à disposição do jurisdicionado o "Serviço Federal de Mediação e Conciliação" (FMCS), que visa a auxiliar a composição de lides coletivas oriundas de eventual alteração das condições de trabalho de uma determinada categoria profissional, conclui Martins Filho (2009, p. 29) ao citar Nicholas Blain.

Em contraponto à deficiência de legislação laboral, há um número significativo de acordos e convenções coletivas pactuadas entre sindicatos profissionais e de empregadores. Esses ajustes emergem das negociações previamente obrigatórias entre as partes ou facultativamente oriundas de soluções arbitrais, cujo árbitro é um particular livremente escolhido pelos dissidentes. Tais acordos daí decorrentes somente serão levados à apreciação do Judiciário se configurada arbitrariedade ou fraude, esclarece Martins (2008, p. 10).

Nota-se que, no sistema jurídico norte-americano, a legislação trabalhista é escassa e os envolvidos são, como no sistema brasileiro, encorajados à autocomposição para solucionar a lide, embora no Brasil haja uma maior intervenção do Estado, seja por meio da maior regulamentação, seja com uma participação incisiva quando solicitado pelas partes. Assim, e ainda por inexistir um Judiciário trabalhista especializado em dirimir conflitos laborais, a interferência estatal somente se opera nos casos de ilicitudes configuradas em acordos ou convenções coletivas. Dessa forma, reputa-se que o modelo norte-americano se pauta especialmente na conciliação ou em arbitragem, contando com o empenho conjunto das partes para resolver os impasses, decorrendo daí a verdadeira autonomia de vontade.

7.10. FRANÇA

O sistema eleito pela França para solucionar lides coletivas laborais é o da conciliação, cuja tentativa é previamente realizada perante uma comissão destinada a essa finalidade ou ainda de uma autoridade pública. Há também a arbitragem facultativa e, nesse caso, os árbitros são livremente indicados pelas partes. Não sendo possível a celebração do acordo, o conflito será dirimido pela Corte Superior de Arbitragem por um dos ministros que a compõem (MARTINS, 2008, p. 5).

Prossegue o aludido autor, citando Jean Claude Javallier *(apud* MARTINS, 2010, p. 49-50), para quem, tratando-se de nova convenção, não há de se falar juridicamente em vantagens decorrentes de instrumento coletivo anterior, salvo se constar expressamente essa previsão na nova convenção; caso contrário, as antigas disposições são inaplicáveis. Sendo assim, os empregados não se beneficiam das normas mais favoráveis contidas no antigo instrumento.

A França foi o primeiro país que disciplinou as convenções coletivas de trabalho, por meio de uma lei especial no ano de 1919, como afirma Maranhão (1977, p. 323).

---

(103) *Common Law*: Originariamente significa: "Direito Comum", isto é, o direito costumeiro reconhecido pelos juízes. Contrapõe-se ao direito *Civil law,* o direito de raízes romântico-germânicas caracterizado pela predominância do direito positivo (*jus positum*)" — (DE PLÁCIDO SILVA, 1999, p. 184).
(104) "National Labor Relations Act" — "Lei Nacional de Relações Trabalhistas, criada em 1935 para proteger os direitos dos empregados e empregadores, para incentivar a negociação coletiva, e para diminuir certas práticas de trabalho do setor privado e de gestão que podem prejudicar o bem-estar geral dos trabalhadores, das empresas e da economia dos EUA". (NATIONAL-LABOR-RETALITONS-ACT).

Percebe-se que no modelo francês a conciliação é preferencialmente o meio utilizado para se solucionarem os conflitos coletivos laborais, embora sejam oferecidas as demais alternativas elencadas anteriormente. Pactuadas as questões por meio de convenção coletiva, estas não se caracterizam pelo que denominamos ultra-atividade da norma, visto que os seus efeitos não se incorporam aos contratos individuais de trabalho.

7.11. GRÃ-BRETANHA

Na Grã-Bretanha a organização judiciária se apresenta de forma peculiar. A Justiça especializada em matéria trabalhista só foi implementada em 1964, por meio dos Tribunais industriais ou do trabalho, como órgãos de 1º grau de jurisdição, cuja competência foi gradativamente ampliada para dirimir controvérsias entre empregados e empregadores. Os Tribunais de apelação do trabalho, órgãos de 2º grau de jurisdição, reexaminam as sentenças prolatadas em primeira instância, elucida Pinho Pedreira (1999).

O modelo jurídico em questão, embora revestido de informalidades em razão da adoção do *common law,* não vedou a criação dos aludidos *Tribunais.* Todavia, essa não constitui uma alternativa destinada à resolução dos conflitos entre capital e trabalho, já que a atribuição de tais Tribunais limita-se a apreciar e julgar temas de direito individual do trabalho, excluída, portanto, a solução dos conflitos coletivos, como ensina Martins (2008, p. 10).

Quando os conflitos coletivos ocorrem, requer-se uma equivalente ação para sua efetiva elucidação a fim de se evitarem consequências danosas à coletividade. As negociações coletivas diretas são a solução eleita por países de economia de mercado do Primeiro Mundo, como aponta Martins Filho (2009, p. 29). Esse é, especialmente, o caso da Inglaterra. Ainda assim, a atuação estatal pode se tornar necessária em prol da proteção da sociedade, a fim de se evitarem maiores danos a ela.

Nesse cenário, os ingleses oferecem o "Serviço Consultivo de Conciliação e Arbitragem" (ACAS), com objetivo de colocar à disposição das partes envolvidas no litígio árbitros técnicos, para auxiliar no deslinde dos dissídios econômicos, lecionam Nicholas Blain, John Goodman e Joseph Loewenberg (*apud* MARTINS FILHO, 2009, p. 29).

Aos sindicatos é conferido o máximo de liberdade para estabelecerem suas convenções, que geralmente têm aplicação em todo o território nacional, afirma Maranhão (1977, p. 325).

Independentemente de o direito ser positivado ou costumeiro, a ordem jurídica do país busca a adoção de meios que possam garantir a prevalência de soluções pacificadoras, afastando-se, dessa forma, as questões conflituosas decorrentes de embates laborais.

7.12. ITÁLIA

O sistema jurídico italiano serviu de inspiração aos legisladores brasileiros em vários aspectos, conforme explicitado em passagens anteriores do presente estudo, como o poder normativo adotado pela Justiça laboral[105].

A *Carta del Lavoro* de 1927 estabelecia que, para solucionar questões controvertidas na esfera laboral, contava-se com a magistratura, cuja função precípua, naquele período, era exatamente evitar que o entendimento entre capital e trabalho se desse diretamente, uma vez que a greve também era vedada.

Naquele cenário não havia espaço para negociações e o Estado era rigorosamente interveniente nas relações de trabalho, preleciona Martins (2008, p. 7). Mas, contemporaneamente, os conflitos coletivos trabalhistas na Itália são solucionados por negociações coletivas, mediação ou arbitragem, complementa o referido autor.

---

(105) Acerca do poder normativo brasileiro: influência do direito italiano, verificar item 2.3.1 do segundo capítulo desta obra.

De acordo com a jurisprudência, tratando-se de negociações coletivas em que as partes convencionam as normas para reger o contrato individual de determinada categoria, havendo nova convenção, esta substitui inteiramente o teor do instrumento que expirou a vigência, ainda que o seu conteúdo não seja mais favorável aos empregados, esclarece Martins (2010, p. 51) com suporte em Giorgio Ghezzi e Umberto Romagnolli.

Constata-se, então, que na Itália há priorização das negociações coletivas em prol dos deslindes afetos a lides de massa pertinentes à matéria laboral e, ainda, a ausência de ultra-atividade das normas delas resultantes.

7.13. MÉXICO

No México há as *Juntas Federales* de *y Locales de Concilición*, a *Junta Federal de Conciliación y Arbitraje* e as *Juntas Locales de Conciliación y Arbitrage*, previstas no art. 123 de sua Constituição, como órgãos jurisdicionais que visam a solucionar os conflitos entre capital e trabalho bem como os dissídios individuais trabalhistas (GARCIA, 2012, p. 5).

Tais órgãos têm poderes para, no caso de dissídio coletivo, "aumentar e diminuir o pessoal; a jornada, a semana de trabalho e, em geral, modificar as condições de trabalho da empresa ou do estabelecimento. Isso sem que se possa, em nenhum caso, reduzir os direitos mínimos consignados em lei", ensina Martins Filho (2009, p. 24-31). Essa previsão está contida no art. 919 do Código do Trabalho ao fundamento de que tal iniciativa tem por finalidade buscar o equilíbrio entre capital e trabalho e a justiça social.

Além disso, o poder normativo é previsto como uma das competências das Juntas, cujas sentenças prolatadas são marcadas por sua irrecorribilidade, pois os órgãos que as proferem são instâncias únicas na esfera trabalhista, conclui o autor mencionado acima.

No sistema em análise, é pouco usual o procedimento de dirimir conflitos coletivos de natureza econômica, visando à análise de pedidos relativos a mudanças de condições laborais, assim como à "suspensão ou término das relações coletivas de trabalho por razões econômicas", como afirma Carlos de Buen Unna (2009, p. 282). Uma das razões pelas quais tal procedimento seja pouco utilizado reside na possibilidade de os trabalhadores solucionarem as postulações atinentes às melhorias e a demais vantagens ligadas ao contrato de trabalho por meio das negociações coletivas, ainda de acordo com o mesmo autor.

Nota-se que no México as negociações coletivas são privilegiadas como meios preferenciais para solucionar as lides trabalhistas.

7.14. JAPÃO

As relações trabalhistas no Japão são baseadas no entendimento, na mútua cooperação e na solidariedade entre empregadores e empregados, afirma José Pastore (1994, p. 11-14).

A colaboração entre capital e trabalho é fruto da luta coletiva para a reconstrução do país no pós-guerra e da incessante busca de uma posição de destaque no mercado econômico mundial.

Os elementos fundamentais propulsores para tal são os esforços e sacrifícios despendidos pelos trabalhadores japoneses, como o labor contínuo com baixa remuneração, em prol de se obter uma lucratividade mais elevada, isso em contrapartida à garantia de seus postos de trabalho. Interessante observar que os aumentos salariais são negociados, nacionalmente, no início do mês de abril, cuja denominação é "shunto". Tais negociações não podem ser consideradas como coletivas e centralizadas. O que ocorre são trocas de dados entre as centrais empresariais e a dos empregados, que estudam os desempenhos da economia e as futuras perspectivas. A partir dessa análise, são elaborados indicadores por setores econômicos, que juntamente com os sindicatos de classe definem os aumentos salariais dos seus respectivos operários, esclarece o referido autor.

Nesse contexto, os conflitos coletivos laborais porventura existentes resolvem-se no âmbito das próprias partes interessadas. Na eventualidade de persistência de impasses, estes são remetidos aos Conselhos de Relações de Trabalho, órgãos administrativos que solucionam as questões controvertidas. Tais órgãos são constituídos para essa finalidade, pois inexiste Justiça Laboral, conclui o autor.

Verifica-se que o sistema adotado no Japão para dirimir os eventuais conflitos é embasado na solidariedade e na união entre capital e trabalho que corroboram em prol da paz social e para o crescimento econômico do país.

7.15. PERU

No Peru, o Ministério do Trabalho é o Órgão estatal ao qual é atribuído total poder para dirimir conflitos coletivos laborais, de modo que até as convenções coletivas, celebradas diretamente pelas partes, obrigatoriamente, deverão ser homologadas pelo aludido Órgão, pontua Martins Filho (2009, p. 31).

Prossegue o mesmo autor afirmando que a ingerência estatal é evidenciada nas relações de trabalho quando, ainda que as partes não a pleiteiem perante o Ministério, este evoca para si a solução do conflito, o que gera insatisfação por parte dos empregadores pela inexistência de tecnicismo para proferir as decisões e, igualmente, por parte dos empregados, que consideram insuficientes as vantagens que porventura lhes sejam deferidas.

Como consequência dessa insatisfação geral, os legisladores daquele país têm buscado novas formas de tentar melhorar o sistema, na tentativa de atender melhor às expectativas dos jurisdicionados, explica Michael Vidal Salazar (2009, p. 338).

7.16. SUÍÇA

O modelo utilizado pela Suíça para dirimir os conflitos coletivos de trabalho é o da conciliação. Tal modalidade foi instituída por meio de Lei, em 12 de fevereiro de 1949, e, desde então, mantém-se o Escritório Federal cuja especialização é conciliar, ocorrendo interferência apenas a pedido das partes na eventualidade de inexistência de autocomposição, ensina Maranhão (1977, p. 348).

As normas decorrentes de acordo coletivo, que regularão os contratos individuais do trabalho, não passam a incorporá-los, pois a ultra-atividade de tais normas é afastada pelo sistema jurídico desse país, esclarece Manfred Rehbinder citado por Martins (2010, p. 52).

Percebe-se que a sistemática adotada pela Suíça incita a categoria profissional a recorrer à negociação entre trabalhadores e empregadores, visto que a ordem jurídica não contempla a ultra--atividade das normas pactuadas por meio das negociações cuja vigência tenha expirado.

7.17. URUGUAI

No Uruguai não existe uma Justiça especializada no ramo laboral, todavia há algumas sedes judiciais que têm competência exclusiva para solucionar questões da seara trabalhista, e a legislação que as regulamenta está em vigor há, pelo menos, quinze anos, sem que tenha sofrido qualquer alteração nesse lapso temporal, observa Mario Garmendia Arigón (2009, p. 365).

Cordeiro (2000, p. 155) esclarece que, comparado a outros ordenamentos jurídicos trabalhistas da América do Sul, o sistema uruguaio é considerado o mais desregulamentado, pois são escassas as normas para regular a atividade laboral.

Os órgãos especializados em matérias trabalhistas são incompetentes, em razão da matéria, para julgar os conflitos coletivos de trabalho, como afirma Nelson E. Loustaunau (2007, p. 42), já que, com base no art. 106 da Lei n. 12.803, a competência desses Tribunais se restringe aos conflitos individuais.

Explica ainda o mencionado autor que, muito embora a Constituição da República do Uruguai autorize, em seu art. 37, a criação de Tribunais de Arbitragem, tais Órgãos ainda estão pendentes de implantação.

Percebe-se que o modelo jurídico uruguaio se revela como um modelo que privilegia a autonomia da vontade das partes. Acrescente-se que inexistem registros na norma constitucional acolhendo o direito estrangeiro, tampouco os dispositivos deixam evidenciados a sua aceitação, porém, as Convenções da OIT não são contrariadas pelo sistema jurídico em questão, já que as negociações coletivas são predominantes no país, esclarece Cordeiro (2000, p. 155).

A despeito das carências de regulamentação no campo juslaboral uruguaio, como afirmado pelos autores aqui consignados, pode-se inferir que o respeito, ainda que não explícito, pelas normas da Organização Internacional do Trabalho representa um avanço para a proteção dos trabalhadores.

Concluindo, pode-se perceber que as recomendações da OIT atinentes às negociações coletivas — Convenção n. 154 da OIT — são amplamente adotadas pela maioria das ordens jurídicas analisadas. O incentivo a esse método para solucionar democraticamente as contendas trabalhistas é especialmente vantajoso, levando-se em conta que o entendimento é alcançado pelos próprios atores sociais e, dessa forma, torna-se mais fácil o cumprimento de normas por eles mesmos pactuadas.

Assim, a partir da comparação das legislações estrangeiras aqui mencionadas, é possível constatar que a maioria inclina-se no sentido de privilegiar a autonomia da vontade das partes, tendo em vista a prevalência da autocomposição na busca da solução das lides de massa. Observa-se, desse modo, que as negociações coletivas são prioritariamente observadas, assumindo um papel fundamental no deslinde dos conflitos trabalhistas, reduzindo-se a interferência estatal e, consequentemente, a normatização.

Sublinha-se que essa possibilidade só se concretiza quando há um equilíbrio entre as representações patronais e profissionais, frisando-se a importância da união entre os trabalhadores, representados pela categoria profissional, o que contribui para o respectivo aumento do poder de barganha, de maneira que as negociações entre capital e o trabalho se façam de forma mais equilibrada, ensina Martins Filho (2009, p. 27).

Nesse sentido, afirma Russomano (2002, p. 291) que o Direito Comparado indica que as negociações coletivas cada vez mais se ampliam, e que poucos são os "antecedentes legislativos de aceitação das sentenças normativas, sobretudo quanto à solução jurisdicional dos conflitos de natureza econômica".

A CF/88 em seu art. 114, ao dispor sobre a solução dos dissídios coletivos de natureza econômica, prioriza as negociações, a arbitragem facultativa e por fim a sujeição do conflito ao crivo estatal, se assim decidirem as partes interessadas.

É possível constatar, enfim, que o ordenamento jurídico pátrio é um dos poucos que conferem ao Poder Judiciário o poder normativo para solucionar conflitos coletivos, acompanhado apenas pela Austrália, Burundi e México.

Todavia, deve-se assinalar, que, pelo menos no Brasil, no exercício desse poder, não há imposição de regras intransigentes que violem direitos e liberdades consagradas constitucionalmente. Antes, porém, as negociações devem esgotar-se, pois, no modelo brasileiro, também há estímulo para tal, como a melhor maneira de se buscar o equilíbrio entre o setor econômico e o laboral.

CONCLUSÃO

Levando-se em consideração o objetivo estabelecido para esta obra, entendemos que se fez necessária uma incursão pelos elementos conjunturais, no afã de oferecer subsídios para a melhor compreensão e aproveitamento do instituto do dissídio coletivo.

O delineamento dos componentes indispensáveis à estruturação dessa ação foi fundamental, de forma que se justifica a sua real relevância como procedimento colocado à disposição de dissidentes no campo das relações laborais.

Outra notável etapa foi a investigação das negociações coletivas, uma vez que estas se constituem como condições da ação. Constatamos que, sendo exitosas tais negociações, delas originar-se-ão as convenções coletivas de trabalho, cujo ajuste entabulado é firmado entre o sindicato profissional e o de representação econômica, ou o acordo coletivo de trabalho, quando os pactos ocorrem entre o sindicato profissional e uma ou mais empresas, todos pertencentes ao mesmo setor.

Em ambas as hipóteses, os instrumentos coletivos trazem em sua estrutura cláusulas que estipulam condições aplicáveis aos contratos individuais de trabalho dos empregados, representados nas negociações pelo ente sindical, no âmbito das empresas signatárias dos instrumentos coletivos.

Esse exame revelou-se essencial, na medida em que a utilização do instituto do dissídio coletivo só é possível se frustradas todas as possibilidades de autocomposição, pela via da negociação, pois é condição *sine qua non* para se buscar a tutela jurisdicional conferida pelo Estado.

Isso significa dizer que, com a impossibilidade de se solucionarem as controvérsias por meio de quaisquer das modalidades de entendimento apontadas, temos mais uma oportunidade para a intervenção estatal, a ser requerida pelos dissidentes, que se valem dessa ação como uma alternativa para a solução dos conflitos, por intermédio da Justiça do Trabalho.

A evolução histórica, de igual modo, revelou uma informação consideravelmente pertinente, dadas as alterações fáticas nas relações jurídicas laborais e as alterações legislativas que se sucederam no tempo, tendo sempre em conta a consolidação desse instrumento processual, que se fez presente no ordenamento jurídico.

Enfatizamos o exercício do poder normativo pela Justiça laboral, a respeito do qual constatamos que ainda pairam sobre ele divergências doutrinárias, sendo objeto de crítica por alguns estudiosos do direito. Por um lado, há autores que sustentam que a Emenda Constitucional n. 45/2004 extirpou definitivamente do Judiciário trabalhista a possibilidade de criar normas jurídicas para reger as relações de trabalho entre as categorias patronais e profissionais. Isso por considerarem tal poder como uma ingerência por parte da Justiça especializada na atividade legislativa já que, para isso, o país conta com o Poder Legislativo.

Noutro giro, doutrinadores contra-argumentam, afirmando a permanência do aludido poder, já que, na verdade, as modificações inseridas pela mencionada Emenda Constitucional em nada o alteraram, e que os dissídios coletivos de natureza econômica continuam sendo julgados normalmente pelo Justiça do Trabalho, que prossegue com firma aptidão para solucionar as contendas coletivas.

Pareceu-nos importante destacar os vários tipos de dissídios coletivos, elencados pelo Regimento Interno da Superior Corte Trabalhista, onde estão notabilizadas as suas especificidades e os seus respectivos objetos, e no qual se percebe a adoção apropriada dessa ação coletiva no seu devido momento.

As circunstâncias exigiram uma atenção minuciosa na abordagem do dissídio coletivo de greve, considerando-se seu alcance social e efeitos, partindo o estudo de acontecimentos históricos, culminando com o exame da lei especial que regulamenta o direito do exercício da greve. Sua análise é ilustrada com a citação do recente julgamento do movimento paredista dos empregados da Empresa Brasileira de Correios e Telégrafos (ECT), declarado abusivo pela SDC, do Colendo Tribunal Superior do Trabalho, em Sessão Ordinária, realizada em 12 de março de 2014, por ocasião do julgamento do DCG n. 01853-3402014.5.00.0000.

Cumpre salientar que a greve é um direito constitucional e, portanto, aderir a movimento pacífico, na forma da Lei n. 7.783/90 — lei que o regulamenta —, não constitui falta grave que possa motivar a rescisão do pacto laboral. Contudo, as penalidades emergentes da adesão ao movimento decorrem de eventual uso irregular desse direito.

O incentivo às negociações coletivas foi destacado durante todo o decorrer desta obra, pois a inexistência de autocomposição acaba por desencadear os conflitos de massa. Partindo dessa premissa, se o conflito persistir, a Justiça Especializada decidirá o impasse, após instaurado para tal finalidade o dissídio coletivo de natureza econômica, respeitadas as disposições mínimas legais de proteção ao trabalho, bem como as convencionadas anteriormente, forma estabelecida pelo § 2º do art. 114 da CF/88.

Assim, ao longo desta explanação, dedicamos uma análise minuciosa a esse tipo tão peculiar de ação, que se mostrou revestida de inúmeras singularidades em sua instrução processual, e constatamos a relevância da participação dos envolvidos na busca do deslinde do conflito, já que são eles os que sofrerão diretamente os efeitos da sentença judicial prolatada. Será esta a estabelecer as condições de trabalho e os benefícios não previstos em lei, cujo alcance abrangerá toda a categoria, no âmbito das respectivas representações sindicais.

Destarte, inexistindo ajuste entre as partes dissidentes, o Estado-Juiz dará continuidade ao exercício da prestação jurisdicional submetendo a ação coletiva a julgamento. Essa decisão materializa-se na sentença normativa. Essa fase deverá ser interpretada também como um meio de pacificação, pois o que se busca, com a interferência estatal, é a harmonização das relações coletivas juslaborais.

Os provimentos consagrados em tais sentenças devem contemplar a esperada eficácia, a fim de poder resultar na justiça buscada pelas partes, especialmente quando cumpridas a tempo e modo pelos empregadores.

Na ocorrência do não cumprimento voluntário das normatizações coletivas, e no intuito de se evitar a propagação indesejável de posturas desrespeitosas aos comandos judiciais, a representação sindical profissional poderá se socorrer da ação de cumprimento, na forma estabelecida pelo art. 872 da CLT, a fim de assegurar que os direitos reconhecidos em juízo sejam realmente usufruídos por seus beneficiários. Por esse motivo, dedicamos a esse instrumento um capítulo do presente estudo.

Apuramos, ainda, o quão importante é a sistematização desse mecanismo processual para possibilitar aos atores sociais a sua adequada utilização, visando à busca de soluções, por meio da interferência estatal, dos embates estabelecidos entre capital e trabalho.

A partir do estudo do Direito Comparado, pode-se verificar que são poucas as ordens jurídicas estrangeiras que contam com uma Justiça especializada na matéria trabalhista, autônoma e bem estruturada, objetivando solucionar todas as questões submetidas ao seu crivo, de forma equânime, na busca da justiça.

Constatamos, também, que o ordenamento jurídico pátrio é um dos poucos que conferem o poder normativo ao Judiciário laboral para solucionar lides coletivas de natureza econômica; todavia, vale lembrar que, no exercício de tal poder, não há imposição de regras intransigentes que violem direitos e liberdades consagradas constitucionalmente.

Concluímos que, por vezes, inevitável é a participação estatal na solução dos conflitos laborais, principalmente quando a força do capital suplanta a da parte hipossuficiente na relação econômica, qual seja, a dos trabalhadores. Para isso, no Brasil, o Estado disponibiliza a Justiça Especializada laboral, a fim de equilibrar, satisfatoriamente, tais forças, instando a apresentação clara das ferramentas utilizáveis pelos interessados devidamente representados.

Assim, se as partes tiverem um amplo domínio dos procedimentos relativos ao instituto do dissídio coletivo, mais facilmente estes serão manejados e maior será o comprometimento participativo dos litigantes, resultando no cumprimento pelo Estado do seu objetivo de pacificação social. Ao revés, nada mudará, posto que a força do capital impedirá que condições mais favoráveis e benefícios mais significativos sejam garantidos aos trabalhadores, subsistindo, apenas, o mínimo previsto em lei.

REFERÊNCIAS BIBLIOGRÁFICAS

AGUIAR, Antônio Carlos. A negociação coletiva de trabalho — critica à Súmula n. 277 do TST. *Revista do Direito Trabalhista*, a. XIX, n. 10, out. 2013. Brasília

ALMEIDA, Cleber Lúcio de. *Direito Processual do Trabalho*. Belo Horizonte: Del Rey, 2006.

ALMEIDA, Fernando H. Mendes de. (Org.) *Ordenações Fillipinas* — Ordenações e Leis do Reino de Portugal Recopiladas por mandato d'el Rei D Felipe, o Primeiro. São Paulo: Saraiva, 1966. v. 3.

ALMEIDA, Milton Vasques Thibau. Processo n. 0351900-91.2010.5.03.0000 DC. Tribunal Regional do Trabalho da 3ª Região. Publicação: 29.7.2011. *DEJT*, 28 jul. 2011.

ANDRADE, Everaldo Gaspar Lopes de. *Dissídio Coletivo*. São Paulo: LTr, 1993.

ARESE, César. *Derecho de La Negociación Colectiva*. Buenos Aires: Rubinzal — Culzoni Editores, 2008.

ARIGÓN, Mario Carmendia. Uruguai. In: TOLEDO FILHO, Manoel Carlos; EÇA, Vitor Salino de Moura. (Coord.) *Direito Processual do Trabalho Comparado*. Belo Horizonte: Del Rey, 2009.

AROUCA, José Carlos. Ultratividade e a Súmula 277 do TST — Desbloqueio dos entraves da negociação coletiva. *Justiça do Trabalho* — 347/HS — HS Editora, nov. 2012.

BARROS, Alice Monteiro de. *Curso de Direito do Trabalho*. 4. ed. São Paulo: LTr, 2008.

BARROS, Cássio Mesquita. Categorias Econômicas e Profissionais. In: PRADO, Ney (Coord.). *Direito Sindical Brasileiro*. São Paulo: LTr, 1998.

BATALHA, Wilson de Souza Campos. *Tratado de Direito Judiciário do Trabalho*. 2. ed. São Paulo: LTr, 1985.

BORBA, Joselita Nepomuceno. *Legitimidade Concorrente na Defesa dos Direitos e Interesses Coletivos e Difusos*. São Paulo: LTr, 2013.

BRASIL. *Consolidação das Leis Trabalhistas*. São Paulo: Saraiva, 2013.

_____. Câmara dos Deputados. Disponível em: <http://www2.camara.leg.br/>. Acesso em: 14 jan. 2014

_____. *Constituição (1988)*. Constituição da República Federativa do Brasil. Disponível em: <http://www.planalto.gov.br/ccivil_03/constituicao/constituicao.htm>. Acesso em: 9 jan. 2014.

_____. *Decreto Lei n. 15*, de 29 de julho de 1966. Estabelece normas e critérios para uniformização dos reajustes salariais e dá outras providências. Disponível em: <http://www.planalto.gov.br/decreto_Lei1965_1988/de10015.htm>.

_____. *Lei n. 10.192*, de 14 de fevereiro de 2001. Dispõe sobre medidas complementares ao Plano Real e dá outras providências. Disponível em: <http://www.planalto.gov.br/ccivil_03/leis/LEIS_2001/L10192.htm>. Acesso em: 21 jan. 2014.

_____. *Lei n. 7.701*, de 21 de dezembro de 1988. Dispõe sobre a especialização de Turmas dos Tribunais do Trabalho em processos coletivos e dá outras providências. Disponível em: <http://www.planalto.gov.br/ccivil_03/leis/L7701.htm>. Acesso em: 09 jan. 2014

_____. *Lei n. 8.073*, de 30 de julho de 1990. Estabelece a Política Nacional de Salários e dá outras providências. Disponível em: <http://www.planalto.gov.br/ccivil_03/leis/L8073.htm>. Acesso em: 21 nov. 2013.

_____. Ministério do Trabalho e Emprego. Registro Sindical. Disponível em: <http://portal.mte.gov.br/cnes/registro-sindical-sc.htm>. Acesso em: 13 jan. 2014.

_____. Tribunal Superior do Trabalho. Processo: RR-1086-02.2012.5.09.0069. Relator: Ministro Hugo Carlos Scheuermann, 1ª Turma. j. 30 out. 2013. *DEJT*, 14 nov. 2013.

_____. Tribunal Superior do Trabalho. *Súmula 246*. Disponível em: <http://www.tst.jus.br/sumulas>. Acesso em: 9 jan. 2014.

_____. Tribunal Superior do Trabalho. *Súmula 286*. Disponível em: <http://www.tst.jus.br/sumulas>. Acesso em: 9 jan . 2014.

_____. Tribunal Superior do Trabalho. *Súmula 350*. Disponível em: <http://www.tst.jus.br/sumulas>. Acesso em: 9 jan. 2014.

CALAMANDREI, Piero. *Instituzionidi Diritto Processual e Civille* — Secondo Il Nuovo Códice. Padova: CEDAM — Casa Editrice Dott Antonio Milani, 1943. XX.

CARMO, Júlio Bernardo do. *Revista do Tribunal Regional do Trabalho da 3ª Região*, n. 85, jan./jun. 2012. Belo Horizonte.

CARLETTI, Almicare. *Dicionário de Latim Forense*. 2. ed. São Paulo: Livraria e Editora Universitária de Direito Ltda, 1988.

_____. *Dicionário de Latim Forense* 3. ed. São Paulo: Livraria e Editora Universitária de Direito Ltda, 1990.

CARNELUTTI, Francesco. *Sistema de Direito Processual Civil*. São Paulo: Classic Book, 2000. v. II.

CARRION, Valentin. *Comentários à Consolidação das Leis do Trabalho*. 36. ed. (Atualizada por Eduardo Carrion). São Paulo: Saraiva, 2012.

CARVALHO, César Leite Carvalho; ARRUDA, Kátia Magalhães; DELGADO, Mauricio Godinho. *A súmula n. 277 e a defesa da Constituição*. 18.12.2012. Disponível em: <http://aplicacao.tst.jus.br/dspace/handle/1939/28036>. Acesso em: 21 fev. 2014.

CARVALHO, Kildare Gonçalves. *Direito Constitucional Didático*. 9. ed. Belo Horizonte: Del Rey, 2003.

CATHARINO, José Martins. O protesto judicial. In: FRANCO FILHO, Georgenor de Sousa. (Coord.) *Curso de Direito Coletivo do Trabalho*. São Paulo: LTr,1998.

CINTRA, Antônio Carlos de Araújo; GRINOVER, Ada Pellegrini; DINAMARCO, Cândido Rangel. *Teoria Geral do Processo*. 29. ed. São Paulo: Malheiros, 2013.

CLAUS, Ben-Hur. *Substituição Processual Trabalhista*. São Paulo: LTr, 2003.

CORDEIRO, Wolney de Macedo Cordeiro. *A regulamentação das Relações de Trabalho Individuais e Coletivos no Âmbito do Mercosul*. São Paulo: LTr, 2000.

COSTA, Coqueijo. *Direito Processual do Trabalho*. 2. ed. Rio de Janeiro: Forense, 1984.

COSTA, Orlando Teixeira da. Do abuso de direito na greve. *Synthesis* — Direito do Trabalho Material e Processual. *Revista dos Tribunais*, São Paulo, n. 10, 1990.

COTRIM, Gilberto. *História Global*. Brasil e Geral. São Paulo: Saraiva, 1999.

CRESPO, José Ángel Folguera; MOLINA, Fernando Salinas; ASTABURUAGA, Maria Luisa Segoviano (Dir.). Comentários a "La Ley Reguladora de La Jurisdicción Social". LRJS. Lei n. 36/2011. *Lex Nova*, noviembre 2011.

DE PLÁCIDO E SILVA. *Vocabulário Jurídico*. Atualizadores Nagib Filho e Gláucia Carvalho. Rio de Janeiro: Forense, 2004.

_____. *Vocabulário Jurídico*. 15. ed. Rio de Janeiro: Forense, 1999.

DELGADO, Mauricio Godinho. *Curso de Direito do Trabalho*. 10. ed. São Paulo: LTr, 2011.

_____. *Direito Coletivo do Trabalho*. 3. ed. São Paulo: LTr, 2008.

DELGADO, Mauricio Godinho; DELGADO, Gabriela Godinho. *Constituição da República e Direitos Fundamentais*. São Paulo: LTr, 2012.

DINIZ, Maria Helena. *Compêndio de Instrução à Ciência do Direito*. 22. ed. revista e atualizada. São Paulo: Saraiva, 2011.

EÇA, Vitor Salino de Moura. Substituição Processual Sindical no Processo do Trabalho. *Revista do TRT 3ª Região*. Belo Horizonte, v. 46, n. 76, p. 219-234, jul./dez. 2007.

FERREIRA, Marcus Moura. *Fragilidade da Negociação Coletiva Não é Culpa Apenas da Lei*. Disponível em: <http://www.conjur.com.br/2004-nov-04/negociação_coletiva_prox>. Acesso em: 20 fev. 2014.

FONTENELE, Augusto. *TST considera ilegal greve dos empregados dos Correios e determina retorno na sexta--feira* (14). Disponível em: <http://www.tst.jus.br/noticias/-/asset_publisher/89Dk/content/tst-considera-ilegal-greve--dos-empregados-dos-correios-e-determina-retorno-na-sexta-feira-14-?redirect=http>. Acesso em: 14 mar. 2014.

GARCIA, Gustavo Felipe Barbosa. *Curso de Direito Processual do Trabalho*. 2. ed. Rio de Janeiro: Forense, 2012.

GIGLIO, Wagner D. *Direito Processual do Trabalho*. 13. ed. Rio de Janeiro: Saraiva, 2003.

GOMES, Orlando; GOTTSHALK, Elson. *Curso de Direito do Trabalho*. 14. ed. Rio de Janeiro: Forense, 1995.

GONÇALVES, Emilio. *Ação de Cumprimento no Direito Brasileiro*. 3. ed. São Paulo: LTr, 1997.

HINZ, Henrique Macedo. *Direito Coletivo do Trabalho*. 2. ed. Rio de Janeiro: Saraiva, 2009.

INTERNATIONAL LABOUR ORGANIZATION. *Boletín Oficial:* Informes del Comité de Libertad Sindical. v. LXXVIII, 1995. B, n. 3. p. 25-27. Disponível em: <http://www.ilo.org/public/libdoc/ilo/P/09648/09648(1995-78-series-B).pdf>. Site oficial — informações em espanhol. <http://www.ilo.org/dyn/normlex/en/f?p=1000:50001:0::NO:50001:P50001_COMPLAINT_FILE_ID:2897047>. Site oficial — informações em inglês. Acesso em: 2 abr. 2014.

JORGE NETO, Ferreira Francisco; CAVALCANTE, Jouberto de Quadros Pessoa. *Direito Processual do Trabalho*. 3. ed. Rio de Janeiro: Lumen Juris, 2007. Tomo II.

_____. *Direito Processo do Trabalho*. 6. ed. São Paulo: Atlas, 2013.

LAMARCA, Antônio. *Curso expositivo de direito do trabalho:* introdução e sistema. São Paulo: Revistas dos Tribunais, 1972.

LEITE, Carlos Henrique Bezerra. *Curso de Direito Processual do Trabalho*. 8. ed. São Paulo: LTr, 2010.

_____. *Curso de Direito Processual do Trabalho*. 6. ed. São Paulo: LTr, 2008.

_____. *Curso de Direito Processual do Trabalho*. 7. ed. São Paulo: LTr, 2009.

LIEBMAN, Enrico Tullio. *Eficácia e Autoridade da Sentença*. 2. ed. Rio de Janeiro: Forense, 1981.

LOPES, Everaldo Gaspar Lopes. *Dissídio Coletivo*. São Paulo: LTr, 1993.

LOPES, Mônica Sette. *A Convenção Coletiva e sua Força Vinculante*. São Paulo: LTr, 1998.

LOUSTAUNAU, Nelson E. *La Jurisdicción Del Trabajo*. Montivideo: Fundacion de Cultura Universitária, 2007.

MAGANO, Octávio Bueno. Washington Luís e a Questão Social. *Revista da Fdusp,* Faculdade de Direito da Universidade de São Paulo, v. 90, 1995.

_____. *Convenção Coletiva do Trabalho*. Os Conflitos Coletivos de Trabalho. Curso de Direito do Trabalho. Rio de Janeiro: Saraiva, 1985.

_____. *Direito Coletivo do Trabalho*. 2. ed. São Paulo: LTr, 1990.

MANUS, Pedro Paulo. *Direito do Trabalho*. 10. ed. São Paulo: Atlas, 2006.

MARANHÃO, Délio. *Direito do Trabalho*. 5. ed. Rio de Janeiro: Fundação Getúlio Vargas, 1977.

MARTINS FILHO, Ives Gandra da Silva. *Processo Coletivo do Trabalho*. 4. ed. São Paulo: LTr, 2009.

_____. O Dissídio Coletivo à Luz da Emenda Constitucional 45/04. *Revista TRT 9ª Região*, Curitiba, jan./jul., 2008.

_____. O Dissídio Coletivo e suas fases procedimentais. *Revista TST*. Brasília, 63, 1994.

MARTINS, Sérgio Pinto. *Direito Processual do Trabalho*. 28. ed. São Paulo: Atlas, 2008.

_____. Incorporação das Cláusulas da Norma Coletiva ao Contrato de Trabalho. *Revista IOB* — Trabalhista e Previdenciária. a. XXI, n. 252, jun. 2010.

MELO, Raimundo Simão de. *Processo Coletivo do Trabalho*. 2. ed. São Paulo: LTr, 2011.

MORGADO, Almir; GRAVATÁ, Isabelli. *Resumo de Direito Processual do Trabalho*. 5. ed. rev e atual. Niterói: Impetus, 2008.

NAHAS, Thereza Christina. *Legitimidade Ativa dos Sindicatos*. São Paulo: Atlas, 2001.

NASCIMENTO, Amauri Mascaro. *Compêndio do Direito Sindical*. 2. ed. São Paulo: LTr, 2000.

_____. *Curso de Direito Processual do Trabalho*. 27. ed. São Paulo: Saraiva, 2012.

_____. *Direito Sindical*. 2. ed. São Paulo: Saraiva, 1991.

NEVES, José Torres das. O poder normativo da Justiça do Trabalho. *Revista do TST*, v. 77, n. 02, abr./jun. 2011.

NICÁCIO, Antônio. Dissídios Coletivos na Justiça do Trabalho — Art. 5º, XXXV, da CF/88 — Teoria Geral do Processo Civil na Lei e da Doutrina. *Suplemento Trabalhista.* São Paulo: LTr. 2005.

OLIVEIRA, Francisco Antônio de. Ação de Cumprimento — Natureza Jurídica da Sentença proferida em 1º Grau pendente a Norma Coletiva de Julgamento no TST (Recurso com efeito apenas devolutivo). *Revista LTr — Legislação do Trabalho.* São Paulo, a. 59, n. 7, p. 1343-1344, jul. 1995.

OXFORD *Escolar para estudantes brasileiros de inglês.* 2. ed. Oxford University Press, 2007.

PALO NETO, Vito. Alemanha. In: TOLEDO FILHO, Manoel Carlos; EÇA, Vitor Salino de Moura. (Coord.) *Direito Processual do Trabalho Comparado.* Belo Horizonte: Del Rey, 2009.

PAMPLONA FILHO, Rodolfo. A nova competência da Justiça do Trabalho (uma contribuição para a compreensão dos limites do novo art. 114 da Constituição Federal de 1988). *Panóptica,* Vitória, ano 1, n. 6, fev. 2007, p. 93-131. Disponível em: <http://www.panoptica.org>. Acesso em: 22 mar. 2014.

PASTORE, José. *Relação do Trabalho no Japão.* 2. ed. São Paulo: LTr, 1994.

PEDREIRA, Pinho. A Justiça do Trabalho em Outros Países. *LTr Legislação do Trabalho,* ano 63, n. 7, jul. 1999.

PIROLO, Ángel Miguel; MURRAY, M. Cecília; OTERO, Ana Maria. *Manual de Decho Procesal del Trabajo.* Buenos Aires: Editorial Astrea, 2006.

PISCO, Cláudia de Abreu Lima. *Dissídios Coletivos.* Aspectos Controvertidos e Atuais. São Paulo: LTr, 2010.

PORTAL BRASIL. *Índice Nacional de Preços ao Consumidor.* Disponível em: <http://www.portalbrasil.net/inpc.htm>. Acesso em: 10 jan. 2014.

PUECH, Luiz Roberto de Resende. Solução dos Conflitos Coletivos do Trabalho. In: MAGANO, Octavio Bueno (Coord.). *Curso de Direito do Trabalho.* Rio de Janeiro: Saraiva, 1985.

RIVERA, Domingo Campos. *Derecho Laboral Colombiano.* 2. ed. Bogotá: Editorial Temis, 1977.

RENAULT, Luiz Otávio Linhares. Tutela Metaindividual: Por quê? Por Que Não? In: PIMENTA, José Roberto Freire; BARROS, Juliana Augusta Medeiros; FERNANDES, Nadia Soraggi. (Coord.) *Tutela Metaindividual Trabalhista.* São Paulo: LTr, 2009.

ROCHA, Cláudio Jannotti. Sistema Processual do Trabalho da Áustria. In: EÇA, Vitor Salino de Moura. (Coord.) *Direito Processual do Trabalho Globalizado.* São Paulo: LTr, 2012.

RODAS, João Grandino. Os Conflitos Coletivos de Trabalho. In: MAGANO, Octavio Bueno (Coord.). *Curso de Direito do Trabalho.* Rio de Janeiro: Saraiva, 1985.

RODRIGUEZ, Américo Plá. *Princípios do Direito do Trabalho.* 3. ed. São Paulo: LTr, 2000.

ROMITA, Arion Sayão Romita. *Os Direitos Sociais na Constituição e Outros Estudos.* São Paulo: LTr, 1991.

_____. O Poder Normativo da Justiça do Trabalho na Reforma do Judiciário. *Síntese Trabalhista,* a. XVII, n. 193, jul. 2005.

_____. *O poder normativo da Justiça do Trabalho*: a necessária reforma. Disponível em: <http://www.planalto.gov.br/ccivil_03/revista/Rev_22/artigos/art_arion.htm>. Acesso em: 24 fev. 2014.

_____. *Os direitos sociais na Constituição e outros estudos.* São Paulo: LTr, 1991.

RUPRECHT, Alfredo. *Conflitos Coletivos do Trabalho.* (Tradução de José Luiz Ferreira Prumes). São Paulo: LTr, 1979.

RUSSOMANO, Mozart Victor. *Princípios Gerais do Direito Sindical.* 2. ed. Rio de Janeiro: Forense, 2002.

_____. *Comentários à CLT.* 11. ed. Rio de Janeiro: Forense, 1986.

_____. *Comentários à CLT.* 16. ed. Rio de Janeiro: Forense, 1994. v. 2.

SALAZAR, Michael Vidal. Peru. In: TOLEDO FILHO, Manoel Carlos; EÇA, Vitor Salino de Moura (Coord.). *Direito Processual do Trabalho Comparado.* Belo Horizonte: Del Rey, 2009.

SANTOS, Enoque Ribeiro dos. *O Microssistema de Tutela Coletiva* — Parceirização Trabalhista. 2. ed. São Paulo: LTr, 2013.

SANTOS, Moacyr Amaral. *Primeiras Linhas de Direito Processual Civil.* 20. ed. São Paulo: Saraiva, 2001.

SANTOS, Ronaldo Lima dos. *Sindicatos e Ações Coletivas*. 3. ed. São Paulo: LTr, 2012.

SCHIAVI, Mauro. *Manual de Direito Processual do Trabalho*. 3. ed. São Paulo: LTr, 2010.

SILVA, Antônio Álvares da. *Dissídio Coletivo e a Emenda Constitucional 45/04*. Belo Horizonte: RTM, 2005.

SILVA, Almiro Couto e. O princípio da Segurança Jurídica (Proteção à Confiança) no Direito Público Brasileiro e o Direito da Administração Publica de Anular seus Próprios atos administrativos: o prazo decadencial do art. 54 da Lei do Processo Administrativo da União (Lei n. 9.784/99). *Revista de Direito Administrativo,* Renovar: Fundação Getúlio Vargas, n. 237, jul./set. 2004.

SILVA, Otavio Pinto e. *Subordinação, autonomia e parassubordinação nas relações de trabalho*. São Paulo: LTr, 2004.

SITRÂNGULO, Cid José. *Conteúdo dos Dissídios Coletivos de Trabalho*. São Paulo: LTr, 1978.

SÜSSEKIND, Arnaldo Lopes. *Curso de direito do trabalho*. 2. ed. rev. e atual. Rio de Janeiro: Renovar, 2004.

SÜSSEKIND, Arnaldo; MARANHÃO, Délio; VIANNA, Segadas; TEIXEIRA FILHO, João de Lima. *Instituições de direito do trabalho*. 22. ed. São Paulo: LTr, 1996.

TEIXEIRA FILHO, João de Lima. Considerações sobre a ultra-eficácia de condições coletivas de trabalho e a alteração da Súmula n. 277 do TST. *LTr Legislação do Trabalho,* Revista LTr, São Paulo, v. 77, n. 12, dez. 2013.

TEIXEIRA FILHO, Manoel Antonio. *Curso de Processo do Trabalho em perguntas e respostas*. n. 27. São Paulo: LTr, [s.d.].

TOLEDO FILHO, Manoel Carlos. Sistema Processual do Trabalho da Argentina. In: EÇA, Vitor Salino de Moura. (Coord.). *Direito Processual do Trabalho Globalizado*. São Paulo: LTr, 2012.

UNNA, Carlos de Buen. México. In: TOLEDO FILHO, Manoel Carlos; EÇA, Vitor Salino de Moura. (Coord.). *Direito Processual do Trabalho Comparado*. Belo Horizonte: Del Rey, 2009.

USA. *National Labor Relations Act*. Disponível em:<http://www.nlrb.gov/resources/ national-labor-relations-act>. Acesso em: 09 jan. 2014.

VALLE, Márcio Ribeiro. Conteúdo normativo e obrigacional do ajuste coletivo: a negociação coletiva como fator de restrição ao poder normativo. In: VIDOTTI, Tárcio José; PEIXOTO, Francisco Alberto da Mottta (Coord.). *Direito Coletivo do Trabalho em uma Sociedade Pós-Industrial*. São Paulo: LTr, 2003.

VEIGA, Maurício de Figueiredo C. da. A morte da negociação coletiva provocada pela nova redação da Súmula n. 277 do TST. *LTr Legislação do Trabalho,* Revista LTr, São Paulo, v. 76, n. 10, out. 2012.

VIANA, Marcio Túlio. O Novo Papel das Convenções Coletivas de Trabalho: Limites, Riscos e Desafios. *Revista do TST*, v. 67, n. 03, jul./set. 2001.

VILHENA, Paulo Emílio Ribeiro de. *Da Sentença Normativa — À luz da Emenda Constitucional 45/04*. São Paulo: LTr, 2006.

ANEXO A
OIT — CONVENÇÃO 154
CONVENÇÃO SOBRE O INCENTIVO À NEGOCIAÇÃO COLETIVA

(Adotada em Genebra, em 19 de junho de 1981)

A Conferência Geral da Organização Internacional do Trabalho:

Convocada em Genebra pelo Conselho de Administração da Repartição Internacional do Trabalho, e reunida naquela cidade em 3 de junho de 1981 em sua Sexagésima-Sétima Reunião;

Reafirmando a passagem da Declaração da Filadélfia onde reconhece-se " a obrigação solene de a organização Internacional do trabalho de estimular, entre todas as nações do mundo, programas que permitam (...) alcançar o reconhecimento efetivo do direito de negociação coletiva ", e levando em consideração que tal principio é "plenamente aplicável a todos os povos";

Tendo em conta a importância capital das normas internacionais contidas na Convenção sobre a Liberdade Sindical e a Proteção do Direito de Sindicalização, de 1948; na Convenção sobre a liberdade Sindical e a Proteção do Direito de Sindicalização, de 1948 na Convenção sobre o Diretório de Sindicalização e de Negociação Coletiva, de 1949; na Recomendação sobre os Tratados Coletivos, de 1951; na Recomendação sobre Conciliação e Arbitragem Voluntárias, de 1951; na Convenção e na Recomendação sobre as Relações de trabalho na administração do trabalho, de 1978;

Considerando que deveriam produzir-se maiores esforços para realizar os objetivos de tais normas e especialmente os princípios gerais enunciados no art. 4 da Convenção sobre o Direito de Sindicalização e de Negociação Coletiva, de 1949, e no parágrafo 1 da Recomendação sobre os Contratos Coletivos, de 1951;

Considerando, por conseguinte, que essas normas deveriam ser complementadas por medidas apropriadas baseadas nas ditas normas e destinadas a estimular a negociação coletiva e voluntária;

Após ter decidido adotar diversas proposições relativas ao incentivo à negociação coletiva, questão esta que constitui o quarto ponto da ordem do dia da reunião, e

Depois de ter decidido que tais proposições devem se revestir da forma de uma convenção internacional, adotada, com a data de 19 de junho de 1981, a presente Convenção, que poderá ser citada como a Convenção sobre a Negociação Coletiva, de 1981:

I. ALCANCE E DEFINIÇÕES

Art. 1º

1. Esta Convenção aplica-se a todos os ramos de atividade econômica.

2. Será definida por leis ou regulamentos nacionais a extensão em que se aplicarão às forças armadas e à polícia as garantias providas nesta Convenção.

3. Com relação ao serviço público, modalidades especiais de aplicação desta Convenção podem ser estabelecidas por leis ou regulamentos nacionais ou pela prática nacional.

Art. 2º

Para os efeitos desta Convenção, o termo "negociação coletiva" compreende todas as negociações que se realizam entre um empregador, um grupo de empregadores ou uma ou mais organizações de empregadores, de um lado, e uma ou mais organizações de trabalhadores, de outro, para:

a) definir condições de trabalho e termos de emprego; e/ou

b) regular as relações entre empregadores e trabalhadores; e/ou

c) regular as relações entre empregadores ou suas organizações e uma organização de trabalhadores ou organizações de trabalhadores.

Art. 3º

1. Onde a lei ou prática nacional reconhece a existência de representantes de trabalhadores, conforme definido no Art. 3º, alínea b), da Convenção sobre Representantes de Trabalhadores, de 1971, a lei ou a prática nacional pode definir até que ponto será também estendido o termo "negociação coletiva", para os efeitos desta Convenção, a negociações com esses representantes.

2. Quando, nos termos do Parágrafo 1 deste Artigo, a expressão "negociação coletiva" inclui também negociações com representantes dos trabalhadores referidos neste parágrafo, medidas condizentes serão tomadas, quando necessário, para assegurar que a existência desses representantes não seja utilizada para enfraquecer a posição das organizações de trabalhadores interessadas.

II. MÉTODOS DE APLICAÇÃO

Art. 4º

As disposições desta Convenção entrarão em vigor por força de leis ou regulamentos nacionais, na medida em que não se tornam efetivas por meio de contratos coletivos, laudos arbitrais ou de alguma outra maneira compatível com a prática nacional.

III. PROMOÇÃO DA NEGOCIAÇÃO COLETIVA

Art. 5º

1. Medidas condizentes com as condições nacionais serão tomadas para promover a negociação coletiva.

2. Os objetivos referidos no Parágrafo 1 deste Artigo serão os seguintes:

a) a negociação coletiva deve estar ao alcance de todos os empregadores e de todos os grupos de trabalhadores nos ramos de atividade cobertos por esta Convenção;

b) a negociação coletiva deve ser progressivamente estendida a todas as matérias cobertas pelas alíneas a), b) e c) do Art. 2º desta Convenção;

c) o estabelecimento de normas de procedimento, acordadas entre organizações de empregadores e de trabalhadores, deve ser estimulado;

d) a negociação coletiva não deve ser prejudicada por falta de normas que rejam o procedimento a ser usado ou pela inadequação ou impropriedade dessas normas;

e) órgãos e procedimentos para a solução de disputas trabalhistas devem ser concebidos para contribuir para a promoção da negociação coletiva.

Art. 6º

As disposições desta Convenção não obstam a operação de sistemas de relações industriais em que a negociação coletiva se desenvolve na infraestrutura de mecanismos ou instituições de conciliação e/ou arbitragem, dos quais participam voluntariamente as partes do processo de negociação coletiva.

Art. 7º

Medidas adotadas por autoridades públicas para incentivar e promover o desenvolvimento da negociação coletiva estarão sujeitas a consulta prévia e, sempre que possível, a prévio acordo entre autoridades públicas e organizações de empregadores e de trabalhadores.

Art. 8º

As medidas tomadas com vista à promoção da negociação coletiva não serão concebidas ou aplicadas de modo a cercear a liberdade de negociação coletiva.

IV. DISPOSIÇÕES FINAIS

Art. 9º

A presente Convenção não revê nenhuma convenção ou recomendação em vigor.

Art. 10.

As ratificações formais desta Convenção serão comunicadas, para registro, ao Diretor Geral do Secretariado da Organização Internacional do Trabalho.

Art. 11.

1. Esta Convenção obrigará unicamente os Países-membros da Organização Internacional do Trabalho cujas ratificações tiverem sido registradas pelo Diretor Geral.

2. A Convenção entrará em vigor doze meses após a data em que as ratificações de dois Países-membros tiverem sido registradas pelo Diretor Geral.

3. A partir daí, esta Convenção entrará em vigor, para todo País-membro, doze meses após a data do registro de sua ratificação.

Art. 12.

1. O País-membro que ratificar esta Convenção poderá denunciá-la ao final de um período de dez anos, a contar da data de sua entrada em vigor, mediante comunicação, para registro, ao Diretor Geral do Secretariado da Organização Internacional do Trabalho. A denúncia só produzirá efeito um ano após a data de seu registro.

2. Todo País-membro que ratificar esta Convenção e que, no prazo de um ano após expirado o período de dez anos referido no parágrafo anterior, não tiver exercido o direito de denúncia provido neste Artigo, ficará obrigado a um novo período de dez anos e, daí em diante, poderá denunciar esta Convenção ao final de cada período de dez anos, nos termos deste Artigo.

Art. 13.

1. O Diretor Geral do Secretariado da Organização Internacional do Trabalho dará ciência a todos os Países-membros da Organização do registro de todas as ratificações e denúncias que lhe forem comunicadas pelos Países-membros da Organização.

2. Ao notificar os Países-membros da Organização sobre o registro da segunda ratificação que lhe tiver sido comunicada, o Diretor Geral lhes chamará a atenção para a data em que a Convenção entrará em vigor.

Art. 14.

O Diretor Geral do Secretariado da Organização Internacional do Trabalho comunicará ao Secretário Geral da Organização das Nações Unidas, para registro, em conformidade com o Art. 102 da Carta das Nações Unidas, informações circunstanciadas sobre todas as ratificações e atos de denúncia por ele registrados, nos termos do disposto nos artigos anteriores.

Art. 15.

Quando considerar necessário, o Conselho de Administração do Secretariado da Organização Internacional do Trabalho apresentará à Conferência Geral relatório sobre o desempenho desta Convenção e examinará a conveniência de incluir na ordem do dia da Conferência a questão de sua revisão total ou parcial.

Art. 16.

1. No caso de adotar a Conferência uma nova convenção que reveja total ou parcialmente esta Convenção, a menos que a nova convenção disponha de outro modo,

a) a ratificação, por um País-membro, da convenção revista implicará, ipso jure, a partir do momento em que entrar em vigor a Convenção revista, a denúncia imediata desta Convenção, não obstante as disposições constantes do Art. 12;

b) a partir da data de entrada em vigor da convenção revista, esta Convenção deixará de estar sujeita à ratificação pelos Países-membros.

2. Esta Convenção continuará de qualquer maneira em vigor, em sua forma e conteúdo atuais, para os Países-membros que a ratificaram, mas não ratificarem a Convenção revista.

Art. 17.

As versões em inglês e francês do texto desta Convenção são igualmente oficiais.

ANEXO B

CASO N. 1839

Queixa contra o Governo do Brasil apresentada pela Central Única dos Trabalhadores (CUT)

Alegações: violação do princípio de negociação coletiva e demissões antissindicais

74. A queixa figura em um comunicado da Central Única dos Trabalhadores com data de 17 de maio de 1995. O Governo enviou suas observações por comunicação de 4 de setembro de 1995.

75. O Brasil não ratificou o Convênio sobre a liberdade sindical e a proteção do direito de sindicalização e de negociação coletiva, 1949 (n. 98).

A. ALEGAÇÕES DO QUERELANTE

76. Em sua comunicação de 17 de maio de 1995, a Central Única dos Trabalhadores (CUT) explica que no Brasil as atividades de extração, refinamento e destilação de petróleo são desenvolvidas pela Petrobras, que é a empresa pública brasileira mais importante e que tem o monopólio estatal. A Petrobras emprega aproximadamente 50.000 trabalhadores, organizados em 20 sindicatos e em una federação nacional, a Federação Única de Petroleiros (FUP) afiliada à CUT. A data prevista para a negociação coletiva entre essa categoria representada pela CUT e a direção da Petrobras é, todos os anos, o dia 1 de setembro.

77. O querelante acrescenta que a negociação de 1994 iniciou-se no mês de agosto e prolongou-se durante o mês de setembro com uma negativa permanente da empresa em aceitar as principais reivindicações sindicais (ajuste salarial de acordo com a inflação; 10 por cento de produtividade; reajuste mensal dos salários; pagamento dos passivos laborais; reposição dos efetivos de pessoal através de concursos públicos, etc.). Tendo chegado a um impasse, as assembleias sindicais aprovaram a realização de uma greve por tempo indeterminado a partir de 27 de setembro. No dia 30 de setembro, o Tribunal Superior do Trabalho julgou a greve abusiva (ilegal) e retirou certos direitos históricos da categoria profissional em questão, como, por exemplo, a garantia de emprego e a licença de dirigentes sindicais. Durante uma assembleia que teve lugar, os sindicatos do petróleo decidiram manter a greve. No dia 5 de outubro, por solicitação da FUP e do presidente da CUT, realizou-se uma negociação com o Presidente da República e com os Ministros da Fazenda, do Trabalho, e das Minas e Energia, tendo sido assinado com esse motivo um termo de entendimento no qual se determinava o reinício das negociações por parte de Petrobras, a discussão das perdas salariais, a impossibilidade de demissão ou sanções contra os grevistas, a criação de uma comissão para discussão a respeito de créditos em favor dos trabalhadores, o pagamento das horas extras de turno e a negociação das cláusulas sociais do acordo coletivo. A greve foi suspensa.

78. O querelante indica que, nos meses de outubro e novembro, a direção da Petrobras negou-se a cumprir os termos do acordo e iniciou processos administrativos contra os grevistas em Minas Gerais, Bahia e Ceará. Em 10 de novembro, frente à ameaça de reinício da greve, houve uma nova negociação, em que se chegou a um acordo entre a FUP e os Ministros de Minas e do Trabalho (que o querelante envia em anexo), no qual estava previsto o pagamento de dois salários extras como complemento em favor dos trabalhadores, a anistia dos dirigentes sindicais sancionados como consequência de movimentos reivindicatórios e o direito de defesa de todos os trabalhadores petroleiros ameaçados com sanções e, por último, a manutenção da garantia de emprego e outras cláusulas sociais do acordo coletivo.

79. Em 25 de novembro, o Governo revogou o acordo assinado e, em função disso, a greve foi reiniciada. Nesse mesmo dia, houve uma nova audiência no Tribunal Superior do Trabalho na qual a Petrobras apresentou uma proposta de conciliação garantindo a revisão dos níveis salariais da empresa, o que resultaria em um reajuste de entre 12 e 18 por cento por banda salarial. Os petroleiros aceitaram a proposta (o querelante envia cópia do protocolo) e suspenderam a greve.

Não obstante, no mês de dezembro a Petrobras negou-se a aplicar os termos do acordo assinado alegando que o Governo não o autorizava.

80. Em fevereiro-abril, a FUP continuou reivindicando que a empresa cumprisse o acordo firmado e, a raiz de sua negativa, as assembleias sindicais aprovaram a realização de uma nova greve. No dia 3 de maio começou a greve dos trabalhadores petroleiros em todo o país reivindicando o cumprimento do acordo de 25 de novembro de 1994, a reposição salarial de 26 por cento, a reintegração dos demitidos durante o período Collor, a reposição dos efetivos de pessoal da empresa e o pagamento de créditos em favor dos trabalhadores. Em 9 de maio, o Tribunal Superior do Trabalho julgou a greve abusiva alegando a nulidade jurídica do acordo de novembro/dezembro de 1994 e, portanto, a ausência de motivos para o movimento de greve. Em 11 de maio, por decisão da Presidência da República, a Petrobras começou a despedir funcionários da empresa invocando justa causa, entre eles vários dirigentes sindicais. Em 15 de maio, 59 demissões haviam sido efetuadas, entre as quais dirigentes dos sindicatos e da federação. A greve continuou e os sindicatos garantiram a manutenção das instalações e de 30 por cento da produção de gás, para o abastecimento dos hospitais, indústrias e domicílios.

81. Segundo entendimento da direção da CUT, as medidas adotadas pelo Governo brasileiro constituem uma flagrante violação da Constituição nacional e do Convênio núm. 98 da OIT, ratificado pelo Brasil. Concretamente o texto constitucional prevê que a demissão dos dirigentes sindicais somente pode ocorrer uma vez comprovada a realização de um delito ou falta grave. Por outra parte, o querelante insiste em que o Tribunal Superior do Trabalho declarou nulo o acordo coletivo (de 10 de novembro de 1994) invocando que o mesmo foi realizado fora das datas base de negociação e que não foi assinado pela empresa. Entretanto, como foi indicado, dito acordo foi firmado por dois Ministros de Estado e, portanto, por autoridades hierarquicamente superiores à direção da Petrobras, que está subordinada a eles. O Poder Executivo por sua parte desconhece e rejeita o documento negociado e firmado pela anterior administração da qual o atual Presidente da República formava parte.

B. RESPOSTA DO GOVERNO

82. Em sua comunicação de 4 de setembro de 1995, o Governo confirma que a empresa Petrobras S.A. é a maior empresa pública brasileira e que tem o monopólio estatal da extração, do refino, destilação e distribuição de derivados do petróleo, empregando cerca de 50.000 funcionários, organizados em 20 sindicatos e em uma federação nacional, a Federação Única dos Petroleiros (FUP) afiliada à Central Única dos Trabalhadores (CUT).

83. O Governo acrescenta que as negociações entre a empresa e os trabalhadores produziram-se cronologicamente como segue:

— agosto de 1994. Início das negociações para a renovação do acordo coletivo sem que as partes cheguem a um acordo;

— 24 de setembro de 1994. As assembleias sindicais aprovam a realização de uma greve por tempo indeterminado;

— 30 de setembro de 1994. A raiz da greve, o conflito foi resolvido pelo Tribunal Superior do Trabalho, de acordo com o art. 114 da Constituição federal que estabelece o seguinte:

"Compete à justiça do trabalho conciliar e julgar as diferenças individuais e coletivas entre trabalhadores e empregadores, incluídos os entes de direito público externo e da administração pública direta dos municípios, do distrito federal, dos Estados e da União, e, na forma prevista pela lei, outras controvérsias relativas à relação de trabalho, assim como os litígios que se originarem no cumprimento de suas próprias sentenças, incluídas as que têm caráter coletivo.

1. Fracassada a negociação coletiva, as partes poderão eleger árbitros.

2. Se qualquer das partes rejeita a negociação ou a arbitragem, faculta-se aos sindicatos respectivos submeter o conflito coletivo à justiça, podendo esta estabelecer normas e condições, respeitando-se as disposições convencionais e legais mínimas de proteção laboral."

O Governo acrescenta que, em sua sentença (30 de setembro de 1994), o Tribunal estabeleceu também as condições de trabalho que as partes deveriam respeitar até a nova data limite, quer dizer, agosto de 1995. Com a decisão do Tribunal a categoria de que se trata deveria voltar imediatamente ao trabalho, em virtude da lei de greve (lei núm. 7783/89). Não obstante a existência dessa decisão judicial, os trabalhadores petroleiros mantiveram a greve sem que houvesse sido formalizado nenhum acordo;

— 5 de outubro de 1994. Os trabalhadores petroleiros voltaram ao trabalho e continuaram buscando acordos com a empresa e com o Governo sem que fosse possível formalizar algum acordo;

— 25 de novembro de 1994. Reinicia-se o movimento de greve quando a empresa recorreu ao Tribunal Superior do Trabalho. Antes que este tomasse alguma decisão, a Petrobras assinou um Protocolo de Intenções e, como consequência, o processo judicial foi extinto e a greve suspensa.

— 3 de maio de 1995. Os trabalhadores petroleiros realizaram novamente um movimento de greve reivindicando o cumprimento do Protocolo de Intenções que havia sido assinado em 25 de novembro de 1994;

— 9 de maio de 1995. A empresa submeteu o conflito coletivo, através da correspondente ação judicial, ao Tribunal Superior do Trabalho, solicitando a declaração de ilegalidade da greve com o argumento de que estava em vigor uma norma coletiva estabelecida pelo Tribunal que vem sendo cumprida e que converte, portanto, em virtude da lei núm. 7783/89, a greve em abusiva. O Tribunal, depois de analisar os argumentos da empresa, julgou que a greve era abusiva, não reconheceu validade jurídica ao Protocolo de Intenções, e determinou o retorno ao trabalho dos empregados.

84. O processo judicial de declaração do caráter abusivo da greve produziu-se dentro dos limites da Constituição federal e da lei núm. 7783/89. A categoria profissional em questão exerceu seu mais amplo direito de defesa que se assegura sempre às partes nos regimes democráticos. Como consequência da declaração do caráter abusivo da greve permitiu-se que a empresa, de acordo com o estabelecido por lei, realizasse demissões e substituísse empregados que estavam em greve, tanto para velar pelo cumprimento da decisão judicial como para que se respeitasse o estado de direito. Também correspondia à empresa assegurar o abastecimento de produtos essenciais à comunidade, tais como combustíveis e gás de cozinha, cuja falta estava alcançando toda a população e comprometendo a segurança nacional. Para garantir tal abastecimento foi necessário realizar algumas demissões para substituir os trabalhadores que insistiam em continuar a greve uma vez declarada ilegal. O Governo envia sentenças judiciais sobre os assuntos propostos no presente caso com datas de 9 e 26 de maio de 1995.

C. CONCLUSÕES DO COMITÊ

85. O Comitê observa que na presente queixa a organização querelante alega: 1) a violação do princípio de negociação coletiva consagrado no Convênio núm. 98 durante o conflito coletivo no setor petroleiro brasileiro (setembro de 1994 maio de 1995) com motivo da negociação do acordo entre os trabalhadores petroleiros e a empresa Petrobras S.A. (monopólio estatal); 2) que em função das greves empreendidas dentro do marco de dito conflito coletivo procedeu-se à demissão de 59 grevistas (tanto sindicalistas como dirigentes sindicais).

86. No que diz respeito à violação do princípio de negociação coletiva no mencionado conflito, o Comitê observa que, segundo o querelante, a greve se iniciou em 27 de setembro de 1994 quando a empresa negou-se a aceitar as principais reivindicações sindicais e que três dias depois, em 30 de setembro de 1994, o Tribunal Superior do Trabalho estabeleceu, segundo declara o Governo, as condições de trabalho que as partes deveriam respeitar (como consequência, os grevistas deveriam, segundo estipula a legislação, voltar imediatamente ao trabalho). Da mesma forma, o Governo declarou que posteriormente, em 9 de maio de 1995, a empresa submeteu o conflito coletivo ao Tribunal Superior do Trabalho. O querelante assinalou também em relação ao conflito coletivo que o Governo e a empresa Petrobras não respeitaram os respectivos acordos que se enviam em anexo e que haviam sido firmados com a Federação Única dos Petroleiros em 10 e 25 de novembro de 1994 (este último acordo seria qualificado posteriormente pelo Tribunal Superior do Trabalho como "Protocolo de intenções", sem validade jurídica). Com independência desses instrumentos, o Comitê deve destacar que três dias depois de iniciada a greve e enquanto esta se desenvolvia, o Tribunal Superior do Trabalho impôs as condições de trabalho que as partes deveriam respeitar, tornando assim ilegal a ação de greve. A esse respeito, o Comitê deseja recordar o princípio segundo o qual "uma disposição que permite que uma das partes do conflito possa, unilateralmente, solicitar a intervenção da autoridade do trabalho para que se proceda à solução do mesmo apresenta um risco contra o direito dos trabalhadores de declarar a greve e é contrária ao fomento da negociação coletiva" (o relatório, casos ns. 1478 e 1484 (Peru), § 547, e 295.o relatório, caso n. 1718 (Filipinas), § 296). Nessas condições, o Comitê considera que a ação tomada violou o direito de greve e pede ao Governo que tome medidas com vistas à modificação da legislação com o objetivo de que a submissão dos conflitos coletivos de interesses às autoridades judiciais só seja possível de comum acordo entre as partes ou bem no caso de serviços essenciais no sentido estrito do termo (aqueles cuja interrupção poderia pôr em perigo a vida, a segurança ou a saúde da pessoa em toda ou parte da população).

87. O Comitê urge o Governo para que garanta que os convênios coletivos entre empresas e sindicatos sejam respeitados. Pede-lhe também que alente os interlocutores sociais a resolver os conflitos coletivos através da negociação coletiva.

88. Em relação aos 59 dirigentes sindicais e sindicalistas demitidos para serem substituídos e garantir, segundo a empresa, os serviços mínimos, o Comitê observa que a legislação brasileira reconhece o direito de greve nos serviços petroleiros embora sujeite seu exercício à manutenção de serviços mínimos. O Comitê observa igualmente que as versões do querelante e do Governo diferem em relação à questão de se foram garantidos efetivamente os serviços mínimos durante a greve: o querelante afirma que, durante o transcurso das greves, garantiu-se o abastecimento de hospitais, indústrias e domicílios enquanto que o Governo afirma que a empresa, para garantir tal abastecimento, precisou realizar algumas demissões para substituir os grevistas. Sobre essa questão, dada a contradição entre as alegações e a resposta do Governo e que nas sentenças facilitadas pelo Governo alude-se geralmente a fortes evidências de não cumprimento dos 30 por cento de manutenção dos serviços, sem especificar de maneira suficientemente precisa centros de trabalho ou trabalhadores concretos, o Comitê não se encontra em condições de formular conclusões sobre essa questão. Por outra parte, o Comitê observa que, segundo o Governo, a greve no setor petroleiro foi declarada abusiva pelo Tribunal Superior do Trabalho a instância da empresa, porque se encontrava em vigor "uma norma coletiva estabelecida pelo Tribunal" (uma sentença normativa que havia estabelecido as condições de trabalho que as partes deveriam respeitar).

89. Nessas condições, dado que nesse caso o Comitê criticou precisamente a submissão unilateral do conflito ao tribunal em questão, e levando em consideração que se tratava de um conflito tenso, complexo e de muito longa duração, assim como que o querelante invocou dois acordos que assinou com o Governo e com a empresa respectivamente, que em seu modo de ver não foram respeitados, o Comitê pede ao Governo que tome medidas para facilitar a reintegração a seus postos de trabalho dos 59 dirigentes sindicais e sindicalistas despedidos.

RECOMENDAÇÕES:
Recomendações do Comitê

90. Tendo em vista as conclusões que precedem, o Comitê convida o Conselho de Administração a aprovar as seguintes recomendações:

a) o Comitê pede ao Governo que tome medidas visando à modificação da legislação com o objetivo de que a submissão dos conflitos coletivos de interesses às autoridades judiciais somente seja possível de comum acordo entre as partes ou bem nos caso de serviços essenciais no sentido estrito do termo (aqueles cuja interrupção poderia colocar em perigo a vida, a segurança ou a saúde da pessoa em toda ou parte da população);

b) o Comitê urge o Governo para que garanta que os convênios coletivos entre empresas e sindicatos sejam respeitados. Pede-lhe também que alente os interlocutores sociais a resolver os conflitos coletivos através da negociação coletiva, e

c) o Comitê pede ao Governo que tome medidas para facilitar a reintegração em seus postos de trabalho dos 59 dirigentes sindicais e sindicalistas demitidos pela empresa Petrobras.

Produção Gráfica e Editoração Eletrônica: RLUX
Projeto de capa: RAUL CABRERA BRAVO
Impressão: PIMENTA

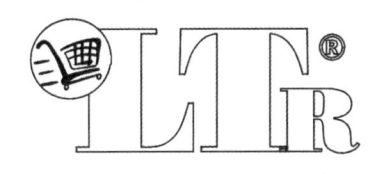

LOJA VIRTUAL
www.ltr.com.br

E-BOOKS
www.ltr.com.br